U0114289

中國近代史研究叢書3

中華復興時代的思想歷程

吳彤著

 蘭臺出版社

中國近代思想的新思路體現與疏理

思想史是歷史的一個重要組成部分，全面地認識歷史，必然不能缺少對思想史的認識。同理，兩次鴉片戰爭以前的中國思想史，是兩次鴉片戰爭以來中國歷史的一個重要組成部分，全面地認識這一段中國歷史，必然不能缺少對這一段中國思想史的認識。而且，在這一段中國歷史中，思想，特別是政治思想，具有十分重要的地位。許多重大的歷史事件，都是在某種政治思想的影響下發生和進行的。正是這些思想，導致了這些事件的發生。這些思想也在很大程度上決定了這些事件的進程。諸如自強運動、變法運動、立憲運動、辛亥革命、國民革命、新民主主義革命、社會主義改造、大躍進、文革、改革開放，等等，都是如此。

在中國政治思想史中，兩次鴉片戰爭以後的政治思想具有與以往完全不同的特點。兩次鴉片戰爭以後，中國的政治思想開始處於一種不同以往的新的背景之下，即中國面臨列強的侵略。與此相關的是，兩次鴉片戰爭以後，中國的政治思想也具有了不同以往的主題，即國家富強和社會改造。本書就是概述這一新背景之下的中國政治思想的演變過程，從練兵自強思想開始，一直寫到社會主義初級階段思想。

因為兩次鴉片戰爭以來一直到今天，中國社會處於一個逐

漸富強和進步的上升過程，所以本書稱之為「復興時代」，本書概述這一時代的思想史，所以書名取《中華復興時代的思想歷程》。

作者本人在高校多年講授中國近代思想史課程，長期浸身於這一領域，有一定心得，於是在此基礎上寫成此書。

兩次鴉片戰爭以來中國政治思想的演變過程經歷了三個階段。第一階段的主題是如何使中國富強，先後出現了練兵自強、變法圖強、君主立憲、反清革命等幾種思想，分別主張通過訓練軍隊、變法、建立君主立憲制度、推翻清政府並建立民主共和制度來實現國家的富強。第二階段的主題是應當在中國建立一個什麼樣的社會，議會民主論主張建立一個民主制的社會，社會改造思想主張建立社會主義社會。議會民主論中分為幾大流派，其中影響最大的是新三民主義。社會改造思想中也分為幾大流派，其中影響最大的是共產主義。第三階段的主題是怎樣建設社會主義。新民主主義社會論探討了進入社會主義之前的過渡性社會即新民主主義社會的相關問題。社會主義改造論探討了如何從新民主主義社會轉變為社會主義社會的問題。社會主義躍進論、繼續革命論、初級階段論探討了如何建設社會主義的問題。社會主義躍進論主張在社會主義社會建立以後，迅速提高經濟水準並儘快進入共產主義社會；繼續革命論主張在社會主義社會中繼續不斷地進行以階級鬥爭為主要內容的社會主義革命，從而鞏固社會主義；而初級階段論則認為，需要經歷一個較長時期的社會主義初級階段，在這一階段應當穩步地進行經濟建設。以上共計十四種主要思想。

本書依時間順序先後闡述這些思想，共分十四章，每章闡述一種思想。對於每種思想，先後闡述其形成過程、傳播過程、內容、影響因素、影響、評價、相互關係。

本書的價值主要表現在以下兩個方面。第一，學術創新性。

目前已有的思想史著作，其線索、結構、論述方式、內容大多比較雷同，個別著作稍有特色，但特色也並不明顯。本書的線索、結構、論述方式、內容則與目前所有的思想史著作均有較大不同，體現了新的思路。本書在許多具體問題上也闡述了與前人不同的新的觀點。因此，本書能夠提供對鴉片戰爭以來中國政治思想史的一個新的認知。第二，知識性。本書從宏觀上對中國近代政治思想史進行了系統闡述，並具有一定的易讀性，可以使普通讀者比較清晰地瞭解中國近代政治思想史的全貌，從而豐富自己的知識。

本書具有一定的學術價值，所以可供專業教研人員參考。本書選題與高校相關專業的課程設置相符，且體例完整，所以可用作高校學生的教材或參考用書。本書又具有一定的通俗性，所以也可供對歷史有興趣的非史學專業人士閱覽。

因作者能力有限，書中必然存在許多不足，敬請讀者批評指正。

目　錄

中華復興時代的思想歷程

前言

　　古代中國曾經實力強大、經濟繁榮、文化先進，在世界各國當中具有很高的地位。由於一些歐美國家自文藝復興和工業革命以來社會迅速進步，中國的社會發展水準逐漸相對落後，國家實力逐漸相對衰弱，在世界上的地位逐漸降低。到清代，中國已經與歐美列強產生巨大差距，社會發展水準和國家實力都遠遠低於列強。到兩次鴉片戰爭時期，中國的國家實力和經濟、文化、社會的相對水準下降到低谷。但自從兩次鴉片戰爭以後，中國社會開始步入上升過程，國家實力逐漸增強，經濟、文化、社會迅速進步，與列強的差距逐漸縮小，國際地位日益提高。這一上升過程一直到今天仍在繼續。這是一個中國的國家復興時代。這一時代是中國歷史上最具重要性和最引人關注的時代之一，而且它也是整個世界歷史上最具重要性和最引人關注的歷史時空之一。

　　這是一個進步、上升的時代，也是一個曲折複雜、歷經磨難的時代，同時又是一個風起雲湧、波瀾壯闊的時代。在這一時代，先後發生了諸多重大的政治事件，中國人的思想也經歷了一個豐富的演變過程。在此期間，思想對於政治事件產生了極其重大的影響。中國人追求國家富強和社會進步的絕大部分活動，都是在一定思想的影響下進行的。因而，這一思想演變

過程也是一個十分重要和值得關注的歷史過程。我們這裡要闡述的就是這一思想歷程。

因篇幅的限制，我們這裡只闡述政治思想的歷程，而不去論及社會思想史、哲學思想史、文藝思想史、教育思想史、宗教思想史、經濟思想史等其他思想史。政治是處理公共事務的活動，政治思想就是關於處理公共事務的思想。我們這裡所要闡述的就是在這一歷史時期，中國人關於處理公共事務（特別是中國國家事務）的思想。

政治思想必然存在於一定的政治局勢的背景之下，並受到政治局勢的影響。兩次鴉片戰爭以後，中國的政治局勢發生巨大變化，開始處於一種前所未有的新的局勢之下。這就是，中國開始面臨文明水準高於中國的，不僅比中國強大而且比中國先進的列強的侵犯和威脅，以及中國開始融入世界，與世界各國頻繁交往。中國人也開始針對這一新局勢而開展挽救國家和建設國家的行動，從而先後發生了許多重大的政治事件。

因而，兩次鴉片戰爭之後，中國的政治思想開始處於與以往不同的政治背景之中，而這一政治背景對這一時期的政治思想產生了十分巨大的影響。由於政治背景的巨大變化，中國政治思想也出現與以往極為不同的特點。其主要表現之一是，在這一時期，政治思想成為中國思想領域中的主流部分和主體內容，在中國社會的各種思想（如政治思想、社會思想、經濟思想、教育思想、哲學思想、文藝思想、學術思想、宗教思想等）中，政治思想最受關注，內容最豐富，影響也最大，這是由近代社會現實狀況和近代中國所面臨的主要社會問題決定的。這與以往的以倫理思想為思想主流明顯不同。其主要表現之二是，這一時期的政治思想所關注的主題，與以往有明顯不同。以往的政治思想所關注的主題，主要是改良政治和消除社會弊端等問題，而兩次鴉片戰爭以後的政治思想所關注的主題，則是如何應對列強威脅，或者說，是在列強威脅的新局勢下如何

建設國家，更具體地說，是在列強威脅的新局勢下國家富強和社會進步的問題。自兩次鴉片戰爭以來，針對這種新局勢和新課題，先後出現一系列新的政治思想，構成了與古代有很大不同的近現代政治思想史。

在這一歷史時期，由於政治形勢複雜多變，政治事件此伏彼起，人們關注諸多頗具難度的政治課題，並給出各種不同的答案，因而形成了種類繁多和內容豐富的政治思想。由於篇幅的限制，我們略去次要的政治思想，只探討這段歷史中最主要的（或者說最重大的）政治思想，它們所探討的都是一些最重大的政治課題，即拯救國家的關鍵性問題，也就是關於國家富強和社會進步的關鍵性問題。例如：應當採取怎樣的措施以使國家富強；應當如何進行政治改革以提高政府的能力從而使國家富強；應當把中國社會改造成什麼樣的先進社會；應當進行什麼樣的革命以改造中國社會，等等。

認識這一政治思想歷程，對今天的我們具有諸多益處。第一，可以增加我們關於這一思想歷程本身的知識，並從中獲得經驗教訓和智慧啟迪。第二，由於在這一時代中，許多重大政治事件與政治思想之間存在著密切的因果關係，因而對這一思想歷程的認識，將有助於我們對一系列重大政治事件的理解，特別是對這些重大政治事件之起因的理解。第三，現實是歷史的結果，歷史是一條不斷延長的線，而現實是這條線上最後一個點，更好地認識歷史，有助於更好地理解現實。當今中國的思想的現狀，是長期以來的思想演變和積累的結果，因此，對這一歷史過程的認識，有助於我們更為正確和深入地理解當今的思想，特別是當今思想的性質和由來。第四，思想歷程具有一定的規律性和趨勢性，通過對長期以來的思想歷程的分析，認識其規律和趨勢，有助於我們推測未來中國思想演變的走向和前景。

本書採取了與以往思想史著作有所不同的寫法。本書的具

體寫法是，以思想體系為單位，按照時間和邏輯順序，對歷史上先後出現的每個思想體系從演變過程、傳播範圍、內容、影響因素、影響、與其他思想的關係、評價等幾個方面進行研究和闡述。

一是演變過程。每個思想體系的內容都有一個演變過程，從最初出現（內容一般比較簡單），經逐漸發展（內容逐漸豐富起來），到最終完成（形成成熟完善的體系）。內容的演變過程大多數情況下是「加法」（內容逐漸增加和豐富的過程），所以大多數情況下，這一過程也就是一個成熟完整的思想體系的形成過程。

二是傳播範圍。每個思想體系從出現時起，直到最終消亡，都有一個範圍的變化過程，即贊成者（或稱持有者、主張者）的數量及構成的變化過程。在兩次鴉片戰爭以後的中國政治思想歷程中，這一過程大多數情況下是「加減法」，即主張者從少到多，再從多到少的過程（先逐漸增加後逐漸減少）。

三是內容。每個思想都不只是簡單的一二個觀點，而是具有一定數量的理論內容，從而構成一個思想體系。所謂內容，就是指一種思想體系在最終完成時（即成熟完善狀態）的內容。

四是影響因素。每種思想體系的出現、演變、內容、傳播、消退，都會受到一些歷史的、社會的、國內的、國外的等因素的影響。特別是它的出現，是由哪些因素引起的，即起因，是其中要研究的重點。

五是影響。即，每種思想對當時的社會和其後的歷史所產生的影響。

六是與其他思想的關係。兩種思想之間，有時會有單方或互相的影響、借鑑、吸收、對立、互補等關係。

七是評價。即分析每種思想各有什麼優點或缺點（理論上

的），各有哪些進步性或局限性，各有多大的適用性（符合實際）或空想性（不符合實際）等。

關於這一時代政治思想歷程的線索、結構、內容、分析、評價等問題，本書體現了作者的一些個人思路和個人觀點，與以往的相關論著有較大的不同，僅供讀者朋友參考。

這一時代的政治思想經歷了三個大的階段，每一個階段中，都先後出現了多種思想體系。這三個階段具有各自不同的主題。第一階段主題是，如何能夠使國家富強，這一階段先後出現的幾種主要的政治思想所探討的都是這一問題。在第二階段，人們關注於一個更高的目標，即，不僅要國家富強，而且更建立一個先進的社會，同時人們普遍認為先進社會也必然意味著國家能夠富強。這一階段的主題是，應當在中國建立一個什麼樣的先進社會，這一階段先後出現的幾種主要的思想都是探討這一問題。在第三階段，社會主義已經成為廣泛認同的共識，這一階段的主題是，應當怎樣在中國建設社會主義社會，這一階段先後出現的幾種主要的思想也都是探討這一問題。

（一）

兩次鴉片戰爭以後，如何使中國富強以應對列強的威脅，成為人們最為關注的重大問題，即政治思想的主題。這種狀況一直持續到 1912 年中華民國政府建立為止。這一階段大約相當於晚清時期，但不完全等同於晚清時期，因為部分思想延續到民國初期，仍繼續小範圍地存在一段時間。針對這一主題，先後出現了練兵自強思想、變法圖強思想、君主立憲思想、反清革命思想等幾種思想體系。

在兩次鴉片戰爭的震動下，出現練兵自強思想。這一思想認為，鴉片戰爭以來，中國面臨一種全新的局勢，即中國受到比中國強大的西洋各國（列強）的侵略和威脅，在這種新的

局勢下，中國只有強大起來，才能消除列強的侵略和威脅，從而維護中國的權益，保證中國在世界上的地位，並保持中國的長期安寧。應當通過訓練軍隊和振興工商等途徑使中國強大起來。應當仿造列強的新式武器，用新式武器裝備部分軍隊並訓練這些軍隊；國家富有才能強大，而振興經濟特別是振興工商國家才能富有，所以政府應當支持、動員並幫助民間人士從事各種工商活動；強國事業需要有用的人才，如軍事人才、槍炮輪船製造人才、駕駛人才，所以應當興辦新式學校，教給學生有用的知識和技術，還應當派遣留學生出國學習有用的知識和技術，從而造就有用的人才。練兵自強思想產生以後，越來越多的人接受了這一思想，其主張者逐漸增多，達到了一個較為廣泛的傳播範圍。後來隨著變法圖強思想的形成和影響不斷擴大，許多練兵自強思想的主張者先後放棄這一思想，轉而接受變法思想。到義和團事件以後，仍持練兵自強思想者已經很少，這一思想基本消退。練兵自強思想一度在社會上產生廣泛影響，並且成為清政府一個時期之內的工作的指導思想，它促進了自強運動的進行，並在很大程度上決定了自強運動的內容。

繼兩次鴉片戰爭以後，列強對中國的威脅和進攻繼續存在並且日趨嚴重，強國的要求更加迫切。同時，自強運動的政治實踐卻成效有限，未能使中國富強起來，中國仍然無力抵抗外來攻擊。於是，人們對練兵自強的方式產生懷疑，開始尋求新的更有效的強國方法，從而形成變法圖強思想。變法圖強思想認為，僅僅採取製造武器、訓練軍隊、舉辦企業等練兵自強的措施是不足以強國的，只有全面地改革政治制度，即「變法」，才能把各種國家事務辦理好，從而使國家富強。同時，制度變化是歷史的基本規律，變法即改變制度是符合歷史基本規律的。所以，應當在中國進行政治制度的改革。應當建立新的軍事制度，全部軍隊模仿列強建立新的體系，以提高軍隊的戰鬥力；應當建立對農工商活動的保護和獎勵制度，以推動農工商業的振興；應當廢除科舉制度，建立學校制度和留學制度，以

造就具備新知識和新技術的有用人才；應當增設必要的新機構並撤銷閒散機構，裁減閒散人員，以提高政府的工作能力。變法圖強思想出現以後，其主張者逐漸增多，達到了一個較為廣泛的傳播範圍。此後，隨著君主立憲思想的形成和影響不斷擴大，變法圖強思想的主張者先後放棄這一思想，轉而贊同君主立憲思想。到清代末期，變法圖強思想的主張者已經極少，這一思想基本消退。變法圖強思想曾在社會上產生廣泛影響，並一度成為清政府的指導思想，它促進了變法運動和新政運動的開展，並在很大程度上決定了這兩次運動的內容。

仍然是在列強威脅日益嚴重的形勢下，以及在中國人對各國政治體制有更多瞭解並借鑑國外的君主立憲制度的情況下，以及在變法思想進一步發展的基礎上，產生了君主立憲思想。這一思想認為，國家的政治制度分為三種基本類型（即三種政體），即君主專制制度、君主立憲制度、民主共和制度。這三種類型在本質上是不同的，並且是從低級到高級依次遞進的，歷史的發展必然先後經歷分別實行這三種制度的三個階段。變法的各項措施，都沒有超出君主專制政體的範圍，只有從根本上改變政體，變君主專制制度為君主立憲制度，才能把國家事務處理好，從而使中國富強。同時，君主專制制度是不公正不合理的制度，而君主立憲制度是比較公正合理的制度，君主立憲制度取代君主專制制度也符合歷史的基本規律。所以，應當在中國取消君主專制制度和建立君主立憲制度。在君主立憲制度下，君主世代繼承，為國家元首；實施一部憲法，所有人都必須遵守；設有議會，由國民選舉出的議員組成，制訂憲法和其他各種法律，討論決定國家重大事務，並對內閣的工作進行監督；設有內閣，處理各項國家事務，受議會的監督，重大政策要經議會同意，內閣人員要經議會認可。建立君主立憲制度的具體辦法是，原有的君主保持君主地位，由選舉產生的議員組成議會，然後由議會制定憲法，最後建立受議會監督的內閣。君主立憲思想產生以後逐漸傳播，其主張者日益增多，成為許

多人的共識。1912 年民主共和制度建立以後，一部分立憲的主張者放棄君主立憲思想，轉而接受了民主共和這一現實，但另一部分人仍堅持主張實行君主立憲，主張廢除共和制度，廢除總統，恢復皇帝，建立君主立憲制度。民國前期，在迅速變化的政治局勢以及各種不斷出現的新思想的影響下，這一思想的主張者先後放棄君主立憲思想，仍然堅持者已人數很少且影響很小，這一思想基本消退。君主立憲思想推動了清末的立憲運動和民初的帝制復辟運動的進行。

　　同樣是在列強威脅日益嚴重的形勢下，在變法圖強思想出現後不久，一些人產生反清革命思想。這一思想認為，清政府已經腐朽無能，在清政府的統治下，國家不可能得到良好的管理，因而中國不可能富強。只有建立一個新的有能力的政府，才能將國家事務辦理好，從而使中國富強起來。而且，清政府對外妥協賣國，不可能領導中國人有效抵抗外國侵略。另外，中國是漢族人的國家，而清政府是滿族人的政權，在清政府的統治下，中國實際上已經亡國。所以，應當以暴力推翻清政府，建立一個新政府。反清革命思想還認為，民主共和制在三種基本政治制度中是最為優秀的，建立民主共和制度，能夠使國家得到最好的管理，將各項國家事務處理好，從而使中國富強。而且，專制制度是不公正不合理的，君主立憲制度也不是十分公正合理的，只有民主共和制度是最為公正合理的制度，民主共和制度也是歷史的必經階段和最高階段，實行民主共和制度符合歷史的基本規律。所以，應當在推翻清政府和建立新政府的同時，廢除君主專制制度，建立民主共和制度。在民主共和制度下，總統為國家元首，由國民選舉產生；實施人人都必須遵守的憲法；議會由國民共同推舉的議員組成，制訂憲法和其他各種法律，議論並決定國家重大事務，並監督內閣的工作；內閣處理各項國家事務，受議會監督，重大政策要經議會同意，內閣人員要經議會認可。反清革命思想又認為，在建立新政府和民主共和制度的同時，還應當進行社會革命，以避免發生貧

富分化的現象。其辦法是由國家收買土地或對土地徵稅，從而使來自土地的權益為全體國民共同享有，以免其被少數人所占有。反清革命思想的核心是民族主義，即推翻清政府。反清革命思想產生以後，為越來越多的人所接受，達到較為廣泛的傳播範圍。出於這一思想，一批人進行了反清民主革命的實踐活動，從而促進了清政府的倒臺。1912 年辛亥革命取得成功，推翻了清政府並建立了形式上的民主共和制度，於是，人們普遍認為反清和民主共和的目標均已經實現，因而中止反清革命思想，這一思想在被認為已經成功實現的基礎上自然消退。

（二）

　　清代末期，隨著反清革命思想的傳播，在反清思想興起的同時，也興起了民主共和思想，民主思想已經在中國社會得到一定範圍的認同。在民國初期，經過反清革命所建立起來的民主制度的虛假性逐漸暴露。當時一度建立民主制度，但只是虛假的和形式上的民主制度，而且並不穩固，不久就被破壞，隨後重建了民主制度，但仍是虛假的和形式上的。人們普遍認為，真正的民主還並沒有建立起來，於是主張建立民主制度的思想再次形成並日益傳播，民主問題成為人們所普遍關心的問題。此外，從民國初期起，一系列關於改造中國社會以建立理想社會的思想體系先後出現、發展和傳播。這些思想大多存在不久就先後消亡，唯有其中的中國共產主義（即中國馬克思主義）長期持續下來，並且它也是其中影響最大的一種思想。於是，反清革命成功和民國建立以後，近代中國的思想歷程進入第二階段。在這一階段，人們所關注和探討的主要課題是民主和社會主義。即，應當在中國建立一個什麼樣的社會？是應當建立一個民主社會，還是其他的理想社會（主要是社會主義社會）？如果是民主社會，應當怎樣建立和建立怎樣的民主社會；如果是社會主義社會，應當怎樣建立和建立怎樣的社會主義社會？

這一階段大致相當於民國時期，其中各種主要思想大多產生於民國建立以後，個別的產生於清末，到民國結束和新中國建立時，其中幾種主要思想也都已中止。

民國初期，出現關於建立民主制度的思想，其核心觀點是，效仿歐美民主國家，建立議會制的民主制度，我們稱之為議會民主論。由於在一些具體問題上存在不同意見，這一思想分為彼此之間稍有區別的幾個流派，其中主要有思想革命論、三民主義、聯省自治論、直接立憲論。思想革命論存在並較廣流行於民初的一段時期。思想革命論認為，中國沒有能夠建立起真正民主的原因，是大多數人還不具備民主思想和民主精神。應當先進行思想革命，改造人們的思想和精神，然後才可能在政治上建立民主制度。聯省自治論存在並較廣流行於 19 世紀 20 年代初。聯省自治論主張，在各省選舉省議會，制定省憲法，依據省憲法組織省政府；然後由各省代表組成聯省議會，制定聯省憲法，依據聯省憲法組織中央政府，從而實現議會民主制度。直接立憲論是議會民主論中的主流性流派。它出現於民國初期，並一直長期存在，直到中共統治全國以後，仍有少量人持有這一思想。它主張在維護現政府的前提下，直接制定憲法和設立議會，以實現民主制度。直接立憲論認為，民主制度並非高不可及的理想，它是隨時都可以實行的，只不過必須從初級的民主制度開始，逐漸發展到高級的民主制度。

新三民主義是議會民主論的流派之一，也是其中傳播最廣和影響最大的一個流派。新三民主義是在民國初期的不同於晚清的政治形勢（即滿族政權已不存在）下，由反清革命思想發展而來的一種思想體系。新三民主義與反清革命思想是兩種不同的思想體系，但新三民主義繼承了反清革命思想中的部分內容（主要是民主共和其次是平均地權），在此基礎上有所發展（抵抗列強及其他）。由於反清革命思想有時也被人們稱為三民主義，因而我們將這一思想稱為新三民主義，以示區別。新

三民主義出現於民國初期。中共統治全國以後，其留在大陸的主張者已經極少，新三民主義在大陸基本消退。它曾在政治上產生巨大影響，並長期成為國民黨政府的指導思想。它的內容包括三個部分。新民族主義認為，中國面臨列強的領土權利等的侵害，而且國際地位低下，應當通過振興民族的精神和建立全國性的組織，與列強進行抗爭，從而消除外國對中國侵害，提高中國的國際地位。新民權主義主張，經過軍政、訓政、憲政三個時期，建立民主制度。軍政時期由革命政黨以武力推翻舊政權（即軍閥政權）並消滅舊制度（即假民主共和）；訓政時期由革命政黨掌握國家權力，並指導、訓練國民，使國民學會參政和執行權力；憲政時期完全實現民主制度。在民主制度中，制訂所有人必須遵守的憲法；國民選舉的代表組成國民大會，國民通過國民大會來行使權力；設立政府，包括立法、司法、行政、考試、監察五院，分別管理各項國事；國家元首為總統，由國民選舉產生。新民生主義主張，通過土地國有或徵稅的方法，使全體國民平均地享有土地權益，同時節制私人資本的實業並發展國營實業，以此來避免貧富分化，並以此避免私人資本操縱國家的經濟。新三民主義的核心是民權主義，即關於建立民主制度的思想。

民國初期，有國外的多種思想輸入中國，國內外又發生了第一次世界大戰、1917 年俄國革命、五四運動等重大政治事件，促使人們對歐美的社會制度產生懷疑，而對蘇聯的社會主義制度產生嚮往，加上多年以來強國運動進展不利和企圖尋求新的強國之路，於是人們對國家前途展開了新的探索。由於這些原因，在吸收國外思想的基礎上，有多種關於社會改造的思想形成並一度廣泛傳播。這些思想不僅要求國家的富強，而且還更有自信，有更高的目標，要在中國建立一個超越歐美列強之上的理想社會，並認為理想社會的建立也自然會導致國家的富強。其中主要包括新村主義、工讀主義、工讀互助主義、工會社會主義、無政府主義、漸進改良主義、共產主義。新村主

義主張，建立人人平等、各盡所能、各取所需的新村，通過這種新村的日益增多，實現人人平等、各盡所能、各取所需的理想社會。工讀主義主張，通過每個人都從事勞動和讀書，實現人人勞動、人人讀書、人人平等、各盡所能、各取所需的理想社會。工讀互助主義是前兩者的結合，主張建立人人勞動、人人讀書、人人平等、各盡所能、各取所需的工讀互助團，通過這種團體的日益擴張，實現人人勞動、人人讀書、人人平等、各盡所能、各取所需的理想社會。工會社會主義也稱基爾特社會主義，它認為歷史必然先後經歷封建社會、資本主義社會、社會主義社會三個階段，在資本主義社會中，應當通過建立管理生產的工會，來實現社會主義社會，但在目前的中國，應當先建立資本主義社會，等到將來條件成熟時再實現社會主義社會。無政府主義主張，通過大多數平民進行的暴力革命，建立一個個人絕對自由、沒有政府、沒有法律、人人平等、各盡所能、各取所需的理想社會。漸進改良主義主張，通過解決一個一個的具體問題逐步地改造社會。

中國的共產主義也是社會改造思想之一，也是其中持續最久、傳播最廣、影響最大的一種思想。它是在吸收外國的共產主義並在俄國革命的影響下形成和發展的。共產主義也稱馬克思主義。在最初階段，中國共產主義表現為無產階級社會主義革命論，認為歷史發展先後經歷原始社會、奴隸社會、封建社會、資本主義社會、社會主義社會、共產主義社會，每一社會都有著相應的生產力、經濟制度、政治制度、思想文化。應當在中國進行無產階級社會主義革命，由無產階級奪取政權，建立社會主義社會。不久，在列寧的思想的影響下，以及在更多地結合中國國情的基礎上，中國共產主義者普遍改變思路，中國共產主義進入第二階段，表現為資產階級資本主義革命論，也稱資產階級民主主義革命論。資產階級民主主義革命論認為，中國社會是半封建社會（資本主義有所發展的封建社會），在中國應當由無產階級與資產階級合作，進行資產階級民主主

義革命（也稱資產階級資本主義革命，簡稱資產階級革命、資本主義革命、民主主義革命），將來條件具備時再進行社會主義革命並進入社會主義社會。同時，中國社會又是受列強（又稱帝國主義）統治的半殖民地社會，應當在民主革命的同時進行反對帝國主義的民族革命，清除帝國主義的在華勢力，推翻帝國主義對中國的統治。由於在一些具體問題上的主張不同，資產階級民主主義革命論分為三個流派。第一個流派是二次革命論，主張資產階級民主主義革命由資產階級領導，革命成功以後，建立資產階級專政和資本主義社會，經過一個資本主義社會的發展階段以後，再進行社會主義革命，建立無產階級專政和社會主義社會。第二個流派是一次革命論，主張資產階級民主主義革命由無產階級領導，革命成功以後，緊接著進行無產階級社會主義革命，建立無產階級專政和社會主義社會，不必經過一個資本主義社會的歷史階段。第三個流派是新民主主義革命論，主張資產階級民主主義革命由無產階級領導，革命成功以後，建立無產階級領導的幾個階級聯合專政和既不同於資本主義也不同於社會主義的新式資本主義社會（即新民主主義社會），經過一個新民主主義社會的發展階段以後，再進行無產階級社會主義革命，建立無產階級專政和社會主義社會。

　　在這一階段，還曾出現其他幾個影響較大的思想體系，其中主要有平民革命論、鄉村建設思想、國家主義、中間路線。平民革命論是三民主義和共產主義的一種結合，它吸收了三民主義的部分內容，也吸收了共產主義的部分內容。這一思想認為，應當在中國進行革命並實現社會主義社會，但所應當進行的革命不是無產階級革命，而是民族、民權、民生三種革命，革命主體是包括工人在內的所有平民階級。首先進行民權革命，建立平民階級的政權，然後進行民族革命和民生革命。在民族革命中，由平民政權收回列強所侵占的各項國家主權，消除列強對中國的侵害。在民生革命中，平民政權大力發展國營企業，限制私人企業並使之逐步公有化，實行土地國有，從而

建立生產資料公有制，實現社會主義社會。鄉村建設思想認為，中國社會目前存在許多弊病，應當解決這些弊病並建設一個新的社會。鄉村是中國社會的主體，建設新社會必須通過鄉村建設才能實現。應當在鄉村進行政權組織建設、經濟建設、民眾教育等工作，由一鄉一村建設入手，由鄉到縣，到省，直到全國，建設一個新的國家。國家主義認為，國家是至高無上的，國家利益高於個人利益，應當犧牲個人利益，維護國家利益。維護國家利益的辦法是內除國賊和外抗強權，即對內消滅危害國家利益的人，對外抗擊侵略中國的列強。國家主義還認為，應當實行全民革命，即各階級合作進行革命，革命以後建立全民政治，即各階級共同執政並共同從事國家建設。中間路線存在並較廣流行於民國後期，是在國共長期武裝對立的形勢下出現的思想體系，是三民主義和新民主主義的一種折衷。中間路線認為，國民黨的建國方案是實行資本主義制度，是英美的模式，共產黨的建國方案是實行社會主義制度，是蘇聯的模式。中國既不應該按照國民黨的方案，實行英美式的資本主義制度，也不應該按照中共的方案，實行蘇聯式的社會主義制度，而是應該建立一個介於資本主義與社會主義之間的制度，結合兩者的優點，既有社會主義的計劃經濟，又有資本主義的民主政治，從而在中國建立一個最為完善的社會制度。

（三）

由於社會主義思想的吸引力，並且隨著中國的社會主義發展方向的逐漸明確，社會主義道路得到越來越多的人的贊同，社會主義的系列思想得到越來越多的人的接受。於是，近代中國的思想歷程進入第三階段。這一階段大致相當於共和國時期，但不完全等同於共和國時期，因為部分思想在共和國建立以前已經出現並有所發展和傳播。在這一階段，人們所關注和探討的主要課題是，什麼是社會主義和應當如何建設社會主義

社會。圍繞這一課題，先後出現了幾種與社會主義社會相關的思想體系，包括新民主主義社會論、社會主義改造論、社會主義躍進論、繼續革命論、初級階段論。與此同時，議會制民主思想仍然一直存在並有所演變。

　　新民主主義社會論出現較早，最初出現於紅軍戰爭時期，之後逐漸完善，到建國前夕，形成完整成熟的思想體系。新民主主義社會論是關於新民主主義社會的社會結構和建設方針的思想體系。它主要回答兩個問題：什麼是新民主主義社會？應當如何建設新民主主義社會？關於第一個問題，這一思想認為，新民主主義社會是新民主主義革命的結果，是革命勝利後所建立的社會，它是中國歷史發展的必經階段。新民主主義社會中，實行多種所有制並存的經濟制度，存在多種經濟形式，主要包括社會主義性質的國營經濟、非社會主義性質的私人資本主義經濟、非社會主義性質的個體經濟，以及一些介於非社會主義性質和社會主義性質之間的過渡性經濟形式。基本階級包括工人階級、農民階級、小資產階級、民族資產階級。政權是無產階級領導下的工人階級、農民階級、小資產階級、民族資產階級的聯合專政，即人民民主專政。思想文化是新式資本主義文化（即新民主主義文化）。社會基本矛盾是無產階級與資產階級之間的矛盾。關於第二個問題，這一思想認為，新民主主義社會中應當以經濟建設為工作中心，逐步提高生產力，從而為將來進行社會主義革命並進入社會主義社會奠定基礎。應當鼓勵各種經濟成分共同發展，並以發展國營經濟為主。應當堅持和加強人民民主專政，堅持和加強中共的領導，同時允許其他黨派參政。應當發展新民主主義思想文化。這一思想出現以後，贊同者逐漸增多，到建國初，成為社會廣泛認同的思想，1952 年左右，因立即進行社會主義改造並進入社會主義社會的思想出現並日益傳播，新民主主義社會論被人們普遍放棄。新民主主義社會論在一段時期內成為中共的指導思想，並對建國初的政治制度和中共的方針政策產生了重大影響。

　　建國初期，由於各項工作的順利進行，人們對中國的社會發展產生更強的信心，於是形成了進行社會主義革命的思想，即社會主義改造論。這一思想認為，應當從現在開始（即從新民主主義社會建立開始）就立即進行社會主義革命，社會主義革命貫穿於整個新民主主義社會，革命的結果是建立社會主義社會。這個社會主義革命是以和平方式進行的，所以也可以稱為「社會主義改造」。社會主義改造的主要內容是改變生產力、經濟制度、政治制度、思想文化，從而使中國的新民主主義社會轉變為社會主義社會。最主要的一項內容是經濟制度的改造，而其核心是生產資料所有制的改造。應當對生產資料私有的私人資本主義經濟和個體經濟進行改造，將這些生產資料私有的經濟形式改變為社會主義性質的生產資料公有的經濟形式，從而實現整個社會全部生產資料的公有。其中私人資本主義企業實行國有化，由國家收買，成為國營企業，個體農業的生產資料通過組織農業合作社，轉為集體所有，個體手工業的生產資料通過組織手工業合作社，轉為集體所有。生產資料所有制改造的同時，要發展經濟，提高生產力，重點是發展工業並實現國家的工業化，為社會主義奠定生產力基礎。生產資料所有制改造的同時，隨著資產階級的消滅，現有的政權從新民主主義性質的幾個階級聯合專政，和平地轉變為社會主義性質的無產階級專政。隨著生產關係的轉變及其所導致的階級關係、政治制度的轉變，思想文化自然地從多階級聯合性質的新民主主義思想文化轉變為無產階級性質的社會主義思想文化。社會主義改造思想出現以後，很快成為社會上廣泛認同的思想。到 1956 年社會主義改造運動結束時，人們普遍認為社會主義改造已經完成，中國已經進入社會主義社會，因而中止這一思想，這一思想在被認為已經成功實現的基礎上自然消退。社會主義改造論在一段時期內成為中共的指導思想，它促進了 1953 到 1956 年間社會主義改造運動的推行，並影響了這一運動的內容。

社會主義改造運動期間，由於社會主義社會即將成為現實，因而人們開始探索什麼是社會主義社會和應當如何建設社會主義的問題，社會主義躍進論開始形成，之後逐漸完善，並於社會主義改造完成和進入社會主義社會以後不久，形成完整成熟的思想體系。這一思想認為，中國 1956 年改造完成以後，進入社會主義社會。在中國的社會主義社會，工業化基本實現，機器工業已經占整個經濟的主導地位。經濟制度是生產資料公有制和計劃經濟制度。政權是以工人階級領導的、工農聯盟為基礎的人民民主專政，即無產階級專政。思想文化是共產主義為指導的無產階級性質的思想文化（即社會主義思想文化）。階級構成主要包括工人階級、農民階級，知識分子是工人階級的一部分，資產階級已經基本消滅。社會主要矛盾是人民的經濟文化需要同當前經濟文化不能滿足人民需要的狀況之間的矛盾，也就是先進的社會主義制度同落後的社會生產力之間的矛盾。這一思想認為，在社會主義社會，應當以經濟建設為工作中心。應當大力從事經濟建設，迅速提高生產力，把中國迅速建設成為一個富強的社會主義國家。應當改進生產關係，通過建立和發展共產主義性質的公社，儘快地向共產主義過渡。這一思想一度為整個社會所廣泛認同。但在社會主義建設過程中，又出現了一種新的思想繼續革命論，認為社會主義社會中應當以階級鬥爭的社會主義革命而非經濟建設為中心，一些人先後接受繼續革命論而放棄躍進論。而且，隨著大躍進和人民公社運動的失敗，許多人認識到躍進論的不切實際，從而放棄這一思想，躍進論於是消退下去。社會主義躍進論在一段時間內成為中共的指導思想，它促進了大躍進運動和人民公社化運動的推行，並影響了這些運動的內容。

在中共領導開展社會主義建設的過程中，由於反對中共領導和反對社會主義的活動一直存在，以及黨內外一些人對中共工作的批評，加之複雜的國際環境，部分共產主義者認為，這些持不同意見者是社會主義的反對者，是資產階級（的代表），

資產階級和階級鬥爭仍然存在，因此產生一種觀點，認為在當時中國的社會主義社會中，社會主義革命還沒有徹底完成，社會主義社會也還沒有完全鞏固，階級鬥爭仍然存在，黨和人民的主要任務是繼續進行社會主義革命，以進一步確立和鞏固社會主義社會，於是形成繼續進行社會主義革命的思想即繼續革命論。這一思想認為，1956年社會主義改造完成以後，中國進入社會主義社會。中國社會主義社會的經濟制度是生產資料公有制和計劃經濟，政權是無產階級專政，思想文化是共產主義思想指導下的的無產階級思想文化，階級構成包括工人階級、農民階級、資產階級、資產階級右派，社會主要矛盾是無產階級和資產階級之間的階級矛盾。這一思想認為，1956年以後，經濟領域的社會主義革命，即生產資料所有制的社會主義改造，已經基本完成，社會主義的經濟制度已經確立，但政治領域和思想領域的社會主義革命還沒有完全勝利。無產階級專政的政治制度和無產階級思想文化已經建立起來，但並不鞏固，資產階級仍然在爭奪權力，資產階級思想文化及其影響仍然存在，資產階級和無產階級的政治和思想領域的階級矛盾和鬥爭仍然存在。在整個社會主義的歷史階段，一直存在無產階級和資產階級之間在政治上和思想上的階級矛盾和階級鬥爭，存在著資本主義復辟的可能。所以，社會主義階段的中心任務是繼續進行社會主義革命（政治戰線和思想戰線上的社會主義革命），以進一步確立和鞏固社會主義社會。在整個社會主義階段，必須一直繼續進行這一革命，直到無產階級徹底戰勝資產階級，社會主義社會徹底鞏固，最終共產主義社會建立為止。一方面，要進行政治戰線上的社會主義革命。資產階級已經奪取了一部分政權，並且企圖奪取全部政權，將無產階級專政變為資產階級專政，因此要與資產階級進行奪權鬥爭，把被他們奪去的權力奪回到無產階級手中。另一方面，要進行思想戰線上的社會主義革命。資產階級思想仍然在一定程度上存在，並有可能全部取代已有的無產階級思想。因此要消滅仍存在著的

那些資產階級思想文化，以無產階級思想文化取代資產階級思想文化。繼續革命論在開始於 1956 年的整風運動期間出現，此後一段時間逐步完善，到文革前夕基本完成其完整的體系。在中共官方的大力宣傳之下，這一思想一度為很多人所廣泛認同，隨著文化大革命的政治實踐造成嚴重的不利後果，一些人先後懷疑甚至放棄繼續革命論，到文革結束後不久，這一思想基本消退。繼續革命論出現後不久即成為中共的官方提倡的思想，六十年代前期起，還成為中共的基本指導性思想，使繼續進行革命成為中共的基本工作中心。繼續革命論促進了反右運動、反右傾運動、文藝革命運動、社會主義教育運動、文化大革命等運動的推行，並影響了這些運動的內容。

大躍進運動期間，人們總結躍進運動的失敗教訓，重新思考社會主義建設的問題，於是出現初級階段論，之後逐漸完善，到文革後期，形成初步的思想體系。文革結束後及改革開放初期在實踐中繼續完善，八十年代（改革開放初期）形成成熟完善思想體系。這一思想認為，1956 年以後，中國進入社會主義社會，社會主義的經濟制度、政治制度、思想文化已經確立。中國的社會主義社會中，經濟制度是生產資料公有制為主體的多種所有制並存和社會主義市場經濟體制；政權是以工人階級領導的、工農聯盟為基礎的人民民主專政，即無產階級專政；思想文化是共產主義指導的無產階級思想文化（即社會主義思想文化）；階級構成主要包括工人階級、農民階級、知識分子，知識分子是工人階級的一部分；社會主要矛盾是人民的物質文化生活需要與落後的生產力之間的矛盾。但中國目前仍處於社會主義初級階段，生產力水準較低，社會主義的經濟制度還不成熟，社會主義政治制度還不夠完善，資產階級思想文化的影響仍然存在。這一思想認為，各項方針、政策、措施都應當遵循社會主義初級階段這一基本國情。應當以經濟建設為黨和政府一切工作的中心；應當堅持社會主義道路，這就需要經濟制度上堅持生產資料公有制為主體，政治制度上堅持中共的領導

和無產階級專政，思想文化上堅持馬克思主義毛澤東思想的指導；應當建設有中國特色的社會主義社會，把馬克思主義的普遍真理同中國的具體實際結合，不能照搬別國的經驗；應當實行政治體制改革和經濟體制改革，從而不斷完善社會主義的政治制度和經濟制度。起初只是較少的人持有這種思想，由於這種思想具有很大的合理性，隨著時間的推移，贊同的人逐漸增多，到改革開放初期，已經為全國大多數人所廣泛認同，成為社會的普遍共識。這一思想於 1979 年以後成為中共指導思想，對中共的方針政策產生了重大影響，在這一思想的指導下，進行了社會主義經濟體制和政治體制改革，進行了各項社會主義建設工作。由於這一思想具有合理性和實用性，適合中國社會的需要，符合中國的國情，因而在這一思想的指導下進行的國家建設取得了很好的成效，使中國國家實力得到了迅速增強，中國社會得到了迅速進步。

共產主義系列的各個思想體系，包括新民主主義社會論、社會主義改造論、社會主義躍進論、繼續革命論、初級階段論，成為建國以來整個中國社會的主流思想，這是近代中國思想歷程第三階段的主要特徵。但與此同時，議會民主論也仍然一直存在。這一思想基本繼承了建國以前議會民主論的主要內容，認為中國不應當實行社會主義社會，而應當實行兩黨制或多黨制的議會制度，議員通過選舉產生，由各政黨互相競爭，輪流執政，應當實行言論自由，允許各種政治主張同時存在。由於當時中國社會的普遍文化素質尚較低，尚不能廣泛接受議會民主思想，而且議會民主制尚非當時中國社會所十分必需的制度，加之共產主義系列各思想體系具有強大的影響力並獲得中國社會的廣泛認同，因而議會民主論在很長時期裡只為社會上少數人所贊同，在較小的範圍內存在，傳播範圍比較有限，也沒有在政治上產生重大影響。直到改革初期的八十年代，議會民主論才開始較為迅速地擴展。

第壹編　如何使國家富強

第一章　練兵自強思想

　　在兩次鴉片戰爭以後中國所面臨的全新局勢下，出現了一種應對這種全新局勢的思想體系，即練兵自強思想。練兵自強思想的內容經歷了一個演變過程。這個演變過程，實際上就是從練兵自強思想的最初出現到最後完成的過程，這一過程也就是其思想內容逐漸增加和越來越豐富的過程。這個演變過程先後經歷了三個步驟。第一步，鴉片戰爭以後，這一思想出現，這時只有簡單的觀點。第二步，第二次鴉片戰爭以後，在這次戰爭的震動下，人們更深切地感受到，中國正在面臨著英法美等西洋各強國的侵略和威脅。同時，這一時期中國與西洋列強的接觸增多，一些人對列強有了更多的瞭解，認識到列強軍事力量的強大。於是，人們比以往更加深刻地體會到使中國強大起來的必要性，並對強國的方法進行了深入而詳細的探討，從而形成了更為豐富的思想內容，並且成為一個系統的思想體系。其核心觀點是，主張通過製造新式武器和訓練新式軍隊使中國強大起來。第三步，在 1870 年代，其內容繼續發展，又有所增補和完善。在製器練兵的實踐過程中，遇到經費的困難。清政府因多年受鴉片輸入的影響，一直財政緊張，兩次鴉片戰爭的軍費和賠款，以及鎮壓太平天國的軍費開支，又使清政府消耗大量經費，國庫已經十分空虛。而製器練兵卻需要巨額經費，清政府多方籌措仍難以滿足需要。人們從製器練兵的實踐活動中，感受到財力的重要性。同時，在製器練兵的過程中，

在購買武器裝備、聘請外國軍事教練等活動中，經常與各強國發生接觸。隨著與列強接觸的增多，對它們的瞭解也逐漸增多，認識到列強之所以強大，國家的富有是很重要的原因。在這種情況下，人們對自強問題的認識更進了一步，產生了振興經濟特別是振興工商以使國家富有的思想。至此，練兵自強思想的成熟完整的體系最終基本完成。

鴉片戰爭以後，有個別人產生了練兵自強思想。第二次鴉片戰爭以後，又有一批官員和文人產生練兵自強思想。這些較早產生自強思想的人多都是有一定社會影響力的人物，他們或者是文人中比較先進者，或者是官員中地位高有能力有業績有資歷者，他們的思想對社會上其他人有較強的影響力。此後，在他們的宣傳和影響下，加上自強思想本身的進步性，以及列強的威脅和侵犯一直存在並日趨嚴重的局勢，越來越多的人接受了練兵自強思想，其主張者逐漸增多，範圍逐漸擴大，自強練兵思想達到了一個比較廣泛的傳播範圍，「自強」一詞也成為流行的詞語。當然，練兵自強思想的傳播範圍一直是有限的，在最興盛的時候，自強思想也僅僅是社會上少數人所贊同。絕大多數中國人並不關心國家政治，關心政治的主要是一些官員、士紳、文人，而在關心國事的人們當中，又有相當多的人思想保守，反對自強思想，他們當中只有一部分人贊同自強思想。在全部社會成員中，一種先進的思想只有少部分人贊同，這是中國近代思想史上的普遍現象，後邊將要談到的許多思想體系也都是處於這種狀況。由於列強的威脅日益加重，而自強思想指導下的自強運動卻成效有限，因而中法戰爭以後，一些人產生了變法圖強思想，認為練兵等措施並不能使中國強大，只有變法才能使中國強大起來。隨著變法圖強思想的出現、發展並逐漸傳播，許多練兵自強思想的主張者先後放棄自強思想，轉而接受變法思想。甲午中日戰爭明顯地反映出自強運動的低效，對人們思想影響很大。一方面，在中日戰爭的震動下，許多原來並不贊同自強思想的人轉而贊同自強思想，另一

方面，許多原來持有自強思想的人卻進一步放棄自強思想而接受變法思想。義和團事件則對中國人的思想產生了進一步的衝擊，義和團事件結束以後，變法才能強國的思想成為許多人的共識，練兵自強思想的主張者已經很少，它在社會上的影響力也已經十分微弱，這一思想基本上消退了。一般來說，一種思想的徹底消失是不容易的，需要很長的時間，它在個別人身上會存在很久，甚至直到這些人的全部離世。因此，當一種思想的主張者減少到很少，其影響減弱到很弱時，我們就大致地認定這一思想已經基本上消退。

（一）練兵自強的必要性

練兵自強思想的主要觀點是，在目前的全新局勢下，必須使中國軍事力量強大起來，強國的途徑包括製造新式武器、訓練新式軍隊、振興工商業、培養人才、引進西洋科技等。

練兵自強思想認為，鴉片戰爭以後，中國的局勢發生了歷史上少見的巨大變化，出現了一個全新的局勢。當時的人們把這種全新的局勢稱為「變局」。「變局」包括兩種含義。第一種含義是從中外商務的角度而言的，指英法美等西洋各國紛紛到中國通商，中外交往增多，中國與世界各國成為一體，中國與世界各國從彼此隔絕到密切聯繫。第二種含義是從軍事的角度而言的，指列強在中國製造事端，列強軍事力量強大，而中國軍事力量薄弱，中國面臨列強的軍事侵略和威脅。黃鈞宰在寫於 1844 年的《金壺七墨》中說：「中外一家，亦古今之變局哉。」馮桂芬在 1861 年的《校邠廬抗議》一書中說：「自五口通商，而天下之局大變。」王韜在 1865 年的〈代上蘇撫李宮保書〉一文中說：「合地球東西南朔九萬里之遙，胥聚於我一中國之中，此古今之創事，天地之變局。」薛福成在 1865 年的〈上曾侯相書〉一文中說：「方今中外之勢，古今之變局也。」李鴻章又在 1865 年給總理衙門的一封信中提到，目前

的形勢是「千古變局」。李鴻章在 1874 年的〈籌議海防摺〉中說，歷代邊境防務多在西北，而且中國處於優勢，如今邊境防務在東南沿海，且敵國處於優勢，這是「數千年未有之變局」，中國已經開始面臨「數千年未有之強敵」。他說：「東南海疆萬里，各國通商傳教，來往自如，麇集京師及各省腹地，陽托和好之名，陰懷吞噬之計，一國生事，諸國構煽，實為數千年未有之變局。輪船、電報之速，瞬息千里，軍器、機事之精，工力百倍，炮彈所到無堅不摧，水陸關隘不足限制，又為數千年來未有之強敵。」薛福成在 1879 年的《籌洋芻議》中說：「今之天下乃地球合一之天下」，「四海為一家」，「華夷隔絕之天下，一變為中外聯屬之天下」。鄭觀應在 1880 年的《易言》一書中說：「此乃中國一大變局，三千餘年來未之有也。」王韜在 1882 年的《弢園文錄外編》一書中說：「居今日而論中州大勢，固四千年來未有之創局也」。

練兵自強思想認為，在這種全新的局勢下，必須採取措施使中國的軍事力量強大起來，即「自強」。第一，中國只有強大起來，才能穩固地立足於世界，保證中國在世界上的地位。不強大就不能保證中國在世界上的地位。第二，中國只有強大起來，才能具備應付各國侵犯的能力，一旦受到列強攻擊時能夠戰勝它們，從而保證中國的各種權益不受侵犯。中國不強大就不能戰勝各國的侵犯，就容易喪失各種權益。第三，如果中國強大起來，列強就不敢侵犯中國，中外可以彼此相安無事，使中國長期保持安寧。如果中國不能強大，各國就會輕視中國，對中國有所企圖，中國就不能保持長治久安。1864 年奕訢等人的一個奏摺中闡述強國的必要性說：「有事可以禦侮，無事可以示威。」李鴻章在 1865 年寫給總理衙門的信中說：「外國猖獗至此，不亟亟焉求富強，中國將何以自立耶？」李鴻章又曾在 1876 年寫給同事的一封信中說：「過此以往，能自強者盡可自立，若不自強，則事不可知。」

　　練兵自強思想認為，全新的局勢給中國提供了強國的機會。變局出現，西洋各國紛紛到中國，這對中國來說是不利的事情，使中國面臨各強國的軍事威脅。同時，變局的出現，對中國來說也是一件有利的事。各國到中國來，給中國帶來了一個大有作為的時機，使中國有了學習各國的長處從而由弱變強的機會，這是中國轉弱為強的一個大好時機。只要中國善於利用這種形勢，自己處理得當，就可以轉弱為強，由此強大起來。這不是中國的災禍，而是中國的機會。事情的關鍵在於中國自己如何面對，能否處置得當，處理好自己所面臨的問題，能否去其害而得其利。所令人擔憂的，不是西洋人的到來、各國的威脅，而是中國不去採取有效的應對措施，自我限制而無所作為。王韜在《弢園尺牘》中說：「天下大利之所在，即大害之所在；至危之所乘，即至安之所乘。何則？以中國益遠人，大害也；以遠人助中國，大利也。」、「去害就利，一切皆在我之自為。」王韜還在《弢園文錄外編》一書中說：「天之聚數十西國於一中國，非欲弱中國，正欲強中國，非欲禍中國，正欲福中國。」、「既創開闢以來未有之局，亦當為開闢以來未有之事。」、「善為用者，可以轉禍而為福，變弱而為強。」、「去害就利，一切皆在我之自為。」此處「西國」指英法美等西洋國家，當時人們稱這些國家為「西洋」、「西人」、「西國」、「泰西」。李鴻章在 1879 年的〈議覆中外洋務條陳摺〉中說：「敵國外患，未必非中國振興之資。」李鴻章又在 1881 年的〈妥籌鐵路事宜摺〉中說：「我朝處數千年未有之奇局，自應建數千年未有之奇業。」郭嵩燾在 1891 年的《養知書屋文集》中說：「西洋之入中國，誠為天地一大變。」、「得其道而順用之，亦足為中國之利。」

（二）途徑之一：制器練兵

　　練兵自強思想認為，列強軍隊戰鬥力強，主要是因為洋槍

洋炮戰船等西洋式武器性能先進，遠遠超過中國的刀矛弓箭和土槍土炮等傳統武器。只有裝備和使用這些新式武器，才能使中國的軍隊強大起來，能夠對抗並戰勝列強的威脅和攻擊。所以，必須用新式武器來裝備中國的軍隊，並且加以訓練，使中國的官兵能熟練掌握這些武器。當時的人們稱此為「練兵」。奕訢等人在 1861 年的一份奏摺中說：「探源之策，在於自強；自強之術，必先練兵。」

為此，中國必須要仿造西洋國家的洋槍、洋炮、戰船等新式武器，以便供應練兵的需要。當時的人們稱此為「制器」或「制械」、「造器」。奕訢等人在 1864 年的一份奏摺中說：「治國之道，在乎自強，而審時度勢，則自強以練兵為要，練兵又以制器為先。」李鴻章 1864 年致總理衙門的一封信中說：「中國文武制度，事事遠出西人之上，獨火器萬不能及。」、「中國欲自強，則莫如覓制器之器。」張之洞在 1894 年的一份奏摺中說：「目前自強要政，莫急於練兵，而練兵以制械為先。」

為此，中國應當學習西洋國家的這些製造新式武器的技藝，掌握這些技藝。只有學習並掌握了這些技藝，才能由中國人自己製造出各種新式武器。西洋國家的這些技藝是它們的長處，是中國必須學習的。李鴻章在 1865 年的〈置辦外國鐵廠機器摺〉中說：「取外人之長技，以成中國之長技，不致見絀於相形，斯可有備而無患。」左宗棠 1866 年在一份奏摺〈試造輪船先陳大概情形摺〉中說：「泰西巧而中國不必安於拙也，泰西有而中國不能傲於無也。」、「譬猶過河，人操舟而我結筏，譬猶使馬，人跨駿而我騎驢，可乎？」

制器練兵的具體辦法是，一方面，在各地設立造船廠、火器局、船炮局、槍炮廠等兵工廠，從西洋國家購買機器，聘請西洋人為技師，由他們指導中國工匠製造新式武器，同時把這些武器的製造技藝傳授給中國工匠。挑選並招募中國的能工巧匠，讓他們在西洋技師的指導下仿造新式武器，同時向西洋技

師學習這些武器的製造技藝。另一方面，挑選精銳的隊伍，用槍炮、輪船等新式武器裝備起來，並訓練它們使用這些新式武器，或者在原有軍隊之外另外組建一些軍隊，裝備新式武器，並進行訓練。

制器練兵的目標和結果，是由中國人將西洋國家的技藝全部學會，使之成為中國人所完全掌握的技藝。並且進一步從學習西洋到超過西洋，使中國的技藝超過西洋國家，使中國軍隊戰鬥力超過西洋國家。以中國人的才能，一定能超過西洋各國之上。中國有許多優異的人，聰明智巧不亞於各國，完全可以通過學習西洋人而超過西洋人。魏源在寫於 1847 年的《海國圖志》中主張：「盡得西洋之長技為中國之長技」。薛福成在〈上曾侯相書〉中主張：「彼之所長，我皆奪而用之。」馮桂芬在《校邠廬抗議》中則提出：「變人之利器為我之利器。」、「始則師而法之，繼則比而齊之，終則駕而上之。」

製造武器和訓練軍隊是相輔相成的兩件事，既要制器，又要練兵，缺一不可。只練兵不制器，或者只制器不練兵都是沒有效果的。李鴻章 1870 年在一份奏摺中說：「制器與練兵相為表裡。練兵而不得其器，則兵為無用；制器而不得其人，則器必無成。」

（三）途徑之二：振興工商

練兵自強思想認為，一個國家只有富有才能強大。國家富有，才能提供充足的經費；有了充足的經費，才能大規模地制器和練兵；大規模地制器練兵，才能使軍隊強大。西洋國家所以強大，不僅在於武器的威力本身，而且更在於它們的富有，其堅船利炮的背後，是雄厚的財力。富有導致國家強大，而貧窮導致國家衰弱。西洋國家之所以強大，是因為富有，而中國之所以衰弱，是因為貧窮。所以，中國只有富有起來才能強大

起來。1882 年李鴻章在〈試辦織布局摺〉中說:「古今國勢,必先富而後能強,尤必富在民生,而國本乃可益固。」鄭觀應在 1894 年的《盛世危言》中說:「欲自強,必先致富。」薛福成 1875 年在〈代李伯相覆盛杏蓀觀察書〉中說:「今欲圖自強,先求自富。」1888 年錢清臣在《格致書院課藝》中說:「自來講富強之術者,必富列於先,而強列於後。誠以國既富,斯能強;國既不富,強於何有?當此而欲使中國強,必先使中國富。」

富國的根本途徑是振興經濟,其中的關鍵則是振興工商業。工商業振興,國家就會有大量稅收,國家就會富有,工商不振興,國家就不可能富有,工商振興是富強的根本。西洋列強都是通過工商業致富,它們面積很小,但收入很多,無非是來自於工商企業的稅收和人口稅收。中國應當大力振興工商業,只有中國的工商振興了,中國才能富有。制器練兵是治標,振興工商才是治本。李鴻章在 1872 年的一份奏摺中說:「夫欲自強,必先裕餉,欲浚餉源,莫如振興商務。」當時人們所說的「工商」或「商務」是指廣義上的工商,包括製造、貿易,也包括開礦、鐵路、電報、輪船等。鄭觀應在《盛世危言》中說:「欲致富,必首在振工商。」、「欲制西人以自強,莫如振興商務。」薛福成在《籌洋芻議》中說:「西人之謀富強也,以工商為先。」薛福成在 1890 年的《出使四國日記》中說:「歐洲立國以商務為本,富國強兵全借於商。」、「工商之業不振,則中國終不可以富,不可以強。」、「西洋各國之所以致富強者,以工商諸務之振興也。」還有一種觀點認為,中外通商以來,進口貨多而出口貨少,各國獲利很多,所以中國民窮財盡,這是中國貧窮的根源。要想使中國富有,應大力發展對外貿易,使出口貨增多,進口貨減少。

振興工商不僅可以使國家富有,而且直接有利於提高國家的軍事力量。各兵工廠製造船、炮、槍、彈,需要大量的煤、

鐵等原料，而且對煤、鐵的品質要求比較高。新式戰船的訓練和作戰，也需要大量的煤。如果中國自己不能生產品質合格的煤鐵，就只好依靠從外國進口。進口煤鐵，一方面價格高，另一方面一旦發生戰事，對外貿易停頓，各工廠就只好停工，這是很令人擔憂的事。應當由中國人自己生產煤鐵，廣為銷售，既可以滿足軍需，不必依賴外國，又可以阻止洋煤洋鐵的進口和獲利。鐵路運輸極為方便快速，一旦發生戰事，鐵路可以使各地的大量軍隊迅速地集中於作戰地點，以利於取得作戰的勝利，鐵路還可用於運送武器、裝備、軍費、其他軍用物資。鐵路尤其有利於鞏固對邊遠地區的控制。列強窺視中國的邊疆地區，企圖占據這些地區，等待機會準備採取行動，如俄國窺視西北，英國窺視西南。一旦邊疆地區發生危險，需要軍隊，如果沒有鐵路，軍隊前往這些邊遠地區需時長久，不利於軍事，如果有鐵路，軍隊和軍需物資可以快速地運送到這些邊遠地區。鐵路廣泛建立以後，也可以使列強有所顧忌，從而不敢對中國邊疆地區貿然採取行動。電報傳遞資訊極為迅速，在發生戰事的時候，電線可用於軍事通訊，也對軍事行動極為有利。

振興工商還可以「與洋人爭利」，奪取洋人在華經營工商所獲利潤為中國人所得。外國的銅鐵、呢絨、布匹運銷中國，外國的輪船從事運輸，大量獲利，奪去中國人的許多利益。中國人自己從事工商活動，自己興辦採礦，自己設置機器進行紡織等製造，自己設置輪船、鐵路進行運輸，既可增加政府稅收，又可以與外國競爭，使這些利益為中國人所獲得。

有人因此進一步產生了工商競爭的思想，認為工商業的興衰是國家興衰的關鍵，工商業興盛是強國的根本，富國強兵完全依賴於工商業。各國間的競爭表面上是軍事的競爭，而實際上是財力的競爭，從根本上說就是工商業的競爭。哪個國家工商業發達，哪個國家就富裕，哪個國家富裕，哪個國家就強大。他們認為，軍隊建設和工商事業是彼此密切相關的，是互相促

進的。鄭觀應在《盛世危言》中說：「借商以強國，借兵以衛商。」、「練兵將，制炮船，備有形之戰，以治其標。講求泰西士農工商之學，裕無形之戰，以固其本。」其中有人還提出了「商戰」的概念。鄭觀應認為，西洋對中國的侵略有三種，兵戰、商戰和傳教，商戰最能體現國家的實力。工商競爭失利比軍事作戰失利的危害更大，「兵戰」占據領土，對國家的危害容易察覺，「商戰」對國家的危害則體現於無形之中。鄭觀應在《盛世危言》中說：「習兵戰，不如習商戰。」、「商戰為本，兵戰為末。」、「彼既以商來，我亦當以商往。」劉銘傳在 1889 年的一份奏摺中說：「商戰從容坐鎮而屈人。」何啟、胡禮垣在 1899 年的《新政真詮》一書中說：「國若有十萬之豪商，勝於有百萬之勁卒。」所以，依據上述原因，中國必須大力振興工商業。

關於振興經濟的方法，練兵自強思想認為，應當大力進行製造、採礦、貿易、鐵路、航運、電報等各方的工商活動。第一，應當進行機器製造。製造是商業的基礎，沒有製造的興盛則無法振興商業。外國商品在中國大量銷售，中國商品不能與外國商品競爭，原因是工業不興盛。應當發展機器製造，只有用機器生產才能貨優價低，多獲盈利。應當在各地多建大規模的工廠，大量購買機器，製造各種物品。第二，應當開採鐵、煤、五金等各種礦產。一方面官方出資雇人，進行開採，一方面動員富有的個人集資合股進行開採，由政府收稅。應當購買機器，用機器進行開採，這樣產品才能價格低，獲利高。第三，應當開展國內貿易和對外貿易，特別是應當大力開展對外貿易。由中國商人與西洋各國通商，將絲、茶、布匹、瓷器運到外國銷售，使出口貨增多，進口貨減少，從而擴大中國的利益，削奪外國人的利益，奪外國人所得的利益為中國人所有。應由零散商人集合起來成立大規模的貿易公司，以增強與外國人競爭的能力。政府應當支持並幫助民間商人與外國通商的活動，如組織動員商人成立貿易公司，提高進口稅，減輕出口稅，借款，

以支持商人。第四，應當發展鐵路、輪船、電報等事業。歐美各國之所以富強，火車、輪船等的興辦起到了很大作用。中國要想富強，興辦鐵路運輸和輪船運輸是最有效的途徑，可以使財政收大幅地增長，使國家迅速富有。第五，除工商以外，也還應當大力發展農業。農業是工商業的基礎，農業興盛才能工商振興。應當開墾荒地。應當推廣養蠶、種茶、畜牧等多種形式的農業。應當改良耕作方法，採用西洋的耕種機器，一個人即可以耕種大片土地，可以大幅度提高耕種的效率。

關於振興工商的途徑，練兵自強思想認為，應當主要由民間人士從事工商活動。民富而後國富，民眾富裕，國家就能富有，民眾貧窮，國家也就貧窮。有人說：「富莫大於藏富於民。」有人說：「君富民富，此自強之基也。」民間工商業振興，就能使民眾富裕。應當由民眾建立西洋國家那樣的紡織、採礦、航運、電報等新式企業，從事各種工商活動，用機器製造呢絨、絲綢、布匹等物品，進行鐵路運輸、輪船運輸，用機器開採各種礦產，以及從事貿易活動。尤其要由富有的人們聯合行動，集合資本，建立大規模新式企業，從事大規模的工商經營活動，從而提高獲利的能力。在這一振興工商的過程中，政府應當宣導、動員、組織民間商人進行工商活動，如組織動員商人單獨或集資合股建立企業從事經營。政府還應當支持、幫助、扶植民間的工商活動，例如，向有困難的民間企業收取低稅，向打算開辦企業而缺乏資金者提供低息或無息借款。此外，政府也應當直接建立並經營一些官辦的新式企業。

（四）其他途徑

練兵自強思想認為，要使中國富強，除了制器練兵和振興工商以外，還應當採取其他一些相關措施。第一是引進西洋的科學知識。製造槍炮、製造輪船、駕駛輪船、指揮軍隊都需要掌握這些方面的技藝，而這些技藝都是來自於天文、物理、化

學、算學等知識。這些知識是這些技藝的根本，要想掌握這些技藝，就需要獲得這些知識。這些知識都寫在西洋的書裡，只要翻譯或學習西洋的相關書籍，就能掌握這些知識。獲得這些知識的主要途徑是翻譯或學習西洋的書籍，應當將這些書籍全部翻譯過來，或者由精通西洋文字的中國人學習這些書籍。

第二是培養人才。國家富強的事業需要有用的人才。製造武器、使用武器、駕駛軍艦、管理軍艦、指揮軍隊、辦理開礦鐵路電報事務、研究各種科學、翻譯書籍等，都需要具有相關能力的人才。有了這些有用的人才，中國才能強大。所以必須培養有用的人才。李鴻章在一份奏摺中說：「造就人才，實為中國自強根本。」一方面，應當興辦新式學校，挑選青年學生進入學校，給予一定薪水，學習研究格致、測算、地理、機器、兵法、化學、外國語言等有用的知識和技術，聘請精通於這些知識和技藝的西洋人擔任教師。學生掌握這些知識和技藝以後，經考察合格，授予官職。另一方面，還應當派遣學生到外國去學習，這樣效果會更好。

第三是保持和平的外交局面。一方面，中國必須大力推行制器練兵等自強事業，另一方面，自強的事業需要一個和平的外交環境，所以應當力爭維持和平局面，避免與列強發生戰爭，從而為國內的自強事業創造條件，使之得以順利推行。一方面，維持和平局面是必要的。各強國的軍事力量強大，遠遠超過中國的軍事力量，以中國的軍力、財力，不可能戰勝它們，如果與它們作戰，中國必然戰敗。李鴻章說：「彼之軍械強於我，技藝精於我，即暫勝必終敗。」所以中國只有隱忍，保持和平，避免與它們發生戰爭，同時在內部慢慢地爭取自強，這是迫不得已的事情。另一方面，維持和平局面是可能的。列強所圖謀的是在中國的經濟利益和政治影響，而並不想要占據中國的領土，在這些方面中國是可以妥協的，所以爭取和平局面是可行的。保持和平局面的途徑是與各國維持友好關係。第一，要避

免與列強發生衝突或事端；第二，要通過在外交活動進行妥協和委曲求全，與各國進行周旋。只要妥協並遵守與各國所簽訂的條約，就能夠實現與各國的和平相處，與各國保持友好關係，維持和平的國際環境。

（五）中西文化關係處理原則

採取制器、練兵、辦學堂等措施，就必然會與西洋文化發生接觸，這就需要面對如何取捨西洋文化和如何處理中西文化關係的問題。在這一問題上，練兵自強思想主張以中國文化為主體，用西方文化中有用的內容來補充中國文化。當時人們把英法美等國家稱為「西洋」、「西國」，這些國家的文化稱為「西學」，中國文化則被稱為「中學」。這一處理中西文化的原則被人們概括為「中學為體、西學為用」，或簡稱為「中體西用」。

練兵自強思想認為，中國文化即中學是比西洋文化優越一等的文化體系，西洋文化即西學是低於中國文化的文化體系，中國文化整體上高於西洋文化。西洋文化中有一些長處，主要是其精深的天文、數學、物理、化學等自然科學知識和製造技術。西洋文化中只有知識和技術這部分內容比中國文化先進，而這部分內容又是一個文化體系中次要的部分。

因此，正確的處理中西文化關係的原則是，以中學的儒家倫理等思想和傳統禮儀等制度為根本，用西洋的知識和技術進行補充。

一方面，應當吸收西洋文化中有用的部分，來補充中國的文化。西洋的知識和技術是中國所不具備的長處，而且它們是有實際用處的，因此應當吸收和學習這些內容。中國傳統的制度和倫理等思想，是不可以變更的，但為了解決具體的現實問題，在不變更中學中的「體」的基礎上，可以而且應當補充西學中的「用」。

　　另一方面，必須維護中國傳統制度和思想的主體地位。中國的政治體制和倫理等思想是各國中最優秀的，是不需要改進的，也是不可以破壞的。因此，可以學習西洋的知識和技術，但只是把它們當作中國傳統文化的補充和輔助，不能用西洋文化破壞、取代傳統文化，不能改變經典的制度和思想。西洋國家的化學、物理學、植物學等知識，以及練兵、制器、開礦等技術，可以採用，而西洋國家的倫理思想、政治制度等內容，則是堅決不能採用的。

　　馮桂芬在《校邠廬抗議》一書中說：「以中國之倫常名教為原本，輔以諸國富強之術。」王韜在《弢園文錄外編》中說：「西學西法，非不可用，但當與我相輔而行之可已。」又說：「器則取諸西國，道則備當自躬。蓋可以萬世不變者，孔子之道也。」薛福成在《籌洋芻議》主張：「取西人器數之學，以衛吾堯舜禹湯文武周孔之道」。鄭觀應在《盛世危言》主張：「中學其本也，西學其末也。主以中學，輔以西學。」、「道為本，器為末；器可變，道不可變。庶知所變者富強之權術，非孔孟之常經也。」、「融會中西之學，貫通中西之理。」沈壽康在1895年《萬國公報》上發表的〈匡時策〉一文中說：「宜以中學為體，西學為用。」張之洞在1898年的《勸學篇》中說：「新舊兼學。四書五經、中國史事、政書、地圖為舊學；西政、西藝、西史為新學。舊學為體，新學為用。」又說：「中學為內學，西學為外學。」1898年光緒在宣布改革的詔旨中主張：「以聖賢之學植其根本，兼博采西學之切時務者。」

（六）幾點分析

　　練兵自強思想的演變過程和傳播過程，受到多種因素的影響。第一，是中國面臨列強侵略這一基本政治局勢。列強與中國進行兩次鴉片戰爭並戰勝中國的這一現實，以及戰後列強仍然一直威脅中國而且繼續不斷地攻擊並戰勝中國的這一現實，

是練兵自強思想產生並逐漸發展的基本原因,也是它得以逐漸傳播的基本原因。這種現實促使一部分人去探索強國的問題,並促使越來越多的中國人認識到強國的必要,從而接受練兵自強思想。

第二,是中國人對世界瞭解的增多。自從鴉片戰爭以來,隨著戰爭、外交、通商、傳教等的增多,中國人與外國人之間的交流和交往比較迅速地增多。於是中國人對外國的瞭解也比較迅速地增多和加深,從而對列強的軍事強大、工商興盛等狀況有所認識。這一事實是一些人產生或接受制器練兵和振興工商等思想的重要原因。但總的來說,由於中國社會原本是一個封閉性的社會,這一時期與外國的交往還是比較有限的,因此對外國的瞭解也還是比較有限的。一方面,瞭解的主體範圍有限,只有少部分人能夠瞭解到這些世界大勢,所以能夠接受練兵自強思想的人,人數仍比較少,從而使練兵自強思想的傳播範圍具有一定的限度。另一方面,瞭解的程度有限,人們當時還只瞭解到列強的技術高超和國富民富等長處,尚不瞭解列強在政治制度、政府能力、思想觀念、學術文化、社會風俗等方面的長處,所以對強國途徑的認識只限於制器練兵和振興工商,不能更深入一層地認識到政治等方面的重要性,從而使練兵自強思想的內容具有一定的局限性。

第三,是中國的傳統思想觀念。中國人具有經世致用的傳統觀念,一向關注如何解決社會中的現實問題。清代前期,清政府實行嚴格的思想控制政策,嚴禁一切不利於其統治的言論和著述,嚴厲懲處對清政府稍有不滿的人。因此文人們不敢研究社會實際問題,很少有人從事各種實際社會問題的研究,人們多專心於考證研究。清代中期,社會出現一些弊端並逐漸嚴重,如土地集中和貧富分化,如社會不穩定,如官員消極不作為等。由於這些弊端的出現,致用思想已經一定程度上興起,已經有一些人提出,不應一味從事考據工作,而應當研究和解

決社會現實問題。太平天國戰爭時期嚴重的政治動盪和社會危機，更是促進了經世思想的進一步興起。在面臨列強威脅的情況下，這種傳統的經世致用觀念促使一部分人積極關注這一新的現實問題，從而推動了練兵自強思想的發展和傳播。中國人還具有夷夏之別和重政教輕技術的傳統觀念，對學習外國的事物持輕視態度，對學習技藝持輕視態度。所以練兵自強思想中的一些觀點，特別是重視學習西洋國家技藝的各項主張，不易被中國人所廣泛接受，這是自強思想傳播速度比較緩慢和傳播範圍一直有限的一個重要原因。

第四，是自強運動的推行。自強思想促進了自強運動的推行，而自強運動的推行反過來又促進了自強思想的進一步和日益廣泛的傳播。在自強運動過程中，越來越多的人參與到運動中來。他們當中很多人只是為了謀生或升官而參與，但是，在參與自強活動的過程中，由於許多自強活動都需要與西洋各國有所接觸，因而他們有機會瞭解西洋各國的情況，特別是它們的強大軍事和先進科學技術。而瞭解了這些情況，就會很容易接受練兵自強思想，於是先後有許多人通過這一途徑接受了自強思想。特別是在自強運動過程中，進行了一些辦新式學校和派遣留學的工作，許多青年人因而有機會瞭解外國並學習外國的技藝和自然科學等知識，從而接受了自強思想。自強運動中的實踐經驗，則為自強思想內容的逐漸完善提供了借鑑。

第五，是中國政府內部權力結構的變化。在第二次鴉片戰爭前後，清政府內部的權力結構發生了一些重大變化。在鎮壓太平天國的過程中，李鴻章、左宗棠等一批有能力有政治經驗的人湧現出來，成為清政府的重要官員。這些人能力強，經驗豐富，見識廣，因而思想較為開明，較早產生或接受了練兵自強思想。同時，在因清政府內部權力矛盾而引發的 1861 年政變中，對外態度比較開明的慈禧、奕訢等人擊敗對外態度比較封閉的肅順等人，掌握了清政府最高權力。於是就造成這樣一

種結果：政府最高權力者和一批掌握較大權力身居較高職位的人，正是當時中國社會中思想較為開明的人，也是較易於形成或接受練兵自強思想的人。事實上，正是這些身居高位和手握重權的人，最先產生了練兵自強思想。他們同時也都是社會上有較強的影響力的人，他們的思想能夠較大程度地影響到社會上其他人的思想。特別是李鴻章、左宗棠等人，因鎮壓太平天國的成績而在社會上極具威望，因而在他們的影響下，先後有其他許多人接受了練兵自強思想。另外，這些人的大權在握，使自強思想易於在政治實踐中獲得實施，從而有利於自強思想的傳播。他們的權力和地位也使其能夠決定清政府的執政方針和清政府對自強觀念的官方態度，從而導致練兵自強思想成為官方所支持和宣導的思想，甚至成為一段時間內清政府的工作指導思想，而官方態度對一種思想的宣揚和傳播是具有重要作用的。

練兵自強思想產生了比較重大的歷史影響。第一，練兵自強思想推動了自強活動的開展。練兵自強思想對政府的政策和措施產生了重要影響，一度在較長的時間裡成為清政府的指導思想。在這一思想的影響下，政府中的一些官員展開了自強運動，自強活動也成為清政府在這幾十年中的工作中心。

第二，練兵自強思想決定了自強運動的內容。由於自強運動中的一系列工作就是在練兵自強思想的指導下進行的，所以這一思想在很大程度上決定了這些工作的具體內容和具體方式。在這一思想的指導下，清政府舉辦了許多兵工廠，製造船炮槍彈等各種武器裝備，組建了三支新式海軍並進行訓練，組建一些使用新式槍炮的陸軍並進行訓練，動員並幫助商人開辦了一些大中型工商企業，舉辦了一些新式學堂，派遣了一些留學生，還組織翻譯了一些外國書籍。正是這些活動構成了自強運動的主要內容。此外，練兵自強思想也影響了清政府的對外政策，在很長一段時間裡，清政府一直依據練兵自強思想中力

求和局的主張，採取對外妥協的政策。

第三，練兵自強思想對中國的部分傳統觀念產生一定的衝擊。傳統觀念中強調「夷夏大防」，認為中國有優越的文化體系，文明程度遠遠高於其他民族，其他民族都是不文明的、野蠻的，甚至認為其他民族是沒有自己的成體系的文化系統的。而自強思想承認西洋國家有自己的系統的文化體系（稱之為「西學」），而且其中有優於中國文化的內容。自強思想的傳播，對傳統的夷夏觀產生了一定鬆動作用，使其開始發生轉變。傳統觀念重視農業，輕視工商業，即「重本輕末」，而自強思想重視工商業。自強思想的產生和傳播，使工商業和工商業者在中國人們心目中的地位比原來有所提高，從而對重本輕末的傳統觀念產生了一定的鬆動作用。傳統觀念強調政教，輕視技藝，而自強思想重視技藝，強調技藝的重要性。自強思想的產生和傳播，使技藝在中國人的觀念中的地位比原來有所提高，從而對輕視技藝的傳統觀念產生了一定的鬆動作用。

第四，練兵自強思想為其後出現的變法圖強思想提供了理論基礎，正是在練兵自強思想的練兵和培養人才等主張的基礎上，通過進一步發展和深化，形成了改革軍隊體制和改革人才制度等變法思想。

練兵自強思想是新局勢下出現的第一個應對新局勢的思想體系。對於如何使中國富強這一重大的戰略性課題，練兵自強思想給出了第一份答案。練兵自強思想的這一答案，具有很強的合理性和務實性，它的核心思路是通過發展經濟和提高技術來實現強國的目標，這一思路是正確的，符合強國之路的正確方向。世界歷史的經驗表明，有一個能夠把工作做好的高效能的政府，這個政府又能夠致力於經濟和科技建設，具備了這兩個條件（好的政府和對的政策），一個貧弱國家才能比較迅速地富強起來。對於任何國家來說，經濟建設和科技建設都是國家富強的基本的途徑。練兵自強思想為強國基本途徑問題提供

了正確的解答思路，這是這一思想最大的價值所在。可惜的是，這一思路此後相當長的一個時期內被人們普遍忽視了，直到改革開放時期，才再次受到中國社會的普遍重視。

練兵自強思想也存在著很大的不足。第一個不足是，練兵自強思想低估了強國事業的難度，把強國這件事看得過於容易。它認為只要製造一些新式武器，裝備給一部分軍隊，再興辦一些企業，國家就能很快地且很容易地富強起來。實際上，要使國家富強起來，需要相當的數量的新式企業以提供大量的財力，甚至需要整個社會的工商化，也需要整個軍隊全面改造，並需要科技水準的全面和大幅度提高。這些需要大力度的舉措，大量的工作，也需要一定的時間。而這些是自強思想所忽視和沒有考慮到的。

第二個不足是，練兵自強思想認為自強的各項措施能夠順利地實行並取得理想的成效，這實際上是高估了當時的具體社會條件，而低估了自強活動所必將面臨的阻力和困境。在當時的中國社會，保守思想的力量相當強大，各項自強措施理論上是可行的，但因與傳統觀念有所抵觸，如果付諸實踐，必然會遇到十分強有力的反對。這些反對力量使各項自強措施推行起來十分困難，特別是機器採礦、修築鐵路等。另外，當時的清政府已經比較腐朽，政府工作的能力和效率都比較低，因而，即使一些自強措施勉強得以推行，也很難獲得理想的成效。例如自強運動期間清政府舉辦的製造新式武器的各個兵工廠中，支出了許多經費，但其中很大一部分地被官吏個人貪汙，真正用於製造武器卻很少，各兵工廠中還安置了許多不必要的閒散人員，領取薪水卻不做工作，各兵工廠中又缺乏懂技術和懂管理的人員，因此，各兵工廠製造出來的武器裝備數量和品質都比較低。當時的社會現實狀況決定了，各項自強措施必將面臨種種需要克服的阻力和困境，這也是自強思想所忽視和沒有考慮到的。

第三個不足是，練兵自強思想在強國途徑問題上的思路，雖然方向是正確的，但深度是不夠的。要提高國家的經濟實力，僅僅政府動員和幫助商人去興辦一些新式企業，還是不夠的，而是需要一個能夠鼓勵企業經營與發展的整體社會制度和社會氛圍。政府所應該做的不只是具體興辦幾個企業，而是實施能夠推動全社會大辦企業的政策和制度，營造能夠使企業興盛的整體社會環境。要提高國家的軍事實力，僅僅挑選部分軍隊加以裝備和訓練，還是不夠的，而是需要國家軍隊的整體性和全方位的革新。要造就人才，僅僅興辦幾個新式學校是不夠的，而是需要整個科舉制度的改革和一整套新的學校體制的建立。這些也都是練兵自強思想所沒有考慮到的。練兵自強思想沒有認識到，在強國問題上，政府的任務並不是舉辦幾件具體措施，而是實行新的適當政策和制度。它只考慮到問題的表面層次，未考慮到深度層次，只知「辦事」而不知「變制」。這也是它之所以為其後的變法圖強思想所取代的主要原因。

第二章　變法圖強思想

　　1860 年代，在自強思想出現後不久，出現了改革科舉考試制度的思想。在開展自強運動的過程中，人們切實地體會到，強國的事業非常需要有實際能力的人才，例如製造武器、駕駛輪船、外語翻譯等人才，並且切實地體會到當時中國社會中這種人才的缺乏。一些人認為，之所以缺乏有用的人材，其原因在於原有的人才選拔制度即科舉考試制度不適合目前的形勢，於是形成了改革科舉制度的思想。這一思想主張改革科舉考試的內容，以造就有用的人才。科舉改革思想只主張改革科舉制度，而沒有涉及其他方面的政治制度改革，但它是在其稍後出現的全面改革思想的序幕，全面改革政治制度的思想就是在科舉改革思想進一步擴展的基礎上形成的。

　　兩次鴉片戰爭以後，來自列強的威脅和攻擊仍在繼續，而且形勢日益嚴重，列強不僅要求獲得在華的各項權利，而且開始大規模侵犯中國的領土。對中國來說，強國的必要性更加明顯，人們對強國的要求更加迫切。與此同時，以強國為目標的自強運動的成效卻比較有限。自強運動使中國的軍事力量有一定程度的增強，但並沒有像人們所期望的那樣使中國的軍事力量獲得大幅度的增強。於是，人們對自強運動的效果不滿意，認為它是不成功的，並沒有真正使中國富強起來，同時也認為自強運動這一方式並不能使中國真正富強起來。特別是中法戰

爭中的失利，明顯地反映出自強運動的成效之有限。

在這種情況下，一些人在吸收、總結、反思練兵自強思想和科舉改革思想的基礎上，探索使國家富強的更有效的辦法，從而形成全面改革政治制度的思想。這一思想出現於中法戰爭之後，出現以後的一段時間內，逐漸補充完善，內容不斷豐富，到 1890 年代後期的變法運動期間，形成完整而成熟的思想體系。其主要觀點是，僅僅採取自強的措施並不能使中國強大起來，中國還必須全面地改革包括科舉制度在內的整個政治制度，這樣才能把國事的事務辦理好，才能使中國富強起來。當時的人們把制度改革稱為「變法」，其中「變」是指變革，「法」是指政治制度。因此這一思想我們可以稱之為變法圖強思想。

（一）序幕：科舉改革思想

科舉改革思想認為，只有改革考試制度才能造就有用的人才。當前科舉考試制度不利於有用人才的出現。現有的考試主要依據撰寫理論文章和騎馬射箭舞刀舉石的能力來選拔官員，而在目前的形勢下，文章弓馬對強國基本上沒有什麼用處。這些考試科目使有才能的人將精力消耗於無用的文章，不能產生有用的、有實際能力的人才，因而使得官員們缺乏實際工作能力。王韜在《弢園文錄外編》一書中批評科舉制度說：「所習非所用，所用非所長。」鄭觀應在《盛世危言》一書中批評科舉制度說：「以有用之心力，消磨於無用之時文」，「所學非所用，所用非所學」。科舉改革思想認為，各強國之所以技術先進，是因為它們以技術水準來選拔人才和決定升降。所以，應當改革科舉制度，改變考試內容，以鼓勵人們研究有用的學問和技藝，從而造就有用的人才。中國人的聰明才智不弱於西洋人，只是未得其法，沒有在這方面鼓勵人們，只要改革考試制度，就能產生越來越多有用的人才，一二十年後就會擁有很多有用的人才。

科舉改革思想認為，應當改變考試的內容，增加實用的學問和技藝等內容，如時事、數學、物理、化學、天文、地理、製造技術、槍炮使用槍炮、外國情形、外國語言文字等。

關於改革考試制度的具體辦法，主要有四種主張。第一種主張是，將文科考試中的八股文廢除，將考試內容由八股文改為八科。一是忠信篤敬的道理，二是論時事，三是論述歷史，四是作詩，五是行政工作，六是山川形勢及用兵方法，七是數學物理機器製造，八是外國情形和語言文字。將武科舉考試中的弓馬刀石廢除，改為槍炮。第二種主張是，在原有的文科和武科之外，增設一個新科，綜合考察數學、物理、化學、礦學、天文、地理、醫學等學問，以及製造各種器物的技術。第三種主張是，在文科和武科之外，增設幾個新科，分別考察經學、史學、文章、地理、物理、天文算學、律例、時事等幾項內容。第四種主張是，取消無用的武科考試，將武科改為一門新科，專門考察實用的能力。在各科考試中，均仍沿用原來的辦法，根據考生的能力的高低，分別授予秀才、舉人、進士等職銜。例如，能夠將船炮等外國器物製造出來的人為生員，所造器物與外國人所造器物達到同等水準的人為舉人，所造器物水準超過外國所造器物的人為進士。

還有人主張破格任用官員，允許大臣推薦有能力人的擔任官職，根據各人的才能，分別授予他們官職，讓他們擔負出使外國、管理稅務、防衛沿海等工作。這樣，就會轉變風氣，不務空談，使聰明有才華的人注重於研究有用的事務，培養有用的能力，有才能的人會湧現出來，從而使人才興盛。

（二）全面變法的必要性

變法圖強思想認為，中國必須進行變法，因為只有實行變法，才能使中國富強起來。

　　目前中國面臨著列強的嚴重威脅，不僅中國的權利被列強奪占，中國在世界上的地位受到威脅，而且中國的領土開始逐漸被列強侵占。俄國窺視北方，英國窺視西南，法國窺視南方，日本窺視東方，四方處於強敵的威脅，中國形勢很危險，甚至有國家滅亡的危險。所以，必須使國家富強起來，這樣才能確保國家的生存和國家的權益。

　　要想使國家富強，就必須有一套良好的政治制度。一個國家有了良好的政治制度，政府才能具備較高的辦事能力，才能消除政府的腐敗現象，從而把國家事務辦理好，使國家強大起來。西洋國家之所以富強，就是因為有良好的政治制度，中國之所以貧弱，根本原因也是沒有良好的政治制度。而只有進行變法，全面改革政治制度，才能建立一整套良好的制度。中國形成今日的衰弱局面，都是由於死守成法而不行變通，制度長期僵化不變，從而導致各種弊病長期積累。而西洋各國善於進行變通，因而能夠富強。

　　世界各國的歷史經驗也證明了只有變法才能國強的這一道理。例如俄國、日本，都是因為曾經進行政治改革，才有今日的富強。康有為在 1898 年的〈上清帝第六書〉（〈應詔統籌全域局摺〉）中說：「觀大地諸國，皆以變法而強，守舊而亡。」又說：「觀萬國之勢，能變則全，不變則亡，全變則強，小變仍亡。」這個道理對中國同樣適用，中國只有實行變法，才會建立良好的制度，才能把國家事務辦好，從而使國家富強。相反，如果不變法，就不能使國家富強，而且會使國家衰弱甚至滅亡。嚴復在 1895 年發表於天津《直報》的〈救亡決論〉中說：「天下理之最明而勢所必至者，如今日中國不變法則必亡是已。」同時，只要進行變法，以中國資源的豐富、人口的眾多，人民的聰明智慧，很快就能富強起來。

　　自強運動中的制器、練兵、辦企業、開礦、辦學校等自強措施，只講求武器製造的技術，只講求軍隊的訓練，卻不講求

政治，不懂得國家富強的根本在於政治。如設立招商局、同文館、製造局、學堂等措施，只是補漏縫缺，只能白白浪費鉅款，不能從根本上挽救中國的危險局面。梁啟超在 1896 年的〈論變法不知本原之害〉一文中這樣批評自強運動：「練兵如不練」，「開礦如不開」，「通商如不通」，「興學如不興」，「百舉無一效」；「若鐵路，若輪船，若銀行，若郵政，若農務，若製造，莫不類是」。從實際情況上來看，自強運動進行了很長時間，卻沒有能夠使中國富強起來，其各項措施都沒有明顯成效。自強運動失敗的這一事實本身也證明，僅僅通過這些自強措施，並不能使中國富強，必須進行各項政治制度的改革，才能使中國富強起來。

變法圖強思想還認為，中國必須進行變法，因為制度的變化是歷史的基本規律，進行變法是符合這一基本規律的。

任何事物都是在不斷變化的，都處在不斷的變化之中，沒有固定不變的事物，世界萬物，包括天、地、人，都是如此。康有為說：「天道尚變。」梁啟超在 1896 年的《變法通議·論不變法之害》一文中說：「變者，天下之公理也。」任何事物，只有不斷變化，才能避免敗壞，才能恒久地存在。康有為在 1898 年的〈請定國是而明賞罰摺〉中說：「蓋變者，天道也。天不能有晝而無夜，有寒而無暑，天以善變而能久；火山流金，滄海成田，歷陽成湖，地以善變而能久；人自童幼而壯老，形體、顏色、氣貌無一不變，無刻不變。」任何事物，經過變化之後才能消除弊病，更有活力，舊的事物則呆滯腐朽。康有為在 1895 年的〈變則通通則久論〉一文中說：「窮則變，變則通，通則久。」、「天惟能變通，而後萬物成焉。」、「物新則壯，舊則老；新則鮮，舊則腐；新則活，舊則板；新則通，舊則滯；物之理也。」又說：「天久而不弊者，為能變也。」

人類社會與其他事物一樣，也是處於不斷變化之中的，不斷變化是人類歷史的基本規律。康有為〈變則通通則久論〉中

說：「千年一大變，百年一中變，十年一小變。」梁啟超在《變法通議・自序》中說：「上下千歲，無時不變，無事不變，公理有固然。」政治制度也與社會中的其他事物一樣，是處於不斷變化之中的。自古以來，制度一直處於變化之中。康有為在1895年的〈上清帝第四書〉中說：「物久則廢，器久則壞，法久則弊」，「法既積久，弊必叢生，故無百年不變之法」。湯壽潛在寫於1890年的《危言》一書中說：「歷代有歷代之法，一代有一代之法。」又說：「歷代之法遞變，一代之法亦遞變。」

制度的變化是歷史的必然規律。人應當主動地適應這一歷史的規律，主動地改革制度，即進行變法，使制度發生變化。變法是符合歷史規律的行為。梁啟超在《變法通議・論不變法之害》中說：「變亦變，不變亦變。」主動地採取措施進行改革，制度會改變，社會會發生變化，並產生有利的結果，不主動地改革，不採取變法的措施，社會也會發生變化，制度也會改變，只不過變化是被動的。主動改變，可以掌握主動，可以保全國家，被動地改變，則會發生不利的後果。

（三）變法的內容

關於變法的內容，變法圖強思想認為，應當全面地進行變革。康有為在上書〈應詔統籌全域局摺〉中說，自強時期採取的措施，只是「變事而已，非變法也」，應該全面地進行變革，「變法而強，守舊而亡」，「全變則強，小變仍亡」。譚嗣同在1894年所寫的一封信中主張：「凡利必興，凡害必除。」變法圖強思想認為，應當進行軍事制度、人才制度、實業獎勵制度、行政制度等幾個方面的制度改革。

第一，改革軍事制度，模仿西洋各國的的軍隊模式，建立新的軍隊體系。逐步建立新的軍隊，軍隊的武器裝備、訓練方法、組織方式都模仿西洋建立新的體系。完全採用西洋式武器

裝備，完全取消舊式武器裝備。使用洋操等訓練方式。效仿西洋各國軍隊的組織方式，將軍隊分為馬隊、步隊、工程隊、炮隊、輜重隊等各個兵種，並建立自上到下的各級編制。綠營和八旗等舊的軍隊逐步裁撤。然後在這一新的軍隊體制之下進行製器練兵的工作。

　　第二，改革人才制度，廢除科舉制度，建立新的人才制度。科舉制度是中國國力衰弱和面臨危亡的根本原因。由於科舉考試以八股文來選取官員，學習八股文的人，不研究有用的學問，卻可以做官並逐漸升職。如今大臣很多，卻沒有能夠擔負起事情的人，都是由於科舉制度所致。嚴復在〈救亡決論〉中說：「今日中國不變法則必亡是已。然則變將何先？曰莫亟於廢八股。」他說，八股文使天下沒有人才，從而害掉國家。康有為在1898年第一次被光緒召見時說：「故台遼之割，不割於朝廷，而割於八股；二萬萬之款，不賠於朝廷，而賠於八股；膠州、旅大、威海、廣州灣之割，不割於朝廷，而割於八股。」所以，改革科舉制度是非常重要的，是一項根本性的變法措施。梁啟超的《變法通議・論變法不知本原之害》中說：「變法之本，在育人才，人才之興，在開學校，學校之立，在變科舉。」

　　人才制度改革應當從三個方面同時著手進行。第一個方面是建立新的學校制度，廣泛設立大、中、小各級新式學堂。各省府縣現有的大小書院改為各級新式學校。省會的書院改為大學，或稱高等學堂，府城的書院改為中學或中等學堂，縣城的書院改為小學或初等學堂。在新式學堂中，向學生教授新式的知識和技術，如天文、地理、醫學、理化、軍事、駕駛等，給予畢業學生秀才、舉人、進士等職銜。其他各類現有的學校，如義學、社學、學塾等，也一律學習新內容。文科學校之外，廣泛設立武備學校。第二個方面是建立留學制度，政府派遣留學生到國外留學，學習新式的知識和技術，並鼓勵個人自費出國留學。政府派遣或自費的留學生，畢業後都給予秀才、舉人、

進士等職銜。第三個方面是廢除科舉考試制度。先改革考試內容，廢除八股文，改為考查論述實際政治的文章。等到學校廣泛建立以後，將科舉考試完全取消。這樣，通過人才制度改革，就可以造就出具備實際能力的人才。

第三，建立鼓勵農工商等實業活動的制度。應當制定並實施保護各種實業活動的工商法律、規章。應當對從事鐵路、製造、輪船航運、開採金銀煤鐵礦、新式農業等活動有成效的人進行獎勵，給予官職或虛銜，或獎勵給匾額，或給予爵祿，以鼓勵民眾舉辦實業。應當給予發明新器物的人生產和銷售該器物的專利權，以鼓勵人們製造新物品。應當廣泛設立商學、商報、商會，農學、農報、農會，以講求工藝和農學，並有助於實際商務活動。應當減輕國內關稅，減輕出口稅，加重進口稅，以限制外國人獲利，幫助中國商人獲利。應當設農工商局總局和各省分局，以管理全國和各省的農工商事務，並聯絡商情，設立鐵路礦務局，專門管理全國各地的開礦築路事宜。建立實業獎勵制度的同時，政府還應當直接舉辦各種農工商業，如採用機器進行製造，開採礦產，修建鐵路，興辦輪船航運，開墾荒地，開闢水利，講究新的耕種技術，鑄造銀幣，發行鈔票，開辦銀行等，都積極進行。

第四，改革政府機構。政府機構改革的目的是使整個政府機構更加優良，使政府能力提高，工作效果更好。一方面，應當裁撤閒散機構和閒散人員。目前政府中機構重疊，官吏人員冗多，大員的閒散人員無事可做，不能為國事出力，白白消耗國家的經費，使國家財政支出的負擔增多，而於國事無益。撤銷或合併閒散機構，裁減閒散人員，可以大幅節省經費，並提高政府工作效率。例如，詹事府無事可辦，通政司、光祿寺、鴻臚寺、太僕寺、大理寺等機構則事務很少，這些機構都應撤銷，或者合併到翰林院、內閣、禮部、刑部、兵部等其他部門。湖北、廣東、雲南總督和巡撫事務重疊，應將湖北、廣東、雲

南巡撫撤銷。東河總督實際所管理的事務不多，應當撤銷這一職務，其事務歸併到山東巡撫、河南巡撫的工作之中。目前漕運工作已經不多，漕糧已經大多由海路運輸，因此不必專設漕運總督等官職進行管理，漕運總督和各省專辦漕糧運輸的各級官員應當予以裁撤。在各省的地方政府機構中，事務很少或無事可辦的機構和職位，也均應予以裁撤。另一方面，應當設置國家所需要的新的政府機構，尤其是設立管理工商業、管理鐵路礦務、管理新式農業的專門機構，以及管理新式軍隊的軍事部門、管理新式教育的教育部門，等等，從而增強政府的工作能力。

（四）中西文化關係處理原則

進行政治制度改革，不免要對西洋國家的政治制度有所效仿，由此也就涉及到如何對待西洋文化、如何處理中西文化關係的問題。在這一問題上，變法圖強思想認為，在政治制度改革中，應當效仿西洋國家的政治制度，在處理中西文化關係的問題上，應當全面吸收西洋文化，將中西文化融會貫通。

變法圖強思想認為，中西文化是處於彼此平等的地位的。「中學」和「西學」兩者並生並存，不應把中國文化放在一個高高在上的位置。中國文化和西洋文化各有特點，各有自己的價值，是性質和特徵不同的兩種文化，很多方面中國文化還不如西洋文化。

康有為認為，中國文化和西洋文化各有特點，各有自己的價值。他把中國的孔教稱作「陽教」，把印度的佛教以及西洋的基督教和伊斯蘭教稱作「陰教」。他認為，「陽教」的性質是「順人之情」，「陰教」的性質是「逆人之情」。兩者不分優劣，不分勝負，沒有高低之分，正如「方不能有東而無西」，「位不能有左而無右」。康有為認為不僅中國有聖人，外國也

有聖人，不僅中國文化是聖人傳下來的，外國的文化也是聖人傳下來的，也一樣是重要的。西洋文化有著自己的特點，不能用中國的標準去衡量它，不能以中國之是非繩之。

嚴復也把中西兩種文化放在平等的位置上進行了比較。他認為，中西兩種文化是性質和特徵不同的兩種文化。嚴復認為，西洋文化與中國文化的不同之處很多。他舉了許多例子：中國人喜好古代而忽視今天，西洋人致力於今天使之勝過古代；中國人看重人與人之間的等級，西洋人看重人與人之間的平等；中國人做事重用與自己關係密切的人，西洋人崇尚賢能的人；中國人尊崇君主，西洋人尊崇民眾；中國人重節流，西洋人重開源；中國人追求樸素，西洋人追求歡樂；中國人遇事相信天命，西洋人遇事依靠人的力量。

梁啟超也有類似的觀點，他曾列表比較了中國與西洋各國的人口、疆域、國用、學校、商務、工藝、鐵路、輪船等各個方面，結論是除了人口和疆域以外其他方面中國都不如西洋。

變法圖強思想認為，西洋文化中值得中國學習的是多方面的，應當全面地學習西洋文化的各個方面。不僅要學習西洋的製造技術、天文、物理、化學以及開礦開工廠，還要吸收西洋的政治制度、社會學說、風俗習慣等。後者不但是西學中的重要內容，而且還是西學的根本。西洋國家之所以富強，在於其根本，只有學習其根本，中國才能富強，不能只學習其枝節，而不學習其根本。

康有為認為，西洋各國之所以富強，是由於西洋文化中的各個方面都很發達。他在 1898 年的〈請派游學日本摺〉中說：「泰西各學自政治、律例、理財、交涉、武備、農工商礦，及一技一藝，莫不有學。」梁啟超認為，只有「盡取西人之所學而學之」，才是救治中國的唯一出路。他認為，當時翻譯的書籍，僅限於製造、駕駛、軍事操練等方面，看不到其他學問，

這是遠遠不夠的。嚴復認為，洋務派所瞭解的西洋文化，不過是西洋文化的「形下之粗跡」，而並不是其「命脈之所在」。嚴復認為，西洋文化比中國文化的先進之處，不僅僅在於它的製造器械的技術，也不僅僅在於它的天文數學物理等知識，更主要的是在於「於學術則黜偽而崇真，於刑政則屈私以為公」的這種精神。何啟和胡禮垣在 1899 年的《勸學篇書後》中認為，西洋所以富強，根本的原因不是富強本身，而是「富強之政」，即能使國家富強起來的政治。中國要富強，必須先仿行其政治，不如此，而講富強，是不可能成功的，是本末倒置，「體」、「用」倒置。

變法圖強思想認為，自強思想的中體西用觀點是錯誤的。世間萬物都有自身各自的「體」，也都有自身各自的「用」，同一事物的體和用是緊密聯繫、不可分割的。任何一種文化都是一個整體，其中的制度倫理與學術，即體與用是緊密聯繫、不可分割的，就像左手和右手一樣不可分割。把中學的體和西學的用合併起來，只學習西洋文化的「用」而不學習其「體」，是行不通的。嚴復在 1902 年的〈與外交報之人論教育書〉中說：「中學有中學之體用，西學有西學之體用。分之則並立，合之則兩亡。」

嚴復曾舉了一個例子。他在〈與外交報之人論教育書〉中說：「牛有牛之體，有牛之用；馬有馬之體，有馬之用。」、「有牛之體則有負重之用，有馬之體則有致遠之用。」、「未聞以牛為體、以馬為用者也。」以牛之體行馬之用是不可能的。「中體西用」論企圖以中學之體、行西學之用，就如同「牛體馬用」，以牛為體、行馬之用，是錯誤的、荒謬的。

所以，應當全面吸收西國的體與用，體、用一致地學習西學，全面地吸收西學。應當融合中西文化的內容，消除中西之界限，消除新舊之門戶，將中學和西學融會貫通，以吸收西洋文化，而不僅僅是在中國文化的身上簡單地附加一點西學的內

容。

（五）幾點分析

變法圖強思想的傳播範圍經歷了一個由小到大的過程。變法圖強思想出現以後，起初範圍較小，贊成者較少，只有個別人產生了這種思想。此後一段時間裡，在較早的變法思想主張者的宣傳和影響下，以及隨著國家形勢的日益嚴峻和人們對世界情況瞭解的日益增多，又有一些人先後接受變法圖強思想，贊同變法圖強思想的人數逐漸增多，這一思想的範圍逐漸擴大。

中國在中日甲午戰爭中的戰敗對人們的思想產生很大的震動。中日戰爭使中國受列強威脅的形勢更加嚴重，使權利損失更多，並且開始喪失領土。更為重要的是，許多中國人原來沒有料到中國會敗於日本，戰敗的結果出乎許多人的意料之外。戰敗的現實使更多的人們意識到，中國所面臨的局面是很嚴重的，中國的國力是很虛弱的，從而深切地感受到強國的必要性和迫切性。於是，更多的人贊成採取更加有力的強國手段，實行變法，認為只有這樣才能使中國富強起來。同時，在中日戰爭過的程中，清政府吏治的腐敗和工作能力的低下也明顯地暴露出來，這種吏治的腐敗和政府的低能效是中國戰敗的重要原因，它極大地促進了中國的戰敗。所以，許多中國人認為，中國未能富強的原因，不僅在於武器和經濟的落後，而且更在於吏治腐敗和政府能力的低下，只有進行制度改革，從而消除政治上的弊端，才能使國家富強。中日戰爭中的失敗的這一事實也進一步有力地證明，自強運動的成效是很有限的，自強運動總體上來看是失敗的。因而更多的人認為，自強的措施不足以強國，只有進行制度改革，才能實現國家的富強。另外，中日戰爭的結局也促使人們思考一個問題，即，同樣原為東方的落後國家，為什麼中國沒有能夠富強起來，而日本能夠富強起

來？人們總結日本的歷史經驗，認為日本得以富強的原因是它進行了變法，即明治維新，認為日本的歷史事實證明，變法可以強國。於是，中日戰爭以後，有更多的人產生或接受變法圖強思想，主張在中國進行變法以強國，變法圖強思想的贊同者迅速增多，變法圖強思想的傳播範圍迅速擴大。

中日戰爭以後，一些變法的主張者開展了推行變法的活動，形成大規模的變法運動。在變法運動中，人們除了組建團體、上書建議變法之外，還創辦報刊，出版書籍，積極宣傳變法圖強思想。強學報、時條報等大批報刊登載了大量文章，對變法圖強思想進行宣傳，產生了很大影響。在這些宣傳和推行之下，又有很多人接受變法圖強思想，變法圖強思想的傳播範圍得到迅速的和進一步的擴展。

1898 年前後的瓜分危機促使更多的人贊同變法圖強思想。列強紛紛占據租借地、爭奪鐵路權開礦權，劃分勢力範圍，使中國的國際形勢更加嚴峻。瓜分危機發生以後，更多的人感受到中國所面臨的危險局面，認識到變法以救國的必要性和緊迫性，從而接受變法圖強思想。瓜分危機極大地威脅到中國的領土，它對中國造成的危害已經極具嚴重性，這也促使人們更容易接受有力度的、超出常規的強國措施。一些思想比較保守的人原本反對變法，因為他們不能接受變法使中國傳統體制受到破壞，但在瓜分的嚴重危機之下，他們也不得不認同變法以圖強的主張。

義和團事件中，八國聯軍戰勝中國並占據北京城，對中國造成更為巨大的衝擊，這對中國人的思想產生更大的震動。它促使人們更容易接受有力度的、超出常規的強國措施。此後，更多的人贊同變法圖強思想。義和團事件以後，變法圖強思想也成為清政府的指導思想，並且，推行變法措施成為清政府的中心工作。

稍晚於變法圖強思想，出現並興起了一種新的思想即君主立憲思想。君主立憲思想主張實行更為徹底的制度改革，從根本上改變政治制度，建立君主立憲制度。隨著君主立憲思想的傳播日益廣泛和影響不斷擴大，越來越多的變法圖強思想贊同者放棄變法圖強思想，轉而接受君主立憲思想，主張更進一步，實行立憲。變法圖強思想主張者中，有一批人既贊同變法也贊同立憲，但出於政治上的考慮，主張在中國暫時先只實行變法，以後條件成熟時再實行立憲。隨著形勢的日益嚴重和國內政治局勢的日益緊張，他們當中的一部分人也先後轉為主張立即推行改革力度更大的立憲，而不再主張暫時先只從事進行變法。1906 年清政府開始推行立憲以後，隨著立憲提上政府工作日程並具有實現的可能性，變法思想主張者中更多的人轉而主張直接實行立憲，而不再主張暫時先只進行變法。到清代末期，仍持變法圖強思想的人已經很少，變法圖強思想的社會影響也已很小，這一思想基本消退。

變法圖強思想的演變過程和傳播過程，受到多種因素的影響。列強對中國的威脅和侵害一直存在並且逐漸加重，是變法圖強思想形成、發展和傳播的基本原因。繼兩次通商戰爭以後，又連續發生邊疆危機、中法戰爭、中日戰爭、瓜分危機等事件，且清政府的對外抵抗均遭失利。這種情況使人們更深切地感受到形勢的嚴重性和力圖強國的必要性。

自強運動的低效促使人們進一步探索新的強國途徑。雖然自強運動使中國軍事力量有所增強，但仍與人們的期望相距很遠，經自強運動以後中，中國並沒有像理想中那樣強大起來，仍然是很虛弱的。因此，人們對自強運動的成效不滿意，認為需要採取新的更有效的措施才能使中國強大起來，於是反思自強運動的措施，探索其不足，探索新的更有效的強國途徑。

列強的較為完善的政治制度，以及在這種制度之下較為高效的行政工作，對變法圖強思想的形成、發展和傳播產生了一

定促進作用。兩次鴉片戰爭以後，中國人與世界各國的交往迅速增多。有一些人為外國傳教士教書和譯書，有人跟隨外國人遊歷西洋各國，有人曾在外國企業中任職，有人到過香港或外國租界，還有一些人閱讀了西洋各國的書籍。通過這些方式，人們對列強的瞭解和認識逐漸增多，包括對各國政治制度的瞭解。他們瞭解到列強良好的政治制度和有效的行政工作，認為列強各國的長處不僅在於技藝，值得中國學習，而且其政治制度也是其長處，也值得中國學習，並且認為這種較良好的制度有利於國家的富強。於是，產生了中國吸收其列強政治上的優點，改革中國政治制度的思想。同時，變法圖強思想所設計的變法方案，吸收借鑑了列強的實際政治制度中的許多內容。

列強的歷史經驗也產生了一定的影響。一些列強，如俄國、日本，都曾有過通過變法而強國的歷史經驗，這對中國人產生或接受變法圖強思想也產生一定促進作用。特別是日本的經驗，對中國人影響較大。日本與中國文化相近，一向以中國為師，學習模仿中國，且國家規模遠遠小於中國，一向為中國人所輕視。但經過明治維新以後，能夠打敗中國，成為世界列強之一，這一事實促使人們產生或接受政治改革能夠使國家富強的觀點，並促使人們產生或接受中國效仿日本實行變法的主張。變法圖強思想中關於改革方案的規劃，也吸收和借鑑了日本等國的部分變法經驗。

中國的傳統觀念和歷史也產生了一定影響。中國傳統的變易觀、變通觀念、變法思想，成為變法圖強思想的產生和傳播的動力之一，也是變法力國強思想的理論基礎之一。遵守祖先成法的傳統觀念，則成為變法圖強思想的阻礙因素，限制了變法圖強思想的傳播速度和傳播範圍。中國歷史上也曾有過多次變法實踐和變法思想的先例和經驗，這些先例為人們形成或接受變法圖強思想起到鼓勵作用，這些先例也為變法圖強思想的具體內容提供了一定的參考和借鑑。

變法圖強思想對實際政治產生了重大影響。在這種思想影響下，人們進行了各種推進變法的實踐活動。一些知識分子和政府官員展開了變法運動。在變法運動中，光緒皇帝頒布了大批諭旨，下令改革各項制度，而這些諭旨的內容，在很大程度上是由這種變法圖強思想的內容所決定的。1901 年以後，變法圖強思想也一度成為政府的指導思想，促成了清政府始於 1901 年的新政運動，並在一定程度上決定了新政運動的具體內容。新政運動中所實行的許多改革措施，例如組建全面效仿西洋的新軍、廢除科舉制度並建立新式學校制度、建立工商獎勵制度、調整政府機構，都是在變法圖強思想的指導下實行的。

變法圖強思想能夠認識到，實現強國的目標，僅僅興辦幾件具體的事務是不夠的，而是需要進行制度上的全面改革。通過全面的制度改革，才能提高行政工作的效率，才能把強國的工作辦好。這種認識是合理的，也是對自強思想的進一步發展和提高，比自強思想更為高明和先進。但是，變法圖強思想也存在不足。把強國的工作做好，不僅僅需要好的制度，先進的制度是一方面，政府的工作能力也是必須的。如果沒有一個有能力的政府，即使有了良好的政治制度，其制度也不能得到良好的運行，國家的事情仍然是不能辦好的。同時，在政府能力缺乏的情況下，也不可能把變法工作本身做好。變法圖強思想忽視了政府能力的重要性，認為只要制度改進了就能將國家事務辦理好，並實現強國的目標，而沒有看到當時的清政府已經能力低下，這是其考慮問題不夠周全之處。

變法圖強思想與練兵自強思想之間存在一些共通之處。第一，練兵自強思想以強國為主題，變法圖強思想也是以強國為主題，兩者的目標都是強國，兩者的主題也都是強國，在這一點上兩者是相同的。第二，變法圖強思想與練兵自強思想的思路和考慮問題的方向是一致的，這就是經由經濟發展和技術進步來實現國家的富強。第三，變法圖強思想是贊成自強思想所

主張的各種強國措施的，認為制器練兵、振興工商等各項措施是應該進行的，認為這些措施是必要的，雖然這些還不是足夠的。

變法圖強思想與練兵自強思想之間也存在一些區別。第一，自強思想認為，西洋國家的先進之處只是製造技術和自然科學，中國只是技藝不如西洋，中國的政治制度優於西洋，中國只應當學習西洋的技術和自然科學。變法圖強思想則認為，西洋不僅學問和技藝優於中國，而且政治制度也優於中國，中國不僅應當學習西洋的科技，而且應當學習西洋的政治制度。第二，自強思想認為，學習列強的技藝等方面的長處，仿造洋槍洋炮輪船，就可以強大起來，就能夠對付列強的威脅。變法圖強思想則認為，西洋國家國家治理良好和國家富強的根本原因，不是技藝、武器、軍隊，而是政治制度，技藝、武器、軍隊只是其表面原因。中國要想富強起來，僅僅依靠原有的政治制度是不行的，應當學習西洋的政治制度，改革原有的政治制度。第三，自強思想主張通過制器練兵和振興工商來使中國富強，變法圖強思想則主張通過改革制度來使中國富強。變法圖強思想以改革制度而非實行具體措施為強國的途徑，這一點不同於自強思想。也就是說，變法圖強思想與練兵自強思想這兩種思想中，強國的這一目標是相同的，但實現這一目標的途徑是不同的。

變法圖強思想實質上是對自強思想的一種超越。按照變法圖強思想的思路，第一，不僅要在部分軍隊中增添新式武器，而且要進行全面的軍事制度改革，要在全部軍隊中全面採用新式武器，還要在全部軍隊中完全使用新的訓練方法和新的編制。第二，不僅要動員和幫助個別的民間人士興辦工商企業，還要對整個經濟制度進行改革，採取更多的制度性辦法，如建立獎勵制度、建立專利制度，從而營造出鼓勵和便於從事農工商活動的社會制度和社會環境，以促使整個社會廣泛進行農工

商活動。第三，政府不僅要建立個別新式學校和派遣個別留學人員，還要對國家的整個人才制度全面改革，建立一整套新式的學校制度和留學制度，並徹底廢除科舉制度。第四，除軍事制度改革、經濟制度改革、人事制度改革外，還要進行對政府機構的改革。

可見，變法圖強思想是自強思想的發展，是在吸收自強思想的基礎上發展而成的。變法圖強思想在贊成自強的措施的同時，又認為僅僅採取這些自強措施還是不夠的，不能只採取一些具體措施，還應當要建立一套制度。認為制器練兵和發展工商等措施是必要的，但首先要有好的制度，才能把這些工作辦好。與自強思想相比，變法圖強思想不僅僅是主張實行具體措施，而是主張全面的、制度性的改革。因此，變法圖強思想實際上對自強思想是一種超越式的否定，其程度和深度超過自強思想。變法圖強思想否定了自強思想，但它並不是認為自強不對，而是認為從自強只從事自強還不夠，還應當有更多的東西，它不是從對立的方面否定自強思想，而是從同一方向和站在更高層次上否定自強思想，是超越式的否定。

變法圖強思想與中國歷史上曾多次出現的變法思想一樣，都是主張通過變革制度來改良制度，使之更為優良，更為有效，從而提高政府的能力和效率，把國家事務辦得更好。但與歷史上的歷次變法思想相比，又有很大的不同。一是社會背景不同，清末的變法圖強思想是處於在一種以往不曾有過的面臨強敵威脅的形勢下產生、發展和傳播的。二是最終的目標不同，歷史上的變法思想，多是以解決社會弊端為目標，而清末的變法圖強思想中，最終目標則是強國以與列強抗爭。

第三章　君主立憲思想

　　清代末期，在列強威脅持續存在並日益嚴重的形勢下，以及在變法思想進一步發展的基礎上，出現了另一個旨在應對時局的思想體系，即君主立憲思想。君主立憲思想先後經歷了三個發展階段。第一階段是序幕階段，表現為君民共主思想，它後來轉變為君主立憲思想。第二階段是主體階段，即君主立憲思想本身，它存在於清代最後二十年間，消退於中華民國建立之時。第三階段是尾聲階段，表現為帝制復辟思想，出現於民國建立之時，存在於民國前期，它是針對民國已經建立的新環境，由第二階段的君主立憲思想轉化而來的。

（一）序幕：君民共主思想

　　隨著中國人對外國接觸和瞭解的增多，1870s後期起，開始有人瞭解到外國的議會制度，對其比較讚賞，認為中國應該仿行，於是形成君民共主思想，主張在中國也設立議會，作為一種諮詢機構，以便改良中國的制度，使國家事務辦理得更好。

　　君民共主思想認為，世界各國的政治制度一共分為三種類型，即「君主」、「民主」、「君民共主」。各個國家則按照制度類型的不同分為三類國家，即「君主之國」、「民主之國」、「君民共主之國」。一個人管理國家，令出必行，是君主。由

議會或稱議院決定國事，眾人認為可行就推行，眾人認為不可行就中止，是民主。君主和議會共同決定國事，君主認可而民眾否定則不能推行，民眾認可而君主否定也不能推行，是君民共主。王韜在《弢園文錄外編》中說：「泰西之立國有三：一曰君主之國，一曰民主之國，一曰君民共主之國。」鄭觀應在《盛世危言》中說：「盡五大洲有君主之國，有民主之國，有君民共主之國。」

　　君民共主思想認為，「君主」制度和「民主」制度都有弊端。在君主之國裡，在「君主」制度下，君主掌握權力，如果君主聖賢，則能成就巨大的功德，但必須有堯舜那樣的英明的君主，才能將國家治理好，而且「君主」制度下不易溝通民眾的輿情。在民主之國裡，在「民主」制度下，辦理國事可以集思廣益，順應民情，但人們易於糾結黨派互相爭鬥，人心難於一致，而且法令制度經常變更。

　　相反，君民共主制度則具有許多優點。第一，君民共主的制度能夠使眾人團結合作。國家有重大事務，先在議會中進行商議，眾人贊同以後，再在君主的主持下辦理其事，這樣，君主和人民共同治理國家，人民參與國家政事，故能夠使眾人一心。陳熾在《庸書》中論設立議會的好處說：「合君民為一體，通上下為一心。」、「合億萬人為一心，莫善於此。」第二，君主民共主制度能夠做到集思廣益，國家大事均經議會商議後再辦理，因此可以充分吸收眾人的合理意見，從而將政事處理得更為完善。第三，君民共主制度還便於上下相通，議會可以傳達民意，使君臣之間、官民之間情況、意見和要求得以溝通，從而可以有效地治理國家。王韜在《弢園文錄外編》中說：「君民共治，上下相通，民隱得以上達，君惠亦得以下逮。」另一方面，君民共主制度又可以使國家處於君主的統一管理之下，避免黨派之爭。可見，君民共主制度能夠避免多種弊端，是三種制度中最好的制度。1892 年薛福成的日記中說：「君主民主，

皆有利亦皆有弊。」、「夫君民共主，無君主、民主偏重之弊，最為斟酌適中。」鄭觀應在《盛世危言》中說：「君主者權偏於上，民主者權偏於下，君民共主者權得其平。」鄭觀應在《盛世危言》中分析設立議院的好處說：「昏暴之君無所施其虐，跋扈之臣無所擅其權，大小官司無所卸其責，草野小民無所積其怨。」

由於君民共主制度具有這些優點，因而實行君民共主制度可以最有效地治理國家，把國事辦理得更好，從而可以使國家富強。英國和德國實行的是「君民共主」的制度，所以這兩個國家都國富兵強。中國要想富強，就應當設立議會，實行君民共主制度。中國有四億人，如果能設立議會，聯絡眾人，使四億人團結，國家就一定能夠富強起來。王韜在《弢園文錄外編》中評論這種制度說：「內可以無亂，外可以無侮」，「中國欲謀富強，固不必別求他術也」。鄭觀應在《盛世危言》中說：「富強之本，不盡在船堅炮利，而在議院上下同心。」鄭觀應在《盛世危言》中說：「欲張國勢，莫要於得民心；欲得民心，莫要於通下情；欲通下情，莫要於設議院。」因此，中國應當改變制度，變君主之國為君民共主之國。

關於君民共主制度的構成，君民共主思想主張，原有君主永遠保持君主的職位並世代繼承，建立議會或議院，作為諮詢機構，重大政事經議院討論後舉辦。國家每有重大事務和疑難案件，或需要制定國家大政方針，君主就提交議會進行討論。議會將議論的結果報告給皇帝，供皇帝諮詢參考。議院議定之事，由皇帝作出最後的決定，決定實行與否。同時，民間的情況和民眾的意見，可以通過議員向上傳達給君主。關於建立議院的具體辦法，有幾種不同的主張。有人主張將議會制度與原有的官制相結合，由原有的官員組成議會，如四品以上的官員組成上議院，由軍機處管理，四品以下的官員組成下議院，由都察院管理，由上下院議論國家重大事務。又有人主張從進士、

舉人、秀才等士紳當中選舉議員，組成議會。有人主張除國家議會以外，各地建立地方議會，分省、府、縣三級，每省設立一個省議會，每府設立一個府議會，每縣設立一個縣議會，各設一定數目的議員。

君民共主思想基本上沒有對實際政治產生影響，但對後來的君主立憲思想起到了一定的引導作用。正是在外部威脅仍然日益嚴重的情況下，在君民共主思想的基礎上，以及變法思想的基礎上，經進一步發展而形成了君主立憲思想。

君主立憲思想的出現，稍晚於變法思想，大約是在九十年代初。其最終體系的基本完成，則大約是在二十世紀初。君主立憲思想認為，世界各國的政治制度從根本上說一共有三種不同的形態，三種形態之間有根本上的不同，當時的人們稱之三種「政體」。它們是，君主專制制度、君主立憲制度、民主共和制度，或稱君主專制政體、君主立憲政體、民主共和政體。君主專制制度中，有世襲的君主，有君主直接統轄的從事國務管理各個具體機構。君主立憲制度中，有世襲君主，有憲法，有議會，有相對獨立地從事國務管理的內閣。民主共和制度中，有民選總統，有憲法，有議會，有內閣。應當在中國取消君主專制制度，建立君主立憲制度。

（二）實行君主立憲制度的理由

實行君主立憲制度的第一個理由是，實行君主立憲制度能夠使中國富強。君主立憲思想認為，各項一般性制度改革並不足以使中國富強，必須實行政治制度的根本性改革，將君主專制制度改為君主立憲制度，才能把國家的政事處理好，從而使中國富強起來。

君主立憲制度能夠使全國的人共同為國出力，致力於國家的富強。一方面，在君主專制制度下，只有君主和少數官員治

理國家，國民不能參與政事，也不能參與權力。國民被排除在國事之外，沒有民權，因而不把國家當作自己的國家，不把自己當作國家的主人，不愛國，不關心國事，所以不能全力為國家出力，於是國家就會衰弱。而在君主立憲制度下，設立議會，由國民選出，制定憲法，法令由議會制訂，是國民自己約定而成，官員由國民共同推舉，所有人都能參與政事，國民享有一定的權力。國民有了權力，國民的利益與國家的利益一致，國民就人人都能愛國，把國家當作自己的國家，能關心和參與國事，願意為國家竭盡全力，於是國家自然就能夠強大。另一方面，在君主專制制度下，由於國民不參與政事，實際上是只有君主與少數官員治理國家，人數少，力量有限，國家當然會衰弱。在君主立憲制度下，實際上是全國人民共同管理國事，君主與千百萬國民合為一體，全國所有人齊心協力，有能力的人出力，富裕的人出錢，共同致力於國家的富強，人多力量大，國家當然會富強。千百萬人的力量勝於數人的力量，這是自然的道理。梁啟超在 1896 年的〈西學書目表後序〉一文中說：「三代以後，君權日益尊，民權日益衰，為中國致弱之根源。」梁啟超在 1897 年的〈與嚴幼陵先生書〉一文中說：「民權興則國權立，民權滅則國權亡。」何啟、胡禮垣在 1899 年的《新政真詮》一書中說：「人人有權，其國必興，人人無權，其國必廢。此理如日月經天，江河行地，古今不易。」康有為在 1898 年的〈請定立憲開國會摺〉中說：「人君與千百萬之國民，合為一體，國安得不強。」

　　設立議會對國家的富強至關重要。列強之所以強大，都是因為實施憲法、開設議會。在列強各國，法令由議院制訂，是人民自己約定而成，而不是君主的命令。官員由人民推選的，是人民設置的，是用來辦理各項事務的，而不是用來尊奉仰戴的。所以，人民把國家當作自己的國家，人民交出賦稅，無異於經營自己的田地房屋，人民赴死殺敵，無異於保衛自己的家，因此列強國力強大。中國之所以衰弱，就是因為人們不愛

國，不能共同為國出力。而人們之所以不愛國，根本原因是由於沒有議會，人民不參政，沒有民權。在中國的君主專制制度下，雖有許多民眾，但只提供稅，不能參與政事，於是對國事漠不關心，只知親族家族，所以中國的國力自然就衰弱。康有為在 1898 年〈乞預定開國會期摺〉中說：「今歐日之強，皆以開國會行立憲之故。」康有為又在同年的〈請定立憲開國會摺〉中說：「東西各國之強，皆以立憲法開國會之效。」梁啟超在 1896 年的〈古議院考〉一文中說：「問泰西各國何以強？曰：議院哉！議院哉！」唐才常在寫於 1890s 的〈各國政教公理總論〉一文中說：「綜觀五洲大局，其以國會強者，十中居六七。」

另外，君主立憲制度能夠使人們的意見得以溝通。國家貧弱的主要原因是政事處理不好，而政事處理不好的重要原因之一就是君與臣之間、上級與下級之間、官員與士紳之間、士紳與平民之間彼此阻隔，意見不能溝通。人們之間的意願和意見能夠溝通，國家才能治理好。實行君主立憲，通過設立國會，可以使下情上達，上情下通，上下沒有隔閡，意見得以溝通。此外，實行君主立憲制度，君主與議會共同商議事務的實行與中止、人員的賢能與否、費用的支出和積蓄，集思廣益，能夠找到處理政事的最好方法並避免失誤，從而將政事處理好，使國家富強。

因此，君主立憲是國家富強的根本原因。國家富強的根本原因，不只在於船堅炮利，也不只在於各項具體的政治制度的優良，而在於建立君主立憲這樣一個優良的政體。實行君主立憲制度，是中國富強起來的根本途徑。一方面，只有實行君主立憲制度，才能使國家富強；另一方面，只要實行了君主立憲制度，就一定能夠使國家富強。只要制定憲法，召開國會，君主與國民共同處理國政，中國很快就可以富強起來。康有為在〈請定立憲開國會摺〉中說：「立行憲法，大開國會，以庶政

與民共之，行三權鼎立之制，則中國之富強，可計日待也。」

因此，要想使國家富強，就必須使國民同心協力，就必須把國家事務辦理好，而要想做到這些，就應當建立君主立憲制度。

實行君主立憲制度的第二個理由是，與君主專制制度相比，君主立憲制度更加公正合理。

君主立憲思想認為，國家權力應當為人民所擁有，人民生來就擁有權力。權力是上天賦予人民的，人一生下來就被賦予了權力就自然擁有了權力。上天既然賦予人們以生命，則必然也給予人們以照顧生命的權力，上天既然給以人們財產物品，則必然也給以人們保衛財物的權力。梁啟超在 1901 年的〈國家思想變遷異同論〉中說：「人權者出於天授者也。」人民是國家真正的主人，應當由人民自己管理各項事務。

人類產生之初，本沒有君和民的區別，所有的人都是人民。人民沒有時間處理公共事務，也不能所有人都去處理公共事務，於是於是共同推舉出一個人為君主，辦理大家的事情。君主是後來才有的，是為了辦理人民的事情才出現的。君主是根據人民的意志、社會的需要來取捨任免的。譚嗣同在 1896年的《仁學》一書中說：「生民之初，本無所謂君臣，則皆民也。民不能相治，亦不暇治，於是共舉一民為君。」君主是人民選舉出來的，是為人民眾辦事的人，王侯將相和大臣是協助君主辦事的人，是人民的公共的服務者。嚴復 1895 年在〈辟韓〉一文中說：「民者，固斯天下之真主也。」、「國者，斯民之公產也。」、「王侯將相者，通國之公僕隸也。」唐才常在 1898 年的〈辯惑〉一文中說：「國者非一人之國。」國家的權力理應屬於人民，是人民將權力託付給君主，由君主執行而已。

在君主專制制度下，君主至高無上，權力無邊，可以沒有

約束為所欲為；君主將全國所有的財富視為自己的私產，竭所有人的財產供他享受玩樂，過奢侈的生活；君主將天下民眾視為犬馬土芥，用對待奴隸的方式對待民眾，對人民限制其行動，限制其耳目，壓制其心智，只要稍有違抗就施以重刑，這些都是不公正的，不符合情理的。中國兩千年來的專制制度是一直都是病態的、錯誤的。

所以，應當廢除專制，應當設立憲法和議會限制君主的權力，實行人民的權利，即建立君主立憲的制度。

實行君主立憲制度的第三個理由是，君主立憲制度是人類歷史發展過程中的必經階段，實行君主立憲符合歷史的基本規律。

君主立憲思想認為，社會是逐漸進化的，由低級向高級，由野蠻向文明，後一高級階段必然代替前一低級階段。歷史發展必然先後經歷君主專制、君主立憲、民主共和三個階段，這是人類社會的普遍規律。根據這一社會進化的原理，君主立憲制度是人類歷史過程中專制制度以後的必然要經歷的階段，君主專制制度必將為君主立憲制所取代。梁啟超在 1901 年的〈立憲法議〉中說：「今日之世界，實專制立憲兩政體新陳嬗代之時也。」、「地球各國，必一切同歸于立憲而後已，此理勢所必至也。」、「君主立憲者，政體之最良者也。」

同時，這種進化又是逐步進行的，必須依次漸進地經歷三階段，每個階段都是必經的，不能跳躍。君主立憲必然取代君主專制，而君主專制之後也必須經歷君主立憲這一階段，不能直接進入民主共和，君主立憲是社會進化的不可逾越的階段。中國以後必然實現民主共和制度，但目前並不適合民主共和。目前民智未開，不可能實現民主共和，也不應當勉強推行民主共和。如果越過君主立憲，勉強推行民主共和，必然不能成功，而只會造成不利的後果，使政局混亂。

所以，君主立憲制度是目前最適合中國的政體，應當在中國建立這一制度。

（三）君主立憲制度的構成

按照君主立憲思想的設想，君主立憲制度下，應當實行三權分立的原則，國會立法和商議決定重大國策，行政事務由內閣實行，設立法官辦理司法事務，司法獨立。

君主為國家的元首。君主地位尊貴，神聖不可侵犯。君主不掌握最高權力，不處理政務，也不擔負責任。這是君主立憲政體的一個根本原則，是立憲與專制政體的根本差別。君主擁有一定的權力，主要是任免大臣的權力，以及對各種憲法及法律的制定或修改有最終裁決權，即批准或否決的權力。君主有任免大臣的權力，但必須依據議會的意見。君主擁有對各種法律的批准權，但只能對議會的決議簡單地贊成與否決，不能改變法律的內容本身。君主不掌握最高權力，但君主地位鞏固。只有君主毫無政治上的責任，地位才能最鞏固。監督機關議會與執行機關內閣互相對峙，君主居於兩機關之上，執行機關為負責任者，監督機關為責任者，君主是無責任者。正因為君主沒有政治上的責任，超然於政爭之外，所以地位鞏固。

設有議會，或者稱議院。有全國的議會，各地也可以設置地方的議會。全國的議會也稱國會。國會實行兩院制。下院由國民選舉代表組成。上院議員一部分由皇帝選任，一部分由各省各推薦。國會擁有國家的最高權力。國會的權力包括：制定和修改憲法，制定或議決法律，議決預算和審查決算，議決國家重大事務，監督內閣的行政活動，彈劾官員，決定內閣成員的人選等。國會的各項權力中，最重要的權力是監督政府的權力。內閣人選必須得到國會的同意，沒有得到國會的同意的人，不能參與內閣。內閣的政策措施必須得到國會的支持，國會不

贊成的政策措施，內閣不得實行。如果內閣因工作不當而失去國會信任，則將其解散，重新組織新內閣。國會開會作出決議時採取少數服從多數的辦法。議員定期改選。為了便於選舉，應當實行政黨制度，由兩黨或多黨輪流執政。

制定並實施一部憲法。應當吸收外國憲法的精華和經驗，結合中國的實際情況，制定符合中國國情的憲法。憲法的制定應採取「君民共定」的原則，君主與人民共同議定，既要經過議會的議決，又要經過君主的批准，雙方都同意，然後才能實施。憲法是國家的根本法，所有的人，包括君主、官員、民眾，都必須遵守憲法，國家所制定的其他一切法令都要符合憲法。梁啟超在〈立憲法議〉中說：「一國之人，無論為君主，為官吏，為人民，皆共守之。」、「無論出何令，更何法，百變而不許離其宗者也。」

由內閣辦理國家事務。內閣設置一個總理大臣作為長官，其他成員由總理大臣挑選。內閣對國會負責，受國會監督。內閣的人選和政策必須經過議會的同意。

設立專門的司法機構，實行立法、行政、司法三權分立的制度，議會、內閣、法院三者各司其職。康有為在1898年為他人起草的一份奏摺中說：「三權者，有議政之官，有行政之官，有司法之官也。」康有為又在〈請定立憲開國會摺〉中主張：「以國會立法，以法官司法，以政府行政。」

（四）建立君主立憲制度的途徑

關於建立君主立憲制度的途徑，一種觀點認為，中國應立即開始推行君主立憲制度。立憲制度的推行需要一個過程，不能一下就完全建立，但目前應當開始這一進程。先為這一進程計劃一個時間表，預定立憲的期限，逐步推行立憲制度，經過這個過程以後，最終建成君主立憲制度。有人提出，可以仿行

日本在宣布立憲的二十年之後實施憲法的經驗，來制定中國憲政的實施步驟。在這個過程中，首先由原有的君主保持君主地位，仍然世代繼承；之後從民眾中選舉產生議員，組成議會；然後由議會制定憲法；最後建立受議會監督的內閣和獨立司法的法院。建立君主立憲制度，最關鍵的是一項建立國會，同時，國會的建立也標誌著立憲制度的基本確立。內閣應設立於國會之後，先設立國會，後設立內閣，以便使內閣置於議會監督之下。

另一種觀點認為，不能立即開始推行君主立憲制度，而應先提高國民的素質，即「開民智」。君主立憲制度的實施要求國民具備的較高素質。第一，君主立憲制度要求國民有國家觀念，在追求人個利益的同時，懂得顧及國家的存在，能夠保衛國家的利益，抵抗他國的侵犯。第二，君主立憲制度要求國民具有獨立性，能夠不依賴他人而獨立生存，又能與他人共同生活，在集體中生存，處理好與集體的關係。第三，君主立憲制度要求國民具有參政的興趣，有愛國心，有公共道德。第四，君主立憲制度要求國民具有政治能力，能夠執行權力，參與政事。此外，還需要培養出少數優秀分子，能夠擔任官員、議員，其品德、才學要優於大眾，因為雖然君主立憲制度是由民眾掌握權力和掌管政務，但最終要落實到由少數人直接辦理。民眾具備了這些素質，才可能實現新制度。否則，如果國民還不具備這些素質，即使勉強推行，也只能是實現表面上的君主立憲，不會建立真正有效的君主立憲制度。

中國民眾的文化素質仍然不高，即「民智不足」，民智尚未得到充分開發，人們還沒有掌握參與政治和執行權力的能力，因而實行君主立憲的時機尚未到來，實行君主立憲的條件尚不具備。中國在推行立憲制度以前，必須首先提高民眾的文化素質，即「開民智」、「廣民智」。梁啟超在 1898 年的〈論湖南應辦之事〉中說：「今日欲伸民權，必以廣民智為第一要

義。」而要想提高民眾素質，就需要開展教育。具體途徑是興辦學校，興辦學會，興辦報刊，以培養新的國民。在學校中要教民眾政治方面的知識。在學會中一邊讀書一邊議事，可培養政治能力，通過辦學會，培養出一批素質較高、能力較強的人才，以便擔任議員。梁啟超在〈古議院考〉中說：「強國以議院為本，議院以學校為本。」社會的演變進化是逐漸進行的，國民素質的提高需要一個過程，在此期間，也即在目前的中國，政治制度上還不應當立即推行君主立憲，而是應當有一個過渡階段。在這個過渡階段，仍然繼續實行君主專制制度，但應當是一種比較開明的君主專制制度，即「開明專制」。依靠開明的君主來發展教育，提高人民的素質，為實現立憲做準備，一二十年以後再實行君主立憲。開明專制的目的並不是維持原來的君主專制，而是向君主立憲政體過渡。

（五）幾點分析

君主立憲思想出現以後，起初只是個別人產生這種思想，而且出於政治上的顧慮而並沒有大力宣傳，也沒有對實際政治產生較大影響。此後的一段時間裡，這一思想逐漸傳播，其主張者日益增多。1901 年新政運動開始以後，隨著新政過程中人們對外國瞭解的進一步增多，君主立憲的主張者也進一步逐漸增多。當時還出現了一個對君主立憲思想的宣傳高潮，許多人對立憲進行宣傳，許多報刊參與了對立憲的宣傳，還有一些官員在奏摺中建議實行立憲。在這一宣傳高潮中，又有許多人經宣傳後接受了君主立憲思想，君主立憲思想的傳播範圍迅速擴展。在 1904 ～ 1905 年的日俄戰爭中，立憲的小國日本戰勝了專制的大國俄國，這使很多人認為君主立憲制度優於君主專制制度，從而接受君主立憲思想，君主立憲成為許多人的共識。這時立憲思想也得到了更多的宣傳，當時有百餘種報刊都刊登文章宣傳立憲的思想。於是，又有許多人在宣傳之下接受了這

一思想。直到清政府被推翻和民主共和制度建立之前，立憲思想一直極為流行。1906年預備立憲開始以後，君主立憲思想還成為清政府的指導思想和工作中心。清末立憲運動推行的不順利，使部分君主立憲思想的主張者懷疑立憲的可行性，從而放棄君憲思想。1912年民國建立以後，由於民主共和制已經在事實上建立，君主立憲思想的主張者中，一部分人轉變態度，接受共和這一事實，放棄君主立憲思想，另一部分人則仍堅持中國應當實行君主立憲的主張，其所堅持的君主立憲思想轉化為復辟思想，主張廢除共和制度，廢除總統，恢復皇帝，建立君主立憲制度。

君主立憲強思想的演變過程和傳播過程，受到多種因素的影響。列強對中國的威脅以及列強在中國的權利和勢力的一直存在並日趨嚴重，是促使君主立憲思想得以產生、發展和傳播的基本原因，人們主張君主立憲的主要動機，就是通過君主立憲這一制度的確立而使中國富強。國外的民權思想和憲政思想對君主立憲思想的發展和傳播起到較大的促進作用，在中外交流及中國人對外國瞭解繼續進一步增多的情況下，君主立憲思想大量地吸收了國外的這些思想，一些人也在國外這些思想的影響下成為君憲思想的贊同者。當時世界上一些君主立憲的國家富有強大，如英國、日本、德國，成為中國人效仿的榜樣，這些國家的經驗促進了君主立憲思想在中國的發展和傳播。傳統的尊崇君主的思想居於權威地位，被認為是不可懷疑的絕對真理，並且是大多數人的共識。認為君主的地位至高無上，不允許侵犯，不允許動搖；君主的權力絕對無限，不允許削弱，臣民對君主必須絕對服從。這種根深蒂固的傳統觀念限制了君主立憲思想的傳播速度和規模。但中國傳統思想中也存在民為國本的觀念，認為民貴君輕，國家政治的根本目的是民眾的福利。例如《尚書》中曾說：「天聽自我民聽，天視自我民視。」《孟子》中曾說：「民為貴，君為輕，社稷次之。」《呂氏春秋》中曾說：「天下者非一人之天下，天下人之天下。」這一

傳統的民本思想對君主立憲思想的發展和傳播起到了一定促進作用。當時中國還已經出現反對專制的觀念。清初時王夫之在《讀通鑑論》中說：「天下者非一姓之私。」清初時黃宗羲在〈原君〉中說：「豈天地之大，于兆人萬姓之中，獨私其一人一姓乎？」黃宗羲在《明夷待訪錄》中又說：「以天下為主，君為客。」、「天子所是未必是，天子所非未必非。」清初時唐甄也曾在《潛書》中說：「天子之尊，非天帝大神也，皆人也。」黃宗羲主張設立「天下之法」，權力歸於責任內閣及其「政事堂」，設立議論政治的「學校」，唐甄則主張權力歸於內閣六卿。君主立憲的主張者也吸收了黃宗羲等人的此類民主民權思想，並加以發揮。另外，變法運動中大量的宣傳活動，以及變法圖強思想的逐漸傳播，也起到解放思想的效果，使人們的思想易於進一步發展，易於接受君主立憲思想。

君主立憲思想對實際政治活動產生了直接的影響，促進了包括官方和民間在內的立憲運動的發生和發展。在君主立憲思想的推動下，民間許多人進行了推行君主立憲的活動，他們發表文章，興辦刊物，研究和宣揚立憲，組織旨在推進立憲的團體，並向清政府請願，請求政府實施君主立憲制度。在君主立憲思想的推動下，一些官員也紛紛提出立憲的建議。清政府從1906 年起實施推行立憲的工作，在一定程度上也是受這一思想的影響而為之。

君主立憲思想與君民共主思想有相同之處，都主張設立議會，並且都讚賞議會的優點，都認為設立議會可以消除政治上的弊端，認為議會有溝通民情、集思廣議、團結人心的作用，因而可以使國家富強。君主立憲思想與君民共主思想的不同是，君民共主思想認為政治體制有君主制度、民主制度、君民共主制度三種類型，這三種類型是相互平等的，沒有高低之分，其中君民共主制度最適合中國。君主立憲思想則認為，政治體制有君主專制、君主立憲、民主共和三種形態，這三種形態是

有高低之分的，是從低級到高級依次演進的，其中君主立憲制不是最優秀和最高級的，但它是目前歷史階段最適合中國的。君主立憲思想與君民共主思想的另一個也是更重要的不同是，君主民共主思想主張將議會作為一種諮詢機構，最高權力仍由君主掌握；而君主立憲思想主張將議會作為一個權力機構，由議會掌握最高權力，並且實施君民都必須遵守的憲法，否認由君主掌握最高權力。

君主立憲思想與變法圖強思想具有一致性。立憲的主張與變法的主張不僅不衝突，而且是一致的。變法思想主張軍事制度、經濟制度、政府機構和人事制度等一般意義上的政治制度改革，君主立憲思想則不僅贊同這些不超出專制制度框架之內的改革，而且主張更深程度、更徹底的政治制度改革。這就是，從根本上改變政治制度的形態，建立一種全新形態的政治制度，即從根本上改變政體的性質，建立一種全新性質的政體，變君主專制政體為君主立憲政體。在這個意義上，君主立憲思想可以說是變法圖強思想的一種發展。正因如此，許多人既贊同變法思想，又贊同立憲思想，他們當中許多人的一個基本想法是，在條件尚不成熟時，先進行變法，等時機成熟時，再進一步進行立憲。

君主立憲思想具有一定的合理性。君主立憲思想認為，歷史由低級階段向高級階段逐漸發展，政體也會由低級階段向高級階段演變，這一觀點是合理的。君主立憲思想指出了君主專制政體的缺點，並主張取消君主專制政體，以更高級的政體取代之，這也是符合時代潮流的。君主立憲思想認為，一個國家民主制度的建立，需要該國國民的整體的素質達到一定水準，這一認識是正確的。君主立憲思想認為，在當時的中國，國民文化素質普遍偏低，是不適於立即實行民主的，也是不可能立即實現民主的。這一觀點也是合理的。君主立憲思想認為，社會發展是逐漸進行的，不能一蹴而就，這也是其合理內核之一。

但是，君主立憲思想中也存在一些不正確的觀點。例如，君主立憲思想認為，全部政治制度分為君主專制、君主立憲、民主共和三種形態，並且將君主立憲視為介於君主專制和民主共和之間的過渡形態，這是不正確的。其實，全部政治制度只分為專制和民主兩大形態，君主立憲和民主共和實際上是同一形態的政體，都是民主，只不過一個有君主，另一個沒有君主。君主立憲政體之下，有君主，但這個君主是虛設的，不掌握實際權力，因此君主立憲和民主共和在性質上是相同的。當然，一個國家民主制度的建立是一個過程，其初期階段一般需要經歷一個過渡性的狀態，即經歷一種不夠完善的具有一定專制殘餘色彩的君主立憲制，或不夠完善的具有一定專制殘餘色彩的民主共和制，但不應當認為君主立憲是從君主專制向民主共和過渡的階段。

　　君主立憲思想所堅執的核心觀點是，中國必須建立君主立憲制度，這並沒有切中當時中國時政的要害。君主立憲思想雖然比練兵自強思想和變法圖強思想更深入、更進一步，但仍沒有找到解決中國所面臨課題的真正答案，未能看到問題的最終實質所在。當時中國所需要的，除了國家的富強以外，就是國民整體素質的逐漸提高及經濟社會的逐漸進步，而不是立即建立民主制度，無論是君主立憲還是民主共和。只有等到國民整體素質普遍提高，經濟社會發展到一定程度時，民主制度才可能建立起來。而無論是實現國家富強，還是有效推動國民整體素質的提高及經濟社會的進步，其關鍵都不是制度改革或君主立憲，而是建立一個高效有能力的政府，這個政府應當能夠真正地統一控制全國的權力，並且具備較高的管理國家事務的能力，這是當時的中國所面臨的真正主題。而與君主立憲思想同時存在的反清革命思想，倒是涉及到了建立高效能政府這個問題。事實上，整個民國時期，國力衰弱不振，政治局勢動盪不定，經濟文化發展遲滯，其根源並不在於民主制度（無論是君主立憲還是民主共和）的未能建立，而在於一直沒有形成這樣

一個高效有能力的政府。直到中共實現對全國的統治的時候，才真正建立了一個高效有能力的政府。

（六）尾聲：帝制復辟思想

1912年，反清民主革命取得成功，推翻了清政府，建立了中華民國政府，同時也建立了民主共和制度。此後，君主立憲思想的持有者中的一部分人放棄君主立憲思想，轉而接受了民主共和制度，他們認為，既然民主共和制度已經建立，而且它是比君主立憲更先進的制度，那就可以接受現實，維持民主共和制度，於是他們開始支持民主共和制度的實行。但是，君主立憲思想持有者中的另一部分人則仍堅持主張在中國實行君主立憲制度，反對當時的民主共和制度。於是，他們所持的君主立憲思想演變成為帝制復辟思想。

帝制復辟思想認為，民主共和制度不適合現在的中國，只有君主立憲制度才適合現在的中國。第一，歷史發展先後經歷的三個階段都是必須要經歷的，任何一個階段都是不可以省略的，都是不可以越過的，君主專制制度取消之後，必須實行君主立憲制度，進入君主立憲的歷史階段。經過這一階段的過渡，才能實行民主共和制度，進入民主共和時代。在當前的中國，剛剛取消君主專制制度，就立即實施民主共和，這是違反歷史的基本規律的。

第二，必須是在多數國民普遍具有一定文化素質，具有一定的道德和知識的條件下，才適合實行民主共和制度，國民素質低則不適合實行民主共和制度。現在的中國還不具備建立民主共和制度的條件，中國大多數民眾智力和知識水準不高，其素質還沒有達能夠適應民主共和制度的程度。中國的多數國民缺乏民主政治意識和法律意識，也缺乏行使民主政治和行使法律的能力，不懂何為民主政治，何為共和，何為法律，何為自

由平等，甚至許多人根本就沒有民主、共和、法律、自由平等這些觀念。在國民素質較低的條件下，輕率地勉強實行民主共和制，國民沒有足夠的研究政治和參與政治的能力，不能把政治辦好，反而辦糟。在國民素質較低的條件下輕率地勉強實行民主共和制，還會導致政局的動盪。因為，在國民素質較低的條件下堅持實行共和制度，總統繼承的問題必定不能得到很好的解決。在民主共和制度下，沒有確定的總統繼承人，如果大總統發生意外之事，由於缺乏民主意識和民主能力，人們必然會通過武力爭鬥而非和平合法選舉來爭奪總統職位，甚至發生舉兵以爭奪總統之事，這就難免導致局勢的混亂。而實行君主制度則可以避免政局動盪。君主制度最大的優點就是，元首的繼承人是確定的，因而君主交替、新的君主繼位時，君主職位不會再成為爭奪的目標，不會發生群起爭奪君主的事情，也就不會發生全國性的混亂。所以，只有實行君主制才能免除競爭元首的弊端，避免國家發生政局的混亂。民國初期政權分立，政局比較動盪，出現這一局面的原因就是實施了共和制度。如果共和繼續下去，政局也就必然會繼續動盪不止。南美各國效仿美國、法國的共和制度，反而軍事政變頻繁，就是由於在條件不具備的情況下勉強實行了民主共和制度。所以，中國是在條件不成熟的情況下勉強推行了民主共和制度，長此下去，會亂事不斷，終將亡國。

第三，民主共和制度不是出於大多數中國人的意願，是模仿外國勉強實行的，不符合中國的傳統。1915年的〈安徽省公民代表段芝貴等請願書〉中說：「共和之政體，非由中國人民意思要求而來，勉強而加之，摹仿而成之，與中國之歷史、中國之風俗習慣、中國人民之特性，有判然不能相合者。」中國積累了四千年君主習俗，中國人長期生活並習慣於專制制度，不可能突然改變習慣。實行民主共和制使政體發生突然的劇烈變化，使人們不能適應。而君主制度則更適合中國的傳統和歷史習慣。

第四，民主共和制度不利於強國，而君主制度利於強國。國家的軍事行動要求行動統一，絕對服從，國家紀律嚴格，才能使軍事力量強大。在共和的國家中，國民習慣於自由，對國家的軍事有所不利。德國和日本實行君主制度，所以軍隊節制嚴格，因而能夠稱雄於世界，法美等國實行共和制度，因而只能富卻不能強。在中國這樣一個落後衰弱且外患嚴重的國家，要實現國家的富強，挽救危亡的局面，尤其需要有一個獨斷的君主，統一政事。否則中央政府的威信大為減弱，國家成為一盤散沙。

所以，君主立憲制度比民主共和制度更適合當時的中國國情，不應在中國實行共和制度，而應實行君主立憲制度。1912年的建立民主共和制度是一個錯誤，應該糾正這一錯誤，取消民主共和制度，重新設立君主，建立君主立憲制度，以君主立憲制度取代共和制度，等將來條件成熟時再實行民主共和制度。改民主共和制度為君主立憲制度的具體辦法是，廢除總統，設立皇帝，而憲法、內閣、法院則仍予保持。

帝制復辟思想對恢復君主制度的復辟活動起到了推動作用。由於一些人持有這種思想，他們從事了推行君主制的活動，這推動了袁世凱為首的復辟活動和張勳為首的復辟活動的進行。袁世凱本人就持有這種帝制復辟思想，當時同樣持這種思想的一些人也支持袁世凱的復辟活動。袁世凱等人從事復辟活動的原因，一方面是為了獲得權力和利益，另一方面則是出於這種思想的影響。他們認為中國應該實行君主立憲制，辛亥革命後實行的共和制是錯誤的，不利於國家，應當糾正過來。

帝制復辟思想的持有者規模比較有限，而且這一思想形成以後，一直處於逐漸衰落的過程中，其主張者一直逐漸減少，其影響力也一直逐漸減弱。在民國前期，在迅速變化的政治局勢以及各種不斷出現的新思想的影響下，帝制復辟思想的主張者大多先後放棄這一思想，這一思想也基本失去了影響力。

帝制復辟思想與君主立憲思想的觀點是基本一致的，都主張當前的中國應當實行君主立憲制度。不同之一是，兩種思想處於不同的政治背景之下。君主立憲思想處於清代末期君主專制的背景之下，帝制復辟思想則處於民國初期民主共和的背景之下。所處的政治背景不同，因而其中一些具體主張有所不同。不同之二是，兩種思想對君主立憲制度的定位不同。君主立憲思想認為君主專制制度是落後的制度，主張改變君主專制制度，向前進一步，前進到君主立憲制度，復辟思想則認為民主共和制度是超前的制度，不適合當時的中國，主張改變民主共和制度，向後退一步，後退到君主立憲制度。

第四章　反清革命思想

在中國外患仍然嚴重而國家衰弱和清政府無能的情況下，以及在外國的民主共和制度和民主思想影響下，出現了反清民主革命的思想。大約在中法戰爭之後，在中國戰敗的影響下，開始有人探索強國的新途徑，產生了反清革命的簡單想法，主張推翻清政府並建立一個新政府。此後這一思想逐漸完善，先是增加了關於廢除君主專制並建立民主共和制度的主張，之後不久又增加了進行社會革命以避免貧富分化的主張。到 1905年同盟會成立前後，已經形成了成熟的思想體系，同盟會建立前後所發布的一系列文件和講演對其做了系統闡述。

起初，只有個別人產生這種思想。但在國家形勢日益危急的形勢下，以及先前的革命思想主張者的大力宣揚之下，贊同這一思想的人逐漸增多。特別是清末新政運動開始以後，其所創辦的大批新式學堂培養出大量新式學生，同時還出現了大量的留學生，這些新式學生和留學生知識較新，知識面較寬，眼界較為開闊。他們對世界形勢，對外國的國情和思想學說，對中國所面臨的危險局面都有更多的瞭解和認識，他們很普遍地接受了反清革命思想，於是反清革命思想的贊同者迅速增多。在清末的十幾年中，越來越多的人接受了反清革命思想，成為一種廣泛流行的思想（當然該思想贊成者的絕對人數仍是較少的）。1912 年革命成功以後，清政府被推翻，民主共和制度建

立，該思想基本得以實現，失去存在的必要性，於是基本上為人們所放棄。這一思想最終在成功實現的基礎上自然消退。

反清革命思想一共包括三個方面的內容。第一，是推翻腐朽無能的清政府，建立一個新的有能力的政府。第二，是在推翻清政府的同時廢除君主專制制度，建立民主共和制度。第三，是在推翻清政府和建立民主共和制度的同時進行社會革命，以避免發生貧富分化的現象。

（一）推翻清政府

反清革命思想主張，推翻清政府，建立一個新的政府。當時人們稱之為「民族革命」、「民族主義」。

推翻清政府的第一個理由是，推翻清政府是強國的需要。清政府已經腐朽無能，不可能很好地管理國家，在清政府的統治下，中國不可能有好的政治，各項國家事務不可能得到很好的辦理，因而不可能富強。吳樾在 1905 年的〈意見書〉中說：「滿洲政府，實中國富強第一大障礙。」只有推翻腐朽無能的清政府，建立一個新的有能力的政府，才能有良好的政治，才能把國家管理好，將國家事務辦理好，使中國強大起來。

推翻清政府的第二個理由是，推翻清政府是抵抗列強侵略的需要。清政府對外妥協賣國，不可能領導中國人進行抵抗外國的侵略。列強之所以能夠侵略中國，就是因為清政府不能抵抗列強，妥協賣國，而且已經成為列強侵略中國的工具。清政府對外賣國，所以列強侵占中國的土地、權益就十分容易。因此，只有先推翻清政府，建立一個反對外國侵略的新政府，才能消除列強的侵害，抵抗外國侵略，避免瓜分，使中國獨立。如果清政府能夠領導中國獲得富強，領導中國有效地抵抗列強的侵犯，也不妨承認它，但清政府已無法挽救，它的領導只能使中國亡國，所以必須推翻它。孫中山在 1904 年的〈駁保皇

報〉一文中說：「今有滿清政府為之鷹犬，則彼外國者，欲取我土地，有予取予攜之便矣。故欲免瓜分，非先倒滿清政府，則無挽救之法也。」陳天華在 1903 年的《猛回頭》一書抨擊清政府說：「這朝廷，原是個，名存實亡。替洋人，做一個，守土官長。壓制我，眾漢人，拱手降洋。」

推翻清政府的第三個理由是，滿族人不是中國人。中國是漢族人的國家，而清政府是滿族人的政府。滿族人本來是北方國境之外的異族，明代末期時乘中國國內多事而滅亡中國。在清政府的統治下，滿族人統治漢族人，壓迫漢族人，中國是亡國的，漢人做亡國之民已二百六十餘年。種族有優劣之分，中華種族高於其他種族，不應受到其他種族的統治。滿族是異族，不是中華種族，滿族等其他種族可以歸化於漢人，但不能凌駕於漢人。所以，應當推翻清政府，建立漢族人自己統治的政府。孫中山在 1905 年的〈同盟會宣言〉中說：「中國者，中國人之中國；中國之政治，中國人任之。驅逐韃虜之後，光復我民族的國家。敢有為石敬瑭、吳三桂之所為者，天下共擊之！」1906 年孫中山在東京民報創刊周年慶祝大會所作題為〈三民主義與中國前途〉的演說中說：「不許那不同族的人來奪我民族的政權。因為我漢人有政權才是有國，假如政權被不同族的人所把持，那就雖是有國，卻已經不是我漢人的國了。」孫中山在這次演說中又說：「民族革命的原故，是不甘心滿洲人滅我們的國，主我們的政，定要撲滅他的政府，光復我們民族的國家。」當然，民族革命只是反對清政府，主張推翻清政府，並不是要反對所有的滿族人，更不是要消滅滿族人，只是反對滿族人所掌握的政府統治中國，不許滿族人的政府統治漢族人。

推翻清政府的方式是組織武裝力量，進行武裝起義，以暴力推翻清政府。先通過暴力方式占領一個地區，然後各地回應，建立新政府。雖然革命的方式是暴力的，但在革命過程中應當儘量避免局勢動盪，也應當儘量避免列強的干涉。為此，在革

命過程中，只推翻清政府，而應當維護列強的各項在華利益。1905 年的〈同盟會對外宣言〉中主張：「所有中國前此與各國締結之條約，皆繼續有效。」、「償款外債照舊擔任。」、「所有外人之既得權利，一律保護。」

（二）建立民主共和制度

反清革命思想主張，廢除君主專制制度，建立民主共和制度。當時人們稱之為「政治革命」、「民權主義」。

建立民主共和制度的第一個理由是，政體的進化是人類歷史的基本規律，當時的人們稱之為「公理」。民主共和制度取代君主專制制度是歷史的基本規律，民主共和制度是人類歷史的必經階段和最高階段。君主專制和皇權只是一定歷史時期的現象，並不是永恆的。古代本來沒有皇帝，也沒有官員，人人都是百姓。後來由於公共事務的繁多，內部爭執也多起來，外部襲擊侵擾又常常發生，所以才選出一些人為百姓辦事。民主共和制是必然的趨勢，專制制度必將被民主共和取代，未來的時代是民主共和的時代。如今就是適宜建立民主共和制的時機，世界上一些國家已經進行了革命，建立了民主共和制，不久的將來全世界都要進入民主共和時代。因此，實行民主共和制度符合人類歷史的公理，符合歷史演進的趨勢。

建立民主共和制度的第二個理由是，民主共和制度是最優秀的制度，能夠使國家得到最好的管理。只有建立民主共和制度，才能將國家各項事務處理好，從而使中國富強。君主專制制度是惡劣的制度，是惡劣政治的根源，而民主共和制度是優秀的制度，是優秀政治的根源，要想有好的政治，就必須建立民主共和制度。

建立民主共和制度的第三個理由是，專制制度是不公正不合理的，君主立憲制度也不是十分公正合理的，而民主共和制

度是最公正合理的制度。君主專制制度侵害國民的利益，使人民生活痛苦。在專制制度下，任何事務民眾都沒有發言和參政的權力；官員掌握審判的權力，人民受冤枉也無法申訴，官員一句話等於法律；專制君主私占國家，奴役人民，獨占全國人的東西以保一家的帝王之業，中國人成為奴隸。這些都是不合理的。1903 年轅孫在〈露西亞虛無黨〉一文中說：「天下之政體，莫毒於專制；天下之苦，莫慘於專制政府之壓制。」、「專制政體者，侵害國民之公益、剝削國民權利之利斧也。」即使是漢族的政府，如果是專制制度，也要反對它。所以，必須推翻君主專制制度，建立民主共和制度。

關於民主共和制度的構成，反清革命思想的基本設想是，所有的國民都平等，都有參政的權力。制訂人人都必須遵守的憲法。國家元首為總統，由國民共同推舉產生。議會由國民共同推舉的議員組成，制訂憲法和其他各種法律，議論國家重大事務，並對內閣的工作進行監督。建立管理國家事務的內閣，處理各項國家事務，受議會的監督。〈同盟會宣言〉中說：「凡國民皆平等以有參政權。大總統由國民公舉。議會以國民公舉之議員構成之。制定中華民國憲法，人人共守。」

關於民主共和制度的構成的具體細節，有幾種不同的設想。鄒容的主張是，國名取「中華共和國」，參照美國和日本的憲法和法律，並結合中國國情，制訂憲法和各項法律。全國及各省府縣都選舉，組成議會，由議會決定國家大事。經選舉產生總統，每省投票選舉一個人為總代表，由各個總代表投票選舉一人為大總統，再舉一人為副總統。建立中央政府為全國的辦事機關。全國所有人都是國民，國民不論男女一律平等，沒有上下貴賤之分，國民人人享有言論、思想、出版等各種權利自由，人人也都承擔納稅、忠於國家和服兵役等義務。實行地方自治。

章太炎認為，議會制度是不合理的，不應當設置議會。歐

美國家中，當選為議會中的議員的人，往往是有錢有勢力的人，議會的議員名義上是代表人民，實際是大多出身於富人家庭，依附於政黨，與官員朋比，不關心人民的利益，所以議會並不能伸張民眾的權力，不能維護民眾的利益。在這些國家，議會已經民眾的敵人，而非民眾的朋友。在中國，人口眾多，議員太多則無效率，太少則無代表性，更不適合設置議會制度。他認為，應當實行直接的民權，由民眾直接選舉總統。總統為國家元首，並領導政府，主持行政、軍事、外交，掌握行政權、軍事權、外交權。當然總統也不能任意獨裁專斷，國家事務全部依據法律來辦理。不設議會，只有在國家遇到緊急事務的時候，才臨時選舉議員，商討和決定國家大事。除由總統行使行政權以外，由專家組成專門機構來制定法律，設法官掌管司法，設學官掌管教育和監督。專家、法官、學官分別掌握立法、司法、監督的權力，與總統並立分權，地位也與總統相等。全部國家事務依照法律進行管理，總統等任何人都必須遵守法律，對於違犯法律的人，包括總統在內，要予以懲罰。

孫中山則認為，歐美各民主國家的三權分立並不是十分完美的制度，已經過時，有所不足。時代前進了，社會進步了，中國應當對三權分立進一步改進，建立一個比歐美各國更完善的民主制度。在三權的基礎上，還應當再增加兩項權力，即，在行政權、立法權、司法權之外，再加上獨立的「考選權」和「監察權」，實行五權分立。其中立法權是制定法律的權力，行政權是管理國家事務的權力，司法權是審判的權力，考選權是考試選拔官員的權力，監察權是對官員進行監察和彈劾的權力。

孫中山認為，世界上實行三權分立的民主各國中，官員有委任產生的，有選舉產生的，無論是委任還是選舉，都有很大的弊端。委任可能會任用親信的人，導致任人唯親；選舉則會使有口才的人獲得官職，無口才而有能力的人卻因口才不好而

不能獲得官職。所以，經常會有無能的人獲得官職。這些都是因為沒有考試制度。如果實行考試制度，各級官吏選舉或委任以後，都必須經過考試合格才能擔任官職，就可以避免上述弊端。這種考試的權力必須獨立，不能由行政機關掌握。因此中國應當設立獨立的機關，專門掌握考選權。

孫中山又認為，世界上實行三權分立的民主各國中，都是由立法機關議會兼負監察權，對官吏進行監督和彈劾，監察權並不獨立，因此產生許多弊端。特別是監察權為議會所兼，導致議會權力過大，如果議會過分使用這一權力，挾制行政機關，就會形成議會專制。因此中國應當設立獨立的機關，專門掌握監察權，負責監督和彈劾官吏。

孫中山認為，治理國家的關鍵在於選拔和任用官吏，因為國家機關是由大小各種官吏組成的，官吏的好壞直接影響到國事辦理的成效。如果設立考選和監察的獨立機關，實行五權分立，獨立的考選權可以保證合格的官吏得以任用，獨立的監察權則可以保證不合格的官吏得以罷免，從而解決三權分立的弊端。這種五權分立的制度是各國所未有，是新開創的政體，有了這種五權分立的制度，國家就可以得到完全無缺的治理，成為至為完美的國家。孫中山的具體設想是，在國家機構中設立行政院、立法院、司法院、考試院和監察院，五院彼此獨立並互相制約。

關於建立民主共和制度的途徑，反清革命思想主張，通過武裝暴力手段，在建立新政府的同時，消滅君主專制制度，建立民主共和制度。要想建立民主制度，就必須推翻清政府，建立一個新的政府，共和制度是不可能在維持清政府的情況下實現的。同時，要想廢除舊的專制制度，建立民主共和制度，就必須採取武裝暴力手段，共和制度是不可能通過和平方式實現的。反清革命思想認為，推翻清政府的民族革命，與建立民主共和制度的政治革命，應當同時進行，而不是分兩次來進行。

這一次革命既是「民族革命」,又是「政治革命」,從推翻清政府那一方面來說是民族革命,從消除君主專制制度、建立民主共和制度的那一方面來說是政治革命。孫中山〈三民主義與中國前途〉中說:「我們推翻滿洲政府,從驅逐滿人那一面說,是民族革命,從顛覆君主政體那一面說,是政治革命,並不是把它來分兩次去做。」孫中山制定了建立民主共和制度的計劃,這一計劃為許多革命主張者所認同。按照這一計劃,建立民主共和制度的過程分為三個階段。第一階段是「軍法之治」,為期三年,這是破壞舊政權和舊制度的時代,軍政府率領國民推翻清政府並消滅專制制度,以軍法為依據,軍政府和人民都服從軍法。第二階段是「約法之治」,為期六年,是過渡時代,以約法為依據,人民和軍政府都服從約法。在這一階段,由軍政府管理國家事務,同時要推行地方自治,將地方自治權授予人民。經過這一階段,地方自治完備,人民學會行使權力,就可以進入下一階段,實現完全的民主制度。第三階段是「憲法之治」,即完全的民主共和制度,以憲法為依據,軍政府解除權力,制定並實施憲法,國民共同選舉大總統,國民共同選舉議員組成議會,建立受議會監督的各個機關管理國家事務。

(三)平均土地權益

反清革命思想主張,在建立新政府和建立民主共和制度的同時,消除少數人占有土地權益的現狀,使全體國民平均地享有來自土地的權益。當時人們稱之為「社會革命」、「民生主義」。

政治革命能夠建立民主共和制度,但不能解決貧富分化這一社會問題。如果只進行政治革命,革命成功以後,將會仍然存在貧富分化問題,還會再發生社會革命。在目前的歐美各強國,完成了政治革命,建立了民主制度,但在政治革命以後,人民生活問題並沒有解決,仍存在貧富分化問題,產生貧富懸

殊的情況，而且富者極少，貧者極多，將來必然會為此發生社會革命。

中國目前工商業不發達，社會問題還不嚴重，這種貧富分化的現象還沒有發生，但將來總是會發生的。像歐美列強這樣的國家富強、民權發達的國家，尚且未能達到人民的幸福，仍有社會革命在進行，中國如果不進行社會革命，在政治革命成功之後，更加難於避免貧富分化這一社會問題，難免再次發生社會革命。

與其將來再去面對，不如現在設法預先準備，以避免未來發生這一社會問題。中國應當一勞永逸，在建立新政府和建立民主共和制度的同時解決社會問題，在民族革命和民主革命的同時，完成社會革命，政治革命和社會革命一次完成，消除貧富分化，解決國民生活問題，以免以後再發生第二次革命，重蹈歐美國家的覆轍。這樣，中國就既仿照歐美國家進行了民主革命，又能超越歐美國家，避免歐美社會已經暴露出來的弊端。孫中山 1905 年在〈民報發刊詞〉中說：「誠可舉政治革命、社會革命畢其功於一役。」

關於社會革命的內容，反清革命思想認為，發生貧富分化的根源是沒有解決土地問題，人們對來自土地的權益的占有不平均，土地權益為少數人所占有。歐美之所以不能解決社會問題，就是因為沒有解決土地問題。所以，解決貧富分化問題的關鍵，是消除少數人對土地權益的獨占，由全體國民平均享有。社會革命就是要消除少數人占有土地權益的現狀，使全體國民平均享有土地權益，即「平均地權」。

使國民平均享有土地權益的途徑，是使土地權益歸於國家，由國民共同享有，通過共同享有，來實現平均享有。而使土地權益歸於國家由國民共用的途徑，是國家對土地進行收買或徵稅。具體辦法是，核算確定土地的價格，國家按現在的價值收

買私有土地,將土地收歸國有,或者以後定期對私有土地的所有者進行徵稅。這樣,土地現有的價值歸原土地主人所有,以後社會進步,土地價值增長,增加的價值歸國家所有,為國民所共同享有。孫中山 1906 年在《民報》創刊週年紀念大會的演說中舉例說:例如某人有一塊土地,價值一千,可定價一千,或多至二千,用二千收買為國有,將來因交通發達,這一土地價值漲到一萬,原主得到二千,屬已無損失且有收益,其餘所盈利的八千,即可歸國家所有。〈同盟會宣言〉中說:「核定天下地價,其現有之地價,仍屬原主所有。其革命後社會改良進步之增價,則歸於國家,為國民所共用。」

所有的反清革命思想的贊同者都主張推翻清政府,其中大部分贊同者同時也主張實行政治革命,建立民主共和制度。但贊同推翻清政府和建立民主共和的人當中,只有一少部分人同時也贊同民生主義,主張實行社會革命,平均地權。平均地權的思想由孫中山提出,為部分革命主張者所接受,但贊同的人並不是很多。

(四)與君主立憲思想的論戰

1905 年到 1907 年左右,主張推翻清政府、建立民主制度的反清革命思想贊同者,與主張實行君主立憲的君主立憲思想贊同者之間,展開了一場爭論。革命論者以孫中山、汪精衛和陳天華為代表,在各個刊物上不斷發表文章論述反清與民主革命的主張,反駁立憲的主張。立憲論者以梁啟超為代表,也發表了大量文章,論述立憲的主張,反駁革命的主張。這些文章主要刊登在創辦於國外的一些報刊上,最主要的東京的《民報》和東京的《新民叢報》,革命論者和立憲論者在新加坡、檀香山、美洲和香港等地所辦的 20 多個報刊也參與了這場論戰。雙方主要在三個問題上互相反駁,展開爭論,即應否推翻清政府、應否實行民主共和制度、應否平均地權。

關於應否推翻清政府的問題，革命論者主張推翻清政府，建立一個新的政府，立憲論者則反對推翻清政府。

革命論者認為，清政府是滿族的政府，滿族人不是中國人，滿族入主中原起，中國實際上已經亡國。滿族人的清政府二百年來始終對漢族人實行民族歧視和壓迫，實行殘暴的統治，是漢族人的敵人。所以，必須推翻滿族人的王朝，建立漢族的統治。立憲論者則認為，滿族人入關以後，為漢族人所同化，早就和漢族人一樣都是中國人了。清朝取代明朝，是與以往所有改朝換代一樣的政權更迭，並非是中國亡國，清政府是四萬萬人共同的政府。中國沒有民族歧視，也沒有民族壓迫，滿漢兩族已經處於平等的地位，在國家政權中，漢族人的權力還超過滿人，整個中國是一個滿漢共存的國家。因此，沒有推翻清政府的必要。

革命論者認為，只有推翻清政權，建立一個新的政權，才能有好的政治，把國家管理好，中國才能強大起來。立憲論者則認為，應以改良政治為目標，而不應以反滿為目標，不應僅僅為了反滿而反滿。滿族人也並不都反對變革政治，反對變革政治的人也不都是滿族人，無論是誰當政，只要能改良政治，就是好的，就是應當支持的。

立憲論者認為，推翻清政府需要使用暴力，必然造成殺人流血的悲慘災禍。革命論者則認為，為了實現目標，革命中的流血是必要的，不可避免的，革命就不能不流血，不能不付出代價。我們也極希望不流血，但反抗和推翻清政府，必然會遭到清政府的抵抗和迫害，所以流血是不得已的。殺人流血也是清政府的暴政所逼迫出來的，正是清政府的暴政迫使我們去進行反清革命。革命論者又認為，進行革命固然會有殺人流血的災禍，但不革命也避免不了殺人流血的災禍。在滿族統治者的殘暴統治下，中國人實際上就是長期處於被迫害和殺戮的狀態，殺人流血的悲慘災禍一直都在持續。為了擺脫長期被虐殺

的痛苦而進行革命，從而暫時出現殺人流血的災禍，是值得的。

立憲論者認為，實行暴力革命必然會導致內亂，從而給列強侵略並瓜分中國的機會，招致列強的瓜分，使中國亡國。革命論者則認為，革命是有組織、有步驟的，能夠控制局勢的發展，使革命有秩序地進行，而不至於發生內亂。中國目前所進行的革命不同於歷史上的民眾暴動和爭奪帝位的戰爭。過去這些戰爭在推翻舊的政權以後，往往因為爭奪帝位而長期陷入混亂局面，而目前中國革命的目的是建立漢族的國家和民主共和制度，根本不會發生爭奪帝位的問題，因而也不會產生內亂。內亂不發生，外國人也就無法干涉，不會導致瓜分和亡國。革命派又認為，瓜分危險的根本原因在於清政府的腐朽，正是因為清政府的腐朽統治，才造成中國的衰弱，才使中國面臨侵略被瓜分的危險。清政府存在一天，瓜分的原因就存在一天，只有推翻清政權，才能避免瓜分的危機。革命不僅不會導致瓜分，恰恰相反，通過革命推翻清政府，建立一個新的優良的政府，正是從根本上避免中國被侵略被瓜分的唯一途徑。革命派還認為，革命只是反對清政府，並不反對外國人，不妨礙外國在中國的利益，因而不至於引起列強的干涉。而且，列強之間的矛盾很大，在中國已經處於均勢，彼此之間相互顧忌和相互妨礙，要干涉中國也是困難的。還有人提出，中國民眾在革命過程中必將產生強烈的民族主義精神，人人都不肯亡國，不肯屈服，鬥志堅定，即使列強真的來干涉，中國人也能夠戰勝他們。

關於應否實行民主共和制度的問題，立憲論者主張先建立君主立憲制度，以後再進一步實行民主共和制度，反對在當時立即實行民主共和制度。革命論者主張立即實行民主共和制度，反對先實行君主立憲制度。

立憲論者認為，制度的變革只能循序漸進地一步一步進行，君主專制──君主立憲──民主共和，這是必然的規律，每一步都是必經的階段，不能急於求成，不能跳躍。革命論者則認

為，不一定必須先經歷君主立憲才能進入民主共和。君主立憲和民主共和都是從外國學習而得來。要學就應當學習最好的，民主共和優於君主立憲，當然要學習民主共和。孫中山曾舉一個例子說，學習歐美的政治制度就有如學習歐美的製造火車。在歐美，以前的時候，他們的火車製造得很粗糙，品質很差，後來漸漸改良，品質逐漸好起來。中國學習歐美製造火車，是應仿造最初時的粗陋的火車，還是應仿造最新的改良後的火車呢？如果按照立憲派的理論，顯然就要放棄最新的先進的火車，而一定要先仿製從前的落後的火車了。

立憲論者認為，只有當國民具備自治能力，具有一定素質的時候，民主制度才能得以運行。如果在條件不具備的情況下勉強推行民主共和制度，結果不但實現不了民主制度，反而會因人們爭奪權力而引起暴亂，使國家陷入巨大的混亂，最後仍歸於君主專制。中國的民眾素質低下，沒有達到足夠的水準，因而缺乏參政的能力和習慣，還不具備在民主制度下生活的能力，不具備擔任共和國民的資格。所以，不應立即實行共和立憲制度，而應先實行君主立憲制度。有人甚至認為，目前中國連君主立憲也還不能立即實行，只能先實行開明的君主專制，逐漸培養國民的素質，然後再實行君主立憲制度，最後再實行民主共和制。革命論者則認為，中國人是具有聰明才智的，中國人的聰明才智不會比其他民族差，中華民族有幾千年的歷史，決不會沒有實行民主的能力，中國人一定有資格實行民主。而且，通過革命的運動日益興起，人們的政治素質還可有望在革命實踐中進一步提高。

立憲論者認為，君主立憲不需要暴力就能實現。革命論者則認為，不僅民主的實現需要暴力，君主立憲的實現也是需要暴力的。因為清政權是絕對不會放棄原有的權力的，用和平的、要求的方式是根本不可能真正實現立憲的，即使只是君主立憲。變法運動時，六君子就是為變法而犧牲了，英日德意等各

國，實行君主立憲的時候也是經歷了暴力流血才成功的。與其流血爭君主立憲而毫無結果，不如流血進行革命而求得共和。

立憲論者認為，國民的素質的提高，國民的自治能力的形成，不是短時期內能夠完成的，必須經過長時間的培養才能達到，所以民主的建立將經歷很長時間才能完成。只有經過相當的一段時間後，條件具備了，才能實行民主制度。革命論者則認為，民主的建立不必像立憲派所說的那樣必須用長久的時間，很慢地才可以達到，是可以很快達到的。凡事都是創始者創始難而學習者學習快。歐美國家幾百年做到的，日本幾十年就做到了。中國學習外國已經有的現成的東西，不必像外國那樣漫長，完全可以迅速成功。

關於應否平均地權的問題，革命論者內部對這個問題的意見並不統一，許多人並不贊同這一主張。贊同這一主張的人，其關於如何處理土地問題的具體觀點也不完全一致。當時最緊要的問題是推翻清政府和建立民主共和制度，土地權益或貧富分化問題並不十分急切，堅持這種主張的革命者的主要注意力也不在於此。所以，對土地問題的爭論不是很多，但也有所爭論。

立憲論者認為，中國並不存在嚴重的貧富分化，不必實行社會革命。土地國有將破壞私有制這一自然法則。土地國有還使個人失去積累財富的積極性，勤勞致富的動機減弱，對整個國家的經濟有害。他們認為，革命論者主張平均地權是把富人的土地奪下來給平民，是為了博得下層群眾如乞丐、流氓、小偷之流的同情。革命論者認為，土地權益理應由全體國民共用。少數人壟斷土地，不僅使多數人生活困苦，而且阻礙整個社會經濟的發展，要使人們幸福，國家昌盛，就必須實行土地國有或平均地權。

（五）幾點分析

與前幾種思想一樣，列強威脅的一直存在並日益嚴重，也是反清革命思想形成、發展和廣泛傳播的最基本的原因。在這種形勢下，實現優良的政治管理從而使國家富強，成為中國人所面臨的最重要的課題。而外來威脅和外來侵犯的嚴重性，又使得人們為了解救國家危難，而易於贊同採取暴力革命和推翻君主制等有力手段和極端方式。例如，在甲午中日戰爭中，中國的嚴重失敗促使一些人深切感受到中國所受威脅的嚴重，深切感受到中國的虛弱，認識到強國的必要性和急迫性，從而產生或接受反清革命思想。又如，義和團事件中，列強打敗中國並占據北京等重要地區，從而促使更多的一些人深切認識到形勢的嚴重，從而贊同反清革命思想。

清政府的腐朽是反清革命思想形成、發展和廣泛傳播的另一個基本原因。清政府的能力和工作效率都很低，官吏貪汙公款等現象十分嚴重，官吏中閑雜人員冗多，官吏中缺乏善於實際工作的人，官場中存在消極苟且的風氣，這些都導致清政府能力和效率的低下。辦理國家事務的過程中，往往經費支出很多，而成效卻很低。清政府工作能力和效率的低下，已經是人們普遍的共識。這一現實狀況使人們感到，在這樣一個政府領導下，不能使中國富強和有力抵抗列強，於是人們比較容易產生或接受以新政府取代這一政府的想法。

國外的政治思想對民主共和的方案產生了重大影響，決定了其基本內容。民主共和制度的方案在很大程度上是吸收了各國所盛行的民主思想而形成的。另外，外國經濟學家關於實行土地國有和徵收土地稅以解決貧富不均的思想，為中國人所接受，從而形成平均地權的思想。

外國的實際政治制度和歷史經驗也產生了一定影響。一些強國如美國實行了民主共和制度，這對部分中國人的思想產生

影響，他們欣賞這些國家的民主共和制度，故而希望中國效仿這些國家。他們為中國所設計的民主共和制度的方案，也借鑑了各國所實行的民主共和制度。另外，歐美強國的社會發展比中國先進，它們軍事強大，經濟發達，政治民主，但在社會演進的過程中，仍存在一些社會弊端，特別是仍存在貧富分化的弊端，給許多人造成生活的困苦，因而也仍然有社會革命在進行。因此，一些中國人企圖建設一個超越歐美國家的理想社會，實現跨躍式的社會進步，從落後於歐美的社會直接進入到先進於它們的社會，避免歐美那樣的社會演進過程中所遇到的痛苦和不公正現象，於是主張在推翻清政府和建立民主共和制度同時，在中國進行平均地權的社會革命。

在清末新政的過程中，各地新式學堂迅速增多，學生人數迅速增多，留學生也迅速增多，中國社會興起了一個新式知識分子階層。這些新式知識分子對西方文化和世界形勢有較多接觸和瞭解，並受西方文化的較大影響，因而更為易於接受民主思想，其中許多人成為反清民主思想的積極贊同者。

清末新政和立憲的實際進程，也對反清革命思想的廣泛傳播起到促進作用。新政和立憲運動的推行緩慢和成效有限，促使人們感到，在清政府統治下，通過改革的方式來求得國家富強是很難成功的，有相當一部分原來的君主立憲主張者，因此而放棄變法思想或君主立憲思想，轉向接受反清革命的主張。

中國傳統思想中有民貴君輕的思想，中國也已經存在反對專制的觀念。這些傳統思想不僅對君主立憲思想的形成、發展和傳播起到了一定的促進作用，而且對民主共和思想的形成、發展和傳播起到了一定的促進作用。由於有了這些傳統思想的基礎，一些中國人在接觸和瞭解到外來的民主共和思想和民主共和制度以後，就能夠在一定範圍內和一定程度上對它們予以接受。中國社會以漢族人為主體，而且漢族的文化程度高於其他民族，而在清代中國，政府中以滿族人為主體，因而社會上

一直存在反滿思想，對滿族人政權統治中國不滿。中國傳統中也有均貧富的思想。這些中國社會中原已存在的思想都有利於反清、民主、平均地權等思想的形成、發展和傳播。中國傳統思想中的忠君觀念，則對反清民主思想的發展和傳播起到了很大的限制作用。

反清革命思想直接推動了革命活動的進行。出於這一思想，一批人積極進行革命的實踐活動，最終推翻了清政府，並一度建立了民主共和制度。反清革命思想也成為清末革命團體的指導思想。1894 年，孫中山等人在檀香山組建興中會時，在入會誓詞中提出興中會的目標是「驅除韃虜，恢復中國，創立合眾政府」。1905 年同盟會成立時，這一政治主張成為中國同盟會的綱領。〈同盟會章程〉裡規定了同盟會的目標：「本會以驅逐韃虜、恢復中華、創立民國、平均地權為宗旨。」反清革命思想也成為後來的新三民主義的基礎，特別是反清革命思想中的民主共和思想，直接發展成為後來新三民主義中的民權主義。

反清民主思想的最核心的內容是推翻清政府。反清民主思想初步地認識到清政府的無能，認識到在清政府統治下中國不可能富強，這一點是正確的。在中國當時的形勢下，政府的能力和工作效率是一個很重要的問題。如果沒有一個有能力的政府，即使有合理的方針，或者有先進的制度，仍然不可能很好地推行該方針或很好地運行該制度，仍然不可能把國家的事務辦好，因而也就不可能使中國富強起來。在已經腐朽無能的清政府的統治下，即使成功地實行了變法，也仍然不可能使國家富強，況且，在已經腐朽無能的清政府的統治下，連成功地實行變法也是不可能的。同樣道理，在已經腐朽無能的清政府的統治下，即使成功地實行了君主立憲，也仍然不可能使國家富強，況且，在已經腐朽無能的清政府的統治下，也是連成功地實施君主立憲都不可能的。對於這個問題，自強思想、變法思

想、君主立憲思想都沒有認識到，唯獨反清革命思想認識到了，這是反清革命思想優於其他三者的地方。

反清民主思想的另一個重要內容是推翻君主專制制度並建立民主共和制度。民主共和制度顯然是比專制制度更為先進的政治制度。民主共和制度取代專制制度也是歷史演進的基本規律和趨勢。反清民主思想主張以更為先進的民主共和制度取代較為落後的君主專制制度，這是符合歷史規律和趨勢的。但反清民主思想企圖在很短的時間內一舉建立民主共和制度，這一想法是不切實際的。民主共和制度需要建立在社會經濟文化達到一定水準的基礎之上，當時的中國經濟文化落後，尚缺乏建立完備的民主共和制度的條件。民主共和制度的形成，也一定是一個長期的過程。當時的中國，是可以開始這一進程的，但這一進程需要一個很長的時間，不是短時期內能夠迅速地完成的。反清革命思想高估了在中國建立民主共和制度的可行性，也低估了建立民主共和制度的難度。

反清革命思想與自強思想、變法圖強思想、君主立憲思想具有一個共同的主題，即如何能夠使中國富強起來。這四種思想所探討的問題是同一個問題，只不過各自得出了不同的答案。關於中國如何能富強這一問題，它們分別先後給出四種答案，即制器練兵、制度改革、君主立憲、推翻清政府，它們之間存在一種依次遞進的邏輯關係。

變法圖強思想和君主立憲思想，曾經在一定時期內與反清革命思想同時存在。這兩種思想與反清革命思想是矛盾的，其主張是截然不同的。這兩種思想要求保存清政府，反清革命思想則堅決要求推翻清政府，在這一點上雙方是不能妥協的。這兩種思想要求保留君主，反清革命思想則堅決主張廢除君主制度，在這一點上雙方也是不能妥協的。因此，贊同反清革命思想的是一部分人，而贊同變法圖強思想或立憲思想是另一部分人。同一個人可能同時贊同變法圖強思想和立憲思想，但同一

個人不可能即贊同反清革命思想，又贊同變法圖強思想或君主立憲思想。也就是說，以變法圖強思想和君主立憲思想為一方，以反清革命思想為另一方，構成了兩派同時存在並彼此對立的思想體系。

反清革命思想與立憲思想同時存在，與立憲思想共同成為清代末期中國社會的主流思想之一，雙方互相對立，並且曾經發生大規模的論戰。兩種思想鬥爭的結果是反清革命思想在實踐中取得勝利，反清革命思想指導下的革命運動取得成功，而君主立憲思想指導下的立憲運動和復辟運動都以失敗告終。

第貳編　建立什麼樣的社會

第五章　議會民主論

　　清代末期曾經出現民主共和思想，是反清革命思想的一個組成部分。1912 年民國建立時，民主共和制在形式上建立起來，設立了臨時約法和臨時參議院、臨時總統、內閣。隨著形式上的民主制度的建立，人們普遍認為推翻清政府和建立民主共和制度的目標已經實現，於是中止了民主共和思想，民主共和思想暫時基本消退。但是，不久以後民主制度的虛假性就越來越多地表現出來。真正的權力為少數軍人和官僚所掌握，憲法只是一紙空文，並沒有真正得以實施，而國會並沒有獲得實際權力。而且，即使是這種形式上的、表面上的民主制度，也經常受到破壞。身為一紙空文的憲法屢遭廢除，並無實權的國會屢遭解散，1915 年和 1917 年還兩度興起恢復君主制度的帝制復辟運動。在這種政治局面下，主張民主的人們又產生了一個普遍共識，即民主制度並沒有真正建立起來。於是，在民國初期，再度形成關於建立民主共和的思想，主張模仿法美等國建立民主共和制度，並且是使民主制度真正地建立起來。我們把這一思想稱為議會民主論。

　　議會民主論繼承了清末反清革命思想中的民主思想的基本精神，繼承了其核心觀點。但議會民主論又與反清革命思想有所不同，在民國時期新的政治局勢下，針對這一新的局勢，產生了一系列新的觀點，形成新的思想體系。

議會民主論包括幾個流派，它們彼此之間關於民主制度的某些具體主張略有不同。第一個流派是思想革命論，認為首先要進行思想革命，改造國民的思想，然後才可能成功地建立民主制度。第二個流派是新三民主義，主張以武力推翻現有政權和現有制度，建立新政權和民主制度，並且在實現民主制度的同時，實行民族主義和民生主義。第三個流派是聯省自治思想，主張先由各個省分別實行自治並建立民主制度，然後各省聯合，從而建立全國的民主制度。第四個流派是直接立憲論，主張通過直接建立議會和制定憲法來實現民主制度。

（一）思想革命論

　　思想革命論形成於民國初期。當時，君主復辟思想在社會上仍然在一定範圍內傳播，並且具有較大影響，有相當一部分人堅持主張取消民主共和制度，恢復君主制度。同時，不僅民主並沒有真正實現，而且形式上的民主也日益嚴重地受到破壞，甚至還曾興起帝制復辟運動。在民主未能實現而且復辟思想和復辟運動興起的情況下，一些主張民主的人探索民主運動不成功的原因，以及如何才能建立真正的民主制度的問題，認為應當在民主的政治革命之前先進行民主的思想革命，從而形成思想革命論。

　　思想革命論曾經在民國初期一度盛行。不久，中國社會中興起了多種關於社會改造的思想。隨著各種社會改造思想的興起，一部分思想革命論的主張者轉而接受社會改造思想，從而放棄思想革命論。隨著以三民主義為指導的國民革命的興起，三民主義的影響力迅速擴大，又有一些思想革命論者轉而接受三民主義，從而放棄思想革命論。隨著復辟思想的日益消退和民主輿論的日益興盛，思想革命的必要性已不明顯，另外，政局的動盪和革命運動的蓬勃發展，使關心政治的人們難於心態平和地遠離實際政治，而專心於理論宣傳，在這種形勢下，又

有一些思想革命論者改變原來的主張，轉而主張直接從事政治革命以實現民主制度，從而放棄思想革命論。於是，到二三十年代，思想革命論已經很少還有人繼續堅持，這一思想基本消退。

思想革命論認為，民主代替專制是歷史演進的基本趨勢，民主制度是世界歷史的必然前途，將來的世界是必然是民主制度遍及的世界，中國當然不會例外，中國也必將實現民主制度。目前，民主運動已經成為世界上的一大潮流，中國絕對不可能超越這一潮流，中國應當順應這一潮流，建立民主制度。陳獨秀 1916 年在《新青年》上發表的〈吾人最後之覺悟〉中說：「吾國欲圖世界的生存，必棄數千年相傳之官僚的專制的個人政治，而易以自由的自治的國民政治。」李石曾在 1917 年一次講演中說：「政治進化的潮流，由君主而民主，乃一定之趨勢。」

思想革命論認為，在目前的中國，民主共和制度並沒有真正建立起來。民國建立以後，中國名義上實行的是民主共和制度，但這只是假的民主共和制度，是表面上的和形式上的民主共和制度，實際上中國實行的仍是專制制度。而且，即使是這一表面上、形式上的民主制度，也面臨著被破壞的危險。陳獨秀〈吾人最後之覺悟〉中說：「吾人於共和國體之下，備受專制政治之痛苦。」因此，必須廢除現有的專制制度，建立真正的民主制度。

思想革命論認為，民主制度不是通過政府的賜予所能建立的，不是一黨一派所能建立的，更不是一二個能人所能建立的。如果不是出於多數國民的自覺主動的要求，只由善良政府、少數賢人來推行，是不可能真正實現民主制度的。只有出於大多數國民的自覺要求，大多數國民在政治上採取主動態度，自覺地主動追求民主制度，才能全力爭奪並保護自己的權利，民主制度才能真正確立。如果不是人民主動地追求民主，憲法上規

定的自由權利，人民將視為無足輕重之物，不能以生命來極力擁護它，權利就保護不住，憲法就只是一紙空文，不能獲得穩固的保障。中國沒有能夠建立起真正的民主制度，其原因一方面是守舊軍人和守舊文人的阻撓，另一方面就是廣大國民沒有自居於政治的主人的主動地位，沒有主動去維護自己的權利，沒有主動去參與民主的建設。陳獨秀〈吾人最後之覺悟〉中說：「共和憲政，非政府所能賜予，非一黨一派人所能主持，更非一二偉人大老所能負之而趨。共和立憲而不出於多數國民之自覺與自動，皆偽共和也，偽立憲也。」、「所謂立憲政體，所謂國民政治，果能實現與否，純然以多數國民能否對於政治，自覺其居於主人的主動地位為唯一根本之條件。」

　　中國的國民不能自覺追求民主的根本原因，在於多數中國人受舊思想的束縛，缺乏民主的精神。大多數人並沒有真正意識到民主的優點，沒有真正懂得必須實行民主的這個道理，也不具備獨立自主的精神。目前國民中真正持民主思想的人數是很少的。陳獨秀在 1917 年的〈舊思想與國體問題〉一文中說：「真心知道共和是什麼，腦子裡不裝著帝制時代舊思想的，能有幾人？」、「我中國多數國民口裡雖然是不反共和，腦子裡實在裝了帝制時代的舊思想。」

　　因此，要想建立民主政治，必須首先在思想上樹立民主的觀念，使國民具有這種民主的思想和民主的精神。建立民主政治的根本不在於國民的軍隊作戰勝利，而在於人們的頭腦，在於改造人們的思想。只有衝破長期以來束縛人們的舊思想，改造國民的思想，培養起國民的民主思想，才能實現真正的民主共和制度，並防止專制的恢復。陳獨秀在 1917 年的〈舊思想與國體問題〉一文中說：「腐舊思想布滿國中，所以我們要誠心鞏固共和國體，非將這班反對共和的倫理文學等等舊思想，完全洗刷得乾乾淨淨不可。否則不但共和政治不能進行，就是這塊共和招牌，也是掛不住的。」所以，在政治的民主革命之

前，首先要進行思想的民主革命，將國民頭腦中所有反對民主的舊思想徹底清除，使全體國民接受民主思想，使民主成為大家自覺追求的目標。

如果不進行思想革命，只有單純的政治革命，就不可能建立民主制度。專制的根源在於人們的頭腦，維護君權的舊思想是專制和復辟的根本原因。有因必有果，如果不將這一根本原因清除，人們頭腦中的思想不改變，專制制度就無法破除，民主制度就不可能確立。陳獨秀在 1916 年的〈袁世凱復活〉一文中說：「別尊卑，重階級，主張人治，反對民權之思想之學說，實為製造專制帝王之根本惡因。」辛亥革命未能建立真正民主的原因，就在於民主不是出於多數國民的自覺，而只是少數人的主張。革命只是在政治上進行，而沒有從思想上進行，沒有消除人們頭腦中的帝王思想並在人們的頭腦中樹立民主思想。

思想革命論認為，應當從幾個方面進行思想領域的革命。第一，國民必須懂得民主共和的好處，才能真正接受民主思想。所以，應當進行廣泛的宣傳，使國民普遍地懂得民主的好處、優點，懂得專制制度的壞處、缺點。第二，個人天生擁有要求自主、平等、自由的本性。在古代，這種本性被掩蓋，這只是暫時的現象。這種本性是民主革命的根本的動力，是民主制度的基礎。歐美各國國民為了追求民主而不惜流血犧牲，都是因為出於自主的本能。中國人缺乏自主、平等、自由的精神，相反，卻有對君主、聖人、先賢依賴和服從的習慣。所以，應當培養人們的自主、平等、自由的精神，而消除人們的依賴和服從的習慣。第三，只有清除國民舊的倫理道德，即傳統的儒家倫理道德，發揚新的倫理道德，國民才能真正接受民主思想。所以，必須大力地批評舊道德，宣傳新道德，清除國民舊的道德觀念，使國民具備新的道德觀念。

思想革命論認為，清除舊道德是思想革命的核心內容。中國之所以未能建立起真正的民主，最根本的原因就是還存在著

與民主政治相背離的舊道德。道德跟其他一切事物一樣，都是處於變化之中的。古今的社會不同，古今的道德也自然是不同的。對於不合時宜的舊道德，必須以人為之力將其改變。舊道德是惡劣的、錯誤的。舊道德提倡三綱之說，教育人們忠君，孝父，從夫。君為臣綱，則民眾成為君主的附屬品，沒有獨立自主的人格；父為子綱，則子成為父的附屬品，沒有獨立自主的人格；夫為妻綱，則妻子成為丈夫的附屬品，沒有獨立自主的人格。三綱之說使天下男女成為臣、成為子、成為妻，而沒有一個是獨立自主的人。人們應當脫離這種附屬品的地位，恢復獨立自主的人格。舊道德是屬於君主專制時代的道德，尊崇君權，持尊君卑臣的宗旨，是中國幾千年來維護君主專制制度的工具，是專制制度的根基和精神支柱，三綱五常是君主專制的理論基礎。陳獨秀在 1916 年的一封信中說：「孔教與帝制，有不可離散之因緣。」李大釗在 1919 年的〈聖人與皇帝〉一文中說：「我總覺得中國的聖人與皇帝有些關係。」他還說：「孔子者」，「歷代帝王專制之護符也」。易白沙 1916 年在《青年》上發表的〈孔子評議〉中說：「孔子尊君權，漫無限制，易演成獨夫專制之弊。」民主制度以平等自由為原則，與舊道德在根本上是互相抵觸和對立的，兩是不可能共存的。陳獨秀在 1917 年的〈復辟與尊孔〉一文中說：「孔教與共和，乃絕對不能相容之物，存其一必廢其一。」陳獨秀在〈舊思想與國體問題〉中說：「若一方面既然承認共和國體，一方面又要保存孔教，理論上實在是不通，事實上實在是做不到。」因此，要想消除專制制度，就必須清除舊道德。只有消除舊道德，才可能建立民主制度。舊道德是帝王專制的根本原因，中國如果不能把這一根本原因清除乾淨，專制制度就會一直存在下去。

　　思想革命論的直接影響是促成了一場聲勢浩大的宣傳運動。在思想革命論的指導下，一些人展開了大規模的宣傳，抨擊專制制度，鼓吹民主制度，抨擊傳統道德，鼓吹新道德。從 1915 年陳獨秀創辦《青年雜誌》起的幾年時間裡，以《新青年》

為中心,在各種刊物上,出現大量此類文章。於是,出現一場宣傳民主制度和宣傳新道德的熱潮。這一宣傳熱潮傳播了民主觀念,使民主觀念得到中國社會更廣泛的認同。這一宣傳熱潮也衝擊了儒家倫理等傳統思想,起到了思想解放的作用,使人們的思想更加活躍,更易於結束舊思想舊觀念和接受新思想新觀念。特別是對以往人們不敢稍有冒犯的孔子的批判,衝擊了權威和權威思想不可動搖的傳統思維模式。

(二)聯省自治思想

聯省自治思想是 20 年代初在軍閥割據的政治背景下出現的。在中國實際上處於分裂和專制的形勢下,一些人希望建立一個真正的民主而統一的國家,並探索如何才能實現民主和統一的問題,從而形成這一思想,認為通過聯省自治,就可以既實現民主,又實現統一。

1920 年代初,聯省自治思想曾經為相當數量的人們所贊同,在社會上影響也較大。當時還曾出現這一思想的宣傳高潮,許多人倡言聯省自治,發表了大量文章宣傳和討論聯省自治。不久,各省進行的自治運動的實踐紛紛失敗,或變質而淪為軍閥爭取權力的工具。這一事實證明,聯省自治的方案並不適合於中國的實際情況,於是這一思想基本上為人們所放棄,這一思想的存在時間是比較短的。

關於如何實行聯省自治,有兩種主張。一種主張是,先由各省實行自治並實行立憲,然後各自治省聯合,形成統一的立憲國家。具體辦法是,每個省選舉代表組成自己的省議會,自行制定省憲法,依據省憲法自行組織省政權,選舉省長等官職,本省官員都由本省人擔任,由本省人管理本省,實現省自治。然後,由各省選派代表,組織聯省會議,共同制定全國性的聯省憲法,組織中央政權,從而完成國家的統一和民主制度的建

立。按照這種主張，各省的事務均由各省解決，中央只虛置政府，組織極簡單的中央機關。中央職權應儘量縮減，縮減到最小限度，自治省的職權應儘量擴大，擴大到最大限度。另一種主張是，先由國會制定一個聯省憲法，即全國性的憲法，建立中央政權機構，然後由各省依照聯省憲法制定各省的地方憲法，組織地方政權機構，實行自治。按照這種主張，中央政權掌握主要權力，軍隊國家統一管轄，外交權完全屬於中央，使用統一的法律，但民政方面各省自主處理。

聯省自治思想認為，實行聯省自治有很多好處，而且適合中國的國情。第一，聯省自治適合於領土廣大的國家，可以很好地管理各地的事務。中國疆域廣大，而且交通不暢，邊遠各省與中央政府聯絡不便，中央集權不便於辦理各地的事務。聯省自治則能適應不同地區的不同的情況，便於發揮地方積極性，進行交通、教育等事業，處理好當地事務，同時又可以避免中央政府事務的繁重。第二，能保障民眾的要求和利益。在聯省自治的制度下，各省民眾依據省憲法選舉各省省長及其他長官，各省長及其他長官便不敢再違反民意而任意採取行動。這樣，各省的長官不敢無故興兵，各省之間的糾紛可以解決，國家和平可以保持；各省的長官不敢再對民眾行殘暴之舉；各省與中央也不會再衝突不斷。於是，中國可以長治久安。第三，可以實現穩固的民主共和制度，並且避免君主制度的復辟。聯省自治可以使地方上樹立起自治的基礎，讓各省人民能夠自行整頓本省的事務，這樣才能確實地鞏固民國的基礎，真正實現民主。在聯省自治之下，君主制是不可能實行的，實行聯省自治可以防止君主制復辟，使民主共和制獲得永久穩固的保障。中國自從共和制度建立後，時常有復辟運動發生，成為共和制度的危害，如果進行聯省自治，就不會發生這樣的事情。第四，通過聯省自治，可以消除各地割據的狀況，實現國家的統一，並且是通過和平的方式完成。第五，聯省自治可以激發民眾參政的興趣。中國人口很多，但人民對國事不關心，最大的原因

就是實施了中央集權的制度。在中央集權的制度下，人民與政府距離遠，參政機會少，如果採取聯省自治，人民則與政府較為接近，參政的機會增多，可激勵人民政治上的興趣，激發民眾的參政熱情。因此，聯省自治是解決中國目前問題的根本途徑。唐德昌 1922 年在《太平洋》上發表的〈聯省自治與現在之中國〉一文中說：「聯省自治在今日之中國為根本切要之圖。」

聯省自治思想最主要的影響因素仍然是當時的政治局勢。北京政府時期，民主制度沒有真正形成，國家權力實際上控制在少數軍閥手中，許多關心國家前途的人對此不滿，希望能夠確立真正的民主制度。同時，許多地方政權為各地的地方軍閥所控制，不服從中央政權，實際上沒有形成掌握全國權力的中央政權，中國沒有真正統一，許多人也對這一現象不滿，希望建立統一的國家。人們探索實現民主和統一的辦法，於是產生聯省自治思想。另外，清末時已經出現地方自治的主張，聯省自治思想也是在吸收以往這些地方自治思想的部分內容的基礎上形成的。部分歐美強國特別是美國實行聯邦制，對中國人產生一定示範作用，聯省自治思想在一定程度上借鑑了這些國家的聯邦制的歷史經驗。這些因素都對聯省自治思想的形成、發展和傳播起到一定促進作用。另一方面，中國自古以來有崇尚統一的思想觀念，這是中國社會的主導性觀念。北京政府時期，中國仍然是世界上的一個面臨強國威脅的弱國。在這種局勢下，有許多人認為，凡是中央權力強固，各地服從中央的時候，則國家強盛平安，凡是中央權力虛弱，地方政權自由行動的時候，國家就虛弱禍亂，這是中國歷史的一個規律，在當時面臨列強威脅的形勢下，更應該爭取統一。這種權力集中的主張的廣泛存在，限制了聯省自治思想的傳播範圍和影響力，使聯省自治的主張一直未能獲得很廣泛的贊同，而且存在時間較短。

聯省自治思想促進了聯省自治運動的開展。在這一思想的

推動下，1920年代初，一些主張者展開推行省自治的活動。運動涉及到湖南、四川、貴州、雲南、廣東、廣西、福建、浙江、江西、奉天等多個省分。人們成立了多個以推行各省自治為宗旨的團體，如設於北京的「各省區聯合會」、「自治運動同志會」，設立於天津的「自治運動聯合辦事處」，設立於上海的「旅滬各省區自治聯合會」等。人們還進行了大量的宣傳活動，通過通電、發表文章、集會演講等方式，鼓吹聯省自治。但這些對聯省自治論的實踐上的嘗試都沒有取得成功。

聯省自治思想曾被一些軍閥利用為權力鬥爭的工具。一些實力強大的軍閥控制了中央政權，並實行武力統一政策，企圖通過戰爭手段控制全國各省。還有一些實力比較強大的軍閥控制了部分省分的政權，他們也企圖以武力控制相鄰省分。在這種情況下，實力一般或實力較弱的各省軍閥利用聯省自治的社會輿論，推行本省的自治運動，以對抗中央政府的武力統一政策和他省軍閥對本省的攻擊，從而鞏固本省政權的割據地位。1920年，湖南軍閥向全國發表通電，宣布湖南自治，實行民選省長的制度，制定省憲法。此後進行了籌辦自治會議和制定省憲法的活動，制定湖南省憲法草案，舉行全省公民的總投票，通過《湖南省憲法》，隨後舉行了省議員的選舉。繼湖南之後，許多省分的軍閥先後通電宣布聯省自治，並在本省組建省議會，制定省憲法。軍閥們以維護地方權力為目的的自治活動和聯省自治主張者們的自治活動相互呼應了。於是，聯省自治思想在客觀上起到了加強各省政權實力的作用，鞏固了這些省分的地方政權相對於中央政權的獨立性。

（三）直接立憲論

直接立憲論出現於民國初期，它主張維護現政府的前提下，直接制定憲法和設立議會，以實現民主制度。直接立憲論出現以後，其傳播範圍和輿論影響逐漸擴大，到國民黨統治時期，

已經在社會輿論中占有重要地位，有相當多的一批人士贊同這一思想，特別是部分知識分子和政治活動家等社會精英。解放戰爭期間，由於國民黨把持權力不放，實行限制民主運動的政策，並對主張民主的黨派和人士進行壓制，相反，中共一直對議會民主論者持友好態度和動員說服政策，同時，中共所宣導的新民主主義也包含有民主的內容，與直接立憲論之間存在一些共通性，於是一些直接立憲論者對國民黨產生失望情緒，認為在國民黨統治下難以實現民主制度，並轉而支持中共和一定程度上接受新民主主義，從而放棄直接立憲論。解放戰爭末期和中共統治全國前後，在中共統治全國已成定局的形勢下，新民主主義比直接立憲論更具有現實可行性，加之中共影響力的更趨強大和中共的積極宣傳動員，又有一些立憲論者轉而接受新民主主義，從而放棄直接立憲論。中共統治全國前後，又有許多立憲論者由於對中共的統治持否定態度，認為在中共的統治下中國不可能實現民主，因而離開大陸。留在大陸的立憲論者中，一部分人主張將議會民主的方案與新民主主義的方案相結合，主張在中共的統治下，實現各黨派共同參與政權，在中共所宣導的新民主主義的框架之下實現民主制度，另一部分仍堅持原來的立憲主張，反對中共領導下的政治體制，但其人數已經不多，並且影響比較有限。

直接立憲論認為，中國的政治制度一直都不是真正的民主制度。北京政府時期的政治制度不是真正的民主制度，國民黨統治建立以後，國民黨一個黨掌握政權的制度也不是民主制度。在一黨獨裁的制度下，國民黨一黨把持權力，國民沒有真正獲得權力，也沒有獲得基本的自由，不能自由發表言論和主張，國民的人身自由也沒有切實的保障。這種制度本質上仍然是專制制度，是與民主制度是完全相反的制度。有人曾這樣批評國民黨統治時期的中國政治：「假定一個國家，其國民不能自由發表負責的言論與主張，不能合理的批評政治的措施與人事，其新聞的記載只能限於好的一面，而絕不許暴露壞的一面，

這個國家便不是民主國家。」、「又假定一個國家,其人民的身體自由毫無切實的保障,可以由若干祕密的或來歷不明的機關非法拘捕,非法幽禁,非法處死,甚至不知拘捕於何地,幽禁於何所,處死於何時,被害者的家屬無從接見,其親友亦無從援救,這便不僅不是一個民主國家,而且是一個十足的反民主的國家!」因此,應當改變這種一黨專制獨裁的制度,實行民主制度。

直接立憲論認為,中國必須建立民主制度。第一,民主政治是當前世界的潮流,這個潮流是不可抗拒的,只能順應,中國必須融入這個潮流,中國必然進入民主制度。第二,實行民主制度可以保障人權。中國目前沒有人權的原因是一黨專制。要實現保障人權,必須實行民主制度,政府的任何行動都必須符合憲法,不能違犯。第三,實行民主制度有利於消滅中共及共產主義運動。國民黨實行的一黨專制是剷除中共的一個極大的障礙。由於國民黨實行黨治,這就增加了中共進行反對國民黨的武裝鬥爭的理由,而且使一批國民黨以外的反共人士無法發揮其能力和作用。1945 年 8 月 15 日中國民主同盟在〈在抗戰勝利聲中的緊急呼籲〉中表達了民主的主張:「我們堅決的要求民主,一切反民主的都是我們所不贊成的。」1945 年 10月民盟臨時全國代表大會通過的〈政治報告〉中說:「今後的世界,不容許非民主國家存在,更不容許反民主國家存在。」並且提出:「要把中國造成一個十足道地自由獨立的民主國家。」

關於建立議會民主制的途徑,直接立憲論認為,應當直接制定憲法和建立議會,立即實行民主制度。民主憲政並非高不可及的理想,並不一定要等到民眾素質很高時才實行。胡適1937 年在〈我們能行的憲政與憲法〉一文中說:「憲政不是什麼高不可攀的理想,是可以學得到的一種政治生活習慣。」因此,中國不是必須要經歷獨裁或訓政的階段,而是可以直接建

設民主的。民主隨時都可以實行的，只不過必須從初級的民主開始，逐漸發展到高級的民主憲政，需要經歷一個歷史過程。只要有人去展開切實的推行活動，就可以進入這一民主建設過程。所以，應當立即結束國民黨一黨專制的制度，逐步推行英美式的民主制度。國民黨推行的所謂訓政，是非民主的制度，不應當繼續從事所謂訓政，而應當取消訓政，直接進行建立民主制度的工作。

關於議會民主制度的方案，直接立憲論主張，召集議會或國民大會，以議會為代表人民行使權力的最高權力機關，有制定法律、決定預算決算、宣戰議和、彈劾罷免官吏等權力。由議會或國民大會制定憲法，憲法處於至高無上的地位，任何個人、任何政黨、任何機構、任何組織都不能違反憲法，憲法應明確規定人民的權利並限制政府的權力，要保障人民的身體、行動、居住、遷徙、思想、信仰、言論、出版、通訊、集會、結社的自由。設立國家元首總統，由人民直接選舉。內閣為最高行政機關。內閣對議會負責。司法絕對獨立，不受行政和軍事的干涉。實行普選制度，人民的選舉權和被選舉權不受財產、教育、信仰、性別、種族的限制。允許一切黨派合法存在和自由發展，各黨派地位平等，機會同等，不容許任何黨派享有特權。

直接立憲論特別強調實行言論自由，並提出了多項理由。第一，言論自由是民主制度不可缺少的內容，要實行民主制度，就必須實行思想言論的自由。言論自由也是一項重要的人權，言論自由是做人所必須的條件，保障人權必須允許言論自由。第二，思想是不可能統一的，也是不必要統一的。天下沒有固定的絕對的真理，真理不可能被一人一家所把持獨占，其他的自由可以被武力剝奪，但思想是不可能被武力剝奪的。相反，真正好的思想是不怕被攻擊，不怕批評和討論的。第三，壓迫言論自由會造成危險。人們對政府的批評，可能會使當權者尷

尬，但這只是暫時的，從長遠的觀點看，對政權的穩定、國家的繁榮和進步是有利的。相反，對思想言論自由的鉗制，帶來的卻是亡國的危害。言論自由固然危險，壓迫言論自由的危險卻更加嚴重。例如，英法的革命幾乎可以說是壓迫言論自由造成的，古今中外壓迫言論自由的當權者，都是落得下場悲慘的結果。1929 年羅隆基在《新月》上發表的〈告壓迫言論自由者〉中說：「壓迫言論自由的危險，比言論自由的危險更危險。」第四，言論自由還是造就人才的條件。春秋戰國百家爭鳴，導致學術繁榮，人才輩出，秦漢以後罷黜百家獨尊儒術，阻礙了學術發展。歷史事實證明，言論自由是人才出現的首要的和必要的條件。人才只有在寬大優容的政治環境裡才有盡量表現的機會。第五，思想自由有利於消滅中共及共產主義運動。應當採取「以思想代替思想的方法」來消除共產主義。解放思想，實行思想自由，使共產主義思想為其他思想所戰勝，為其他思想所取代，才是防止共產主義蔓延的根本方法。壓迫對方的思想，實際是為對方作宣傳。1932 年羅隆基在《新月》上發表的〈論中國的共產〉一文中說：「三民主義是官家的五經、四書，共產刊物是禁品的西廂、紅樓。愈要青年必修的，愈是乾枯無味的；愈防青年偷看的，愈是秘中求寶。」單純軍事進攻不可能成功消滅共產黨。要消滅中共和共產主義運動，一是要實行思想自由，二是實行民主制度，以民主政治代替一黨專政。這兩點做到了，共產主義學說就在中國無法立足，中共和共產主義運動自然消亡，可以從根本上消除中共和共產主義運動。

直接立憲論認為，言論自由的真正意義是言論不受法律干涉，國會不得制定禁止人民言論自由的法律。羅隆基 1929 年在《新月》第二卷發表的〈告壓迫言論自由者〉中說：「言論自由這名詞，就是指法律不得干涉的自由，是指國會不得制定法律，取締人民的言論而言。」、「言論的本身是絕對不受法律限制的。」自由是絕對的、完整的，自由不能有什麼度量或什麼多少，不應有度量或多少的限制。羅隆基在〈告壓迫言論

自由者〉中說:「沒有絕對的自由,就成為絕對的不自由。」、「沒有絕對的自由,就成為絕對的沒有自由。」所以言論自由應當是絕對的,應實行絕對的言論自由。言論自由應當是世界上無事不可言,世界上無事不可論,只要言論者肯負言論的責任,他有什麼言論都可以表達。除非憑空說謊、無故造謠、蓄意誹謗、存心陷害,這些行為應由政府依法處罰。羅隆基在〈告壓迫言論自由者〉中說:「言論自由,就是有什麼言,出什麼言,有什麼論,發什麼論。」甚至認為批評國民黨,批評孫中山都應當是允許的。胡適在 1930 年的〈人權論集序〉中說:「我們所要建立的是批評國民黨的自由和批評孫中山的自由。上帝我們尚且可以批評,何況國民黨與孫中山?」

直接立憲論還主張實行專家政治,即由專門人才組成政府,管理國家事務。直接立憲論認為,治理國家是一件最複雜最繁難又最重要的技術,而國民政府卻以一些沒有現代行政訓練的人統治國家。目前中國政治上紊亂的狀況,根本的原因就是,不懂行政的人,即一批缺乏現代行政知識的軍人政客,把持國家的政權,包辦國家行政事務。由於社會政治經濟生活日趨複雜,行政工作本身已經成為一門學問,應當由專業的行政人員來治理國家,從事行政工作,行政人員要有專門知識,懂得科學的管理方法。羅隆基 1929 年在《新月》上發表的〈專家政治〉一文說:「20 世紀的政治,是專家政治。」、「只有專家政治,才能挽救中國。」羅隆基在 1930 年的〈我們要什麼樣的政治制度〉一文中說:「黨治亦可以,我們先問問談黨治的人,是否先能治黨。訓政亦可以,我們先問問管理眾人的事的人,是否管理上的專家。」要實行專家政治,應通過公開的考試。只有正當的選舉和公開的考試,才能產生真正的專家政治。應當選拔專門的懂行政的人擔任官吏,組成政府機構,管理政務,政府官吏必須通過考試的選拔才能擔任。

中國的直接立憲論,在很大程度上受到了歐美的民主制度

和民主思想的影響，由於歐美國家的民主制度體現出許多優點，因而一些中國人讚賞歐美的民主制度和民主思想，並認為中國應當予以仿行。直接立憲論發展和傳播歷程，也不可避免地受到了傳統觀念的影響。長期的和根深蒂固的傳統專制獨裁觀念對民主的發展和傳播產生強大的阻力。中國上千年以來一直推崇專制獨裁，從一個家庭的家長專制獨裁，到整個國家的君主專制獨裁，人們已經普遍習慣於這種思維，而這種思維的改變需要很多的經歷和很長的時間，這是直接立憲論在中國傳播速度緩慢和贊同者人數一直不多的一個重要原因。

二戰前後的國際政治形勢對中國的直接立憲論產生了很重要的影響。三四十年代，義大利、德國、西班牙、日本等強國出現「民主危機」。在這些國家，出現反民主的專制傾向，並且這種專制制度為它們與別國的爭鬥提供了一些有利條件。這一狀況促使人們懷疑是否應當在中國實行民主，為此一些原主張直接立憲的人改變思想，放棄民主思想，這一思想的範圍擴展因而也有所減緩。而另一方面，二戰的結果被人們認為是民主制度對專制獨裁的法西斯制度的勝利。在二戰期間，民主國家戰勝了專制國家，專制獨裁的缺點越來越多地表現出來，民主的優點越來越多地表現出來。民主國家能夠更加公正，而且也能夠強有力，能夠戰勝獨裁的國家。這一事實又反過來促使民主優於專制的觀點被更廣泛地認同，促使更多的人傾向於贊成直接立憲論。

三四十年代中國本身的政治形勢也對直接立憲論產生了重要影響。在中國受到外來強國特別是日本的嚴重威脅的形勢下，特別是 1937 年全面抗日戰爭爆發以後，一些直接立憲論的主張者考慮到，集中全國力量一致抗日是目前首要的任務，於是出於國家利益而暫時擱置自己的政治主張，認為在這種形勢下民主是次要的，民主的進程可以暫時擱置。他們轉而主要從事抗擊外來侵略的活動，從而暫時減少或中止對民主的宣傳

和推行活動，民主思想的傳播因而減緩。還有一些主張直接立憲者甚至轉變思想，認為在如今的世界形勢下，為了使全國的力量集中起來以便更有效地抗擊外來侵略，應當實行權力集中的制度。

在直接立憲論的推動下，一些人進行了許多鼓吹民主的宣傳活動。例如 1929 年國民黨政府發布保障人權的命令後，許多人對此進行批評，並進行了人權法治的宣揚和對國民黨獨裁統治的抨擊，從而形成一場思想運動。他們認為要保障人權，必須制定憲法，實行民主，不是一紙命令所能做到的。他們發表了一系列文章系統闡述他們關於保障人權和實行民主政治的主張，如胡適的〈人權與約法〉、〈我們什麼時候才可有憲法〉，羅隆基的〈專家政治〉、〈論人權〉、〈告壓迫言論自由者〉等。國民黨統治時期，人們對直接立憲論的宣傳，客觀上形成了一種輿論，這種輿論對國民黨統治權和一黨專制的鞏固，產生了一定的阻礙作用。

在直接立憲思想的推動下，一些人還進行了以推進民主制度的實現為目的的參政、建議等活動。例如抗日戰爭期間，在民主思想促進下，一些人以民意機關國民參政會為主要陣地，進行了呼籲和推進民主的活動，形成了民主憲政運動。1939 年一屆四次參政會上興起了憲政運動，人們紛紛提出實施憲政的提案，要求國民黨結束黨治，迅速制定憲法，選舉產生國民大會，實施憲政，以安定人心，發揮人民力量，以利於抗戰的進行。隨後他們又召開憲政座談會，先後舉行了多次會議，討論憲法、國民大會等問題。1944 年，人們再次在全國各地召開憲政座談會，呼籲結束一黨專政，實施民主。1944 年三屆三次國民參政會上，中共代表提出建立聯合政府的主張以後，一些黨派在重慶等地進行了聯合政府運動，主張各黨派建立聯合政府，實行民主憲政。其他還有抗日戰爭結束後政治協商會議中爭取民主的鬥爭。

　　直接立憲論曾經被較多地進行宣傳，從而形成一定規模的社會輿論。它所造成的這種社會輿論，對國民黨政府的政策措施產生了一定的影響。例如 1931 年國民黨政府制定訓政時期約法，在一定程度上就是受到了這種輿論的推動。又如 1946 年的政協會議、1946 年制憲國大的召開、1948 年行憲國大的召開，這些都在一定程度上是受到了這種輿論的推動。

　　總體來看，上述議會民主論的各個流派，都未能在中國社會獲得廣泛的認同，真正贊同議會民主論的只是少數人士，議會民主論在中國一直傳播速度緩慢，傳播範圍有限。

　　議會民主論傳播緩慢的原因之一，是國民的一般文化素質仍然較低。議會民主制的廣泛普及，需要一個國家的國民具有一定水準的文化素質。一般來說，文化水準達到一定程度的人，才能夠真正切實地認同民主思想。越是文化素質高的人，就越容易接受議會民主制，越是文化素質低的人，越不容易接受議會民主制。只有當教育普及，全體社會成員的文化普遍達到一定水準時，議會民主思想才容易獲得人們廣泛的接受、認同、堅持。在當時的中國，十分缺乏這一基礎條件。當時中國國民的文化素質普遍較低，因而議會民主制在中國的市場比較小，議會民主觀念不可能得到廣泛的、切實的普及。

　　議會民主論傳播緩慢的另一個原因，是當時中國社會尚不具備建立議會民主制的條件。第一，只有當社會實際生活需要議會民主制度的時候，特別是實際的經濟運行迫切需要民主制度的時候，議會民主制度才可能比較順利地建立起來。一般來說，小農經濟並不支持議會民主制度，相反，只有在工商業為主體的市場經濟充分發展的情況下，才可能產生相當數量的大小企業以及相當數量的大小實業家，並成為整個社會經濟的主導力量。他們所擁有的經濟實力使其具備較強的政治鬥爭的能力，也使其產生較強烈的參政意圖，因而他們很容易成為議會民主制的強大的推動力量。同時，市場經濟要求保障國民財產、

人身等權利的政治環境，要求人與人之間的權利平等，市場經濟也要求長期穩定地保持廉潔高效的政府，以及長期穩定地維持適宜的政策措施，專制制度不能充分地滿足這些要求，而民主制度能夠充分地滿足這些要求。

第二，只有在一個國家全體國民的文化素質普遍地達到一定水準的情況下，人們普遍具有相應的知識和思想，普遍具備參政議政的能力和習慣，議會民主制度才是可行的。如果國民文化素質普遍較低，或者不同階層之間文化水準差距很大，特別是像當時的中國那樣，大多數國民還處於文盲狀態，根本不具備參與國家事務的知識和能力，那麼議會民主制度是不可能真正建立的。如果在這種情況下勉強地去推行這一制度，不但不可能取得成功，反而容易或造成政局的混亂。即使在實際上建立了議會民主制度，這一制度也必然是低水準的，會存在諸多不足，在這一制度下，政府的工作也會存在許多缺點，難於將國家事務辦理好，從而容易引起國民的不滿甚至反對。同時，如果民眾的文化素質普遍較高，那麼民眾的政治鬥爭的能力也隨之相應提高，這有助於平民獲得對權力的參與，從而有助於議會民主制度的實現。

總之，議會民主制度的建立，需要整個社會的經濟文化一定水準的發展作為基礎。如果民國時期的中國已經是一個英美那樣的工業化國家，議會民主論尚有較大的實現的可能。但事實並非如此，相反，當時的中國是一個經濟文化落後的國家，這就使議會民主論缺乏實現的可能，中國社會也並非急切需求議會民主制。因此，議會民主的方案對當時的中國來說是一種不切於實際的、缺乏可行性的政治方案，是不可能實現的。而反過來說，一種不切於實際的、缺乏可行性的，甚至不可能實現的政治方案，當然也就不可能獲得很多人的贊同。

議會民主論傳播緩慢，還有其他一些原因。在近代中國，抵抗列強的民族主義觀念有很大的影響力。近代中國的許多思

想體系中，都有抵抗列強的內容。在這些思想體系中，抵抗列強是目標之一，也設計了有效的抵抗列強的方法，而議會民主論則缺乏抵抗列強的內容。因而，在民族主義觀念十分強烈的近代中國，議會民主論不易引起多數人的共鳴。還有，推行一種新的政治制度，往往需要掌握權力，而獲得權力往往需要通過武力途徑，這是世界各個專制國家的歷史中一個普遍現象。特別是在中國這樣的專制傳統十分深厚的國家，權力的獲得是必須通過武力手段的。中國的議會民主論則堅持以和平方式實現其建國方案，比較排斥武力手段，這是不切實際的。此外，議會民主論還存在一些理論上的不足，例如直接民主論認為，民主制度隨時都可以實行，不需要國民素質的提高，國民素質低的情況下，可以先實行初級的民主。這顯然是不正確的，是一種思維簡單化。實際上，幾乎任何國家的民主制度的建立都是一個過程，都是從初級粗糙的民主制度逐漸完善發展，最終成為高級精緻的民主制度，在此過程中，即使是初級粗糙的民主制度，也必然需要國民素質具備一定水準才能實現。以上這些，也都是議會民主論傳播範圍和實際影響均比較有限的重要原因。

第六章　新三民主義

　　新三民主義是民國時期先後出現的各種議會民主思想的流派之一。在議會民主論各個流派中，新三民主義是流傳範圍最廣和影響最大的一個。鑒於新三民主義的傳播廣泛和影響重大，我們在這裡專設一章予以闡述。

　　新三民主義出現於民國初期，是在清末的反清革命思想的基礎上發展而來的。反清革命思想主張推翻清政府、建立民主共和制度、平均土地權益，人們分別稱之為民族主義、民權主義、民生主義。中華民國建立以後，人們普遍認為，清政府已經推翻，民主共和制度已經建立，民族主義和民權主義兩大任務已經完成，只有民生主義還沒有實現。今後的任務是實行民生主義。即土地收歸國有或徵稅，使土地的權利為國民平均享有。1912年孫中山在〈三民主義與中國前途〉中說：「今日滿清退位，中華民國成立，民族、民權兩主義俱達到，唯有民生主義尚未著手，今後吾人所當致力的即在此事。」但這一民生主義與清末的民生主義相比，補充了新的內容，即除了平均土地權益以外，增加了節制私人資本和發展國有實業的主張。

　　不久，又增加了新的意義上的「民族主義」。認為清政府雖然推翻，但中國並沒有實現完全真正的獨立，各國仍侵害中國，中國不僅要完成民生主義，還要完成民族主義，消除列強對中國的侵害。

此後不久，因袁世凱政府逐漸破壞民主共和制度，於是人們普遍認為，民主共和制度沒有真正實現，民權主義仍沒有完成，還須進行民主革命，實行民權主義，目標是消滅專制政治，建設完全的民主制度。於是又形成了新的意義上的民權主義，主張建立真正的和徹底的民主共和制度。

　　此後一段時間裡，在具體問題上逐漸完善補充，到 1924年國民黨一大時，基本完成了新三民主義的完整體系。在一大宣言等文件以及同時期孫中山的一系列講演中，系統詳細地闡述了這一思想體系。

（一）民族主義的內容

　　關於實行民族主義的必要性，民族主義認為，中國面臨著列強的侵害和壓制。在政治上，列強侵占中國的領土，占據租借地，索取賠款，奪占中國的主權。列強的侵略使中國喪失許多領土，喪失關稅自主權和領事裁判權等許多主權，使中國處於很低的國際地位。1912 年孫中山在一次演講中說：「民族主義為對外人維持吾國民之獨立。」1912 年孫中山在另一次演講中說：「日人駐兵於南滿，俄人駐兵於蒙古，英人駐兵於西藏，法人駐兵於滇黔，思為瓜分。」1912 年孫中山在又一次演講中說：「回視中國關稅握於外人，領事裁判權不能收回，外人所到之處即其領土，官吏不敢管，員警不敢詰，中國領土、中國主權喪失已久矣。」、「中國不能稱為獨立國，只可稱為半獨立國！」孫中山在 1921 年的一次演說中說：「滿清雖已推翻，而已失之國權與土地，仍操諸外國，未能收回。以言國權，如海關則歸其掌握，條約則受其束縛，領事裁判則猶未撤銷。以言土地，威海衛入於英，旅順入於日，青島入於德。德國敗後，而山東問題尚復受制於日本，至今不能歸還。由此現象觀之，中華民國，固未可謂為完全獨立國家也！」在經濟上，列強在中國開辦銀行，舉辦航運，興辦工廠，向中國大量進口商品。

通過在華各項特權性經營和洋貨的輸入，列強從中國掠奪大量財富，使中國每年損失大量的財富。政治上的壓迫是可以看得見的，而經濟上的壓迫通常使人不容易感覺到，但經濟上的壓迫比政治上的壓迫後果更為嚴重。因為中國面臨列強的種種侵害，所以，必須實行民族主義，消除列強對中國的這些侵害。孫中山在 1920 年的一次演說中說：「有人說清室推翻以後，民族主義可以不要。這話實在錯了。即如我們所住的租界，外人就要把治外法權來壓制中國人。」、「現在清室雖不能壓制我們，但各國還是要壓制的，所以我們還要積極的抵制。」孫中山在 1921 年的一次演說中說：「仍當堅持民族主義，實行收回已失之土地與國權。」

關於民族主義的目標，民族主義認為，應當使中華民族強大起來，與列強進行抗爭，戰勝列強，收回主權，並提高中國的國際地位，使中國民族與列強平等地立足於世界。孫中山在國民黨一大以後的一次演說中說：「什麼民族主義呢？就是要中國和外國平等的主義。要中國和英國、法國、美國那些強盛國家都一律平等的主義，就是民族主義。」1923 年孫中山發表的〈中國國民黨宣言〉中說：「力圖改正條約，恢復我國國際上的自由平等地位。」具體來說，要取消列強與中國簽訂的一切不平等條約，重新訂立平等的條約，各國在華租借地、領事裁判權、管理關稅權等，全部取消，將這些主權收回本國。孫中山所制訂的國民黨一大的政綱中主張：「一切不平等條約，如外人租借地、領事裁判權、外人管理關稅權，以及外國人在中國境內行使一切政治的權力侵害中國主權者，皆當取消，重訂雙方平等互尊主權之條約。」

關於實現民族主義的手段，民族主義認為，中國已經成為世界上最貧弱的國家，受到列強的侵害，處於國際中最低下的地位，面臨亡國的危險。中國有悠久的歷史和燦爛的文明，卻面臨這種狀況，其原因一是中國人沒有民族的精神，二是不團

結，缺乏凝聚力，只有家族和宗族的團體，所以雖有四億人，卻實在是一片散沙。解決的辦法是，在精神上通過恢復傳統文化來振興民族精神，在組織上建立全國性的團體。

在精神上，中國過去沒有民族精神，只有家族主義和宗族主義，家族主義和宗族主義的力量很強大，為了家族和宗族的利益人們可以犧牲身家性命。但是中國人的團結始終沒有超出家族和宗族的範圍，沒有形成民族精神，沒有人願意為國家而做出犧牲。民族精神是民族生存的工具，沒有民族精神的民族容易被淘汰，有民族精神的民族才能立足於世界。為了實現反對列強、消除列強的侵害，並求得中國民族的永久生存，必須振興中國的民族精神。民族精神振奮起來，四億人都覺悟，全民族團結，人們肯於為民族利益而付出，就能夠戰勝列強，恢復中國的國際地位。

振興民族的精神有三種途徑。第一，要恢復並發揚民族固有的道德。忠孝、仁愛、信義等中國的傳統道德，是特別好的道德，這些道德是中國的長處和特有的民族精神。對這種民族精神不但要保存，而且要發揚。在不同的時代，道德的內容應該有所變化，在當今時代，應當依據新的形勢對中國傳統道德進行若干改造，賦予新的時代意義。例如，古代所講的忠，是忠於皇帝，今天的忠，則不再是忠於皇帝，而是忠於國家，忠於人民。同樣，今天的仁愛，是指對人民講仁愛，今天的信義，是指對朋友講信義。第二，要恢復並發揚中華民族固有的知識智慧。第三，要恢復並發揚中華民族固有的創造發明的能力。

在組織上，應當把中國人民團結和組織起來，形成大規模的團體，改變中國人一盤散沙的狀況，從而增強抵抗列強的力量。要結成大團體，就先要有小團體，彼此聯合起來。應當充分利用中國固有的家庭和宗族這一團體，在宗族團體的基礎上結成國族團體，使全體國民聯合起來。先有家族，再推到宗族，然後是國族。有了民族精神，大家都能夠奮起與敵人進行鬥爭，

再加上有了國族團體，這樣就一定能戰勝列強的侵略。孫中山1924年在題為《三民主義‧民族主義》的講演中說：「結成了國族團體，有了四萬萬人的大力量，共同去奮鬥，無論我們民族是處於什麼地位，都可以恢復起來。」

中國僅僅自己獲得了平等地位還不夠，還要扶助弱小民族求得解放。中國強大起來並恢復在世界上的地位以後，中國在民族主義方面的責任還沒有完全完成，中國還要對世界負一個大責任，要扶持弱小民族，要抵抗列強。孫中山《三民主義‧民族主義》中說：「中國如果強盛起來，我們不但是要恢復民族的地位，還要對世界負一個大責任。」、「我們對於弱小的民族要扶持他，對於世界的列強要抵抗他。」

民族主義的另一方面內容是國內各民族一律平等，承認各民族的自決權。1924年的〈中國國民黨第一次全國代表大會宣言〉將民族主義的內容概括為：「民族主義有兩方面之意義，一則中國民族自求解放，二則中國境內各民族一律平等。」

（二）民權主義的內容

民權主義即建立民主共和制度，是新三民主義的核心部分。

關於民主制度的必要性，民權主義繼承了清末革命思想的觀點，認為民主制度能夠使國家得到最好的管理，民主制度是最公正最合理的制度，民主制度是人類歷史演進的必然趨勢、必然前途。1924年孫中山作的題為《三民主義‧民權主義》演講中說，人類歷史必然要依次經歷四個階段，一是洪荒和野蠻時代，二是漁獵和神權時代，三是游牧和君權時代，四是工商和民權時代。《三民主義‧民權主義》中還說：「世界潮流的趨勢，好比長江黃河的水流一樣，水流的方向，或者有許多曲折，向北流或向南流的，但是流到最後，一定是向東的，無論是怎麼樣，都阻止不住的。所以世界的潮流，由神權流到

君權，由君權流到民權。」所以，應當在中國建立民主共和制度。

關於民主制度的基本原則，民權主義主張，全部的權力分為兩大類，共九種。人民應當擁有四項權力，稱「政權」，即選舉權、罷免權、創制權、複決權。人民掌握了這四項治權，便可以管理監督政府。政府應當擁有五項權力，稱為「治權」，即立法權、行政權、司法權、考試權、監察權，政府掌握了這五項治權，便可以很好地開展工作。這樣，就形成了比較完美的民主制度。孫中山在 1924 年題為《三民主義・民權主義》的演講中說：「政權方面主張四權，治權方面主張五權。這四權和五權，各有各有統屬，各有各的作用。」、「用人民的四個政權，來管理政府的五個治權，那才算是一個完全的民權的政治機關。」、「有了這九個權，彼此保持平衡，民權問題才算是真解決，政治才算是有軌道。」

選舉權是間接的民權，只有選舉權這一間接的民權，還不是真正的民權，真正的民權應該是直接民權。除選舉權這一間接民權之外，還要再實行罷免權、創制權、複決權這三項直接民權。選舉權是選舉官吏議員的權利和被選舉的權利；罷免權是罷免官吏議員的權利；創制權是創立各種法律和法令的權利；複決權是廢除或修改法律和法令的權利。也就是說，人民擁有選舉官吏的權力、罷免官吏的權力、創制法律的權力、廢止法律的權力，一共是四項基本權力。孫中山 1917 年寫的《建國方略》中說：「民有選舉官吏之權，民有罷免官吏之權，民有創制法案之權，民有複決法案之權，此之謂四大民權也。必具有此四大民權，方得謂純粹之民國也。」1921 年孫中山的一次演說中說：「欲達到真正民權目的，應實行四種直接民權，即一選舉權，二複決權，三創制權，四罷官權。」〈中國國民黨第一次全國代表大會宣言〉中說：「於間接民權之外，復行直接民權，即，為國民者不但有選舉權，且兼有創制、複決、罷

官諸權。」孫中山在《三民主義・民權主義》中說：「人民有了這四個權，才算是充分的民權，能夠實行這四個權，才算是徹底的直接民權。」

民權主義強調，民權為一般國民所有，不是少數人可以私有的。應當由人民掌握權力，人民管理政事，凡事都由人民做主。歐美國家的民權制度有一些弊端，各國的民權往往為資產階級所專有，成為壓迫平民的工具。中國的民權需要參考歐美的制度和經驗，但是應當超過歐美，建立一個更好的民權制度。中國應當建立民權為一般平民所共有的制度，不允許少數人獨占。

關於民主制度的具體方案，民權主義主張，由國民選舉代表組成憲法委員會制定憲法。由國民選舉代表組成國民大會，由每縣選舉一名代表組成。國民大會為最高權力機關，由它來執行選舉、罷免、創制和複決四項權力，即四項「政權」。國民通過國民大會實現對四項政權的執行。全體國民投票選舉總統。在中央設置立法院、行政院、司法院、考試院、監察院，分別行使五項「治權」。由總統組織行政院；由國民選舉產生立法院；其餘三院院長由總統經立法院的同意而委任；五院都對國民大會負責。在地方，以縣為單位自治，國民直接行使四種政權，直接選舉和罷免縣長，直接制定修改地方法律。

關於民主制度的實現途徑，民權主義主張，經過三個階段完成民主制度的建立過程。軍政時期為「破壞時期」，為期三年，實施軍法。在軍政時期，由革命黨以武力消滅反對民主的障礙，即消滅舊的政權，革命黨奪取權力，破壞舊的專制制度。訓政時期為「過渡時期」，為期六年，實施約法。在訓政時期，由革命黨掌握政治權力四項「政權」，即選舉權、罷免權、創制權、複決權，並指導人民實行這四項政治權力，設置革命政府，建設各地地方自治，推行民權，為期六年，達到各縣完全自治。憲政時期為「建設完成時期」，實施憲法。在憲政時期，

民主共和制度完全實行，制定憲法，國民大會掌握最高權力，設立五院，選舉總統。

新三民主義中的民權主義與反清革命思想中的民主思想，基本思路一致，但具體內容有所不同。第一，所針對的舊制度和舊政權不同，反清革命思想針對的是清政府和清末的專制制度，新三民主義針對的則是軍閥政府和民初的假共和制度。第二，民主制度的實現途徑和具體方案也有一些不同之處，新三民主義中的民權主義包含有更為詳細的內容。

（三）民生主義的內容

民生主義認為，在實現了民族主義和民權主義以後，仍需要解決一個社會問題，即避免貧富分化。在歐美各國，經濟的發達並沒有帶來人民的幸福。越發達社會問題越嚴重。社會的財富越來越多，人民卻越來越貧窮，富者極少，貧者極多。所以，中國一方面應發展實業，另一方面應實行民生主義，以避免重演歐美國家已經出現的這種貧富分化現象。

民生主義包括兩個方面，即「平均地權」和「節制資本」。其目的是避免少數人控制社會經濟和少數人壟斷社會財富。〈中國國民黨第一次全國代表大會宣言〉中說：「國民黨之民生主義，其最要之原則不外二者：一曰平均地權，二曰節制資本。」

民生主義的第一方面是平均地權。平均地權是指國家收買私人土地和向私人土地徵稅，國家按土地價格進行徵稅，並於必要時收買土地，從而使全體國民平均享有土地的權益。〈中國國民黨第一次全國代表大會宣言〉中說：「私人所有土地，由地主估價呈報政府，國家就價征稅，並於必要時依報價收買之，此則平均地權之要旨也。」

民生主義主張，在實現平均地權的基礎上，還應進一步實

行耕者有其田的制度。現在多數農民都是沒有田的，耕種的不是自己的田，而是地主的田，耕種所收穫的農作物大多被地主占有，有田的人自己多不去耕種。從道理上說，農民應當耕種自己的田，耕種所得的產品歸自己所有，這種方式才是公平的方式。實現平均地權、土地由國家徵稅或收買以後，仍是地主出租給佃農，農民租地主的土地來進行耕種。所以，還應在此基礎上再進一步，實行耕者有其田的制度。即，消除大地主，將全國的土地都分配到耕種者手中，使耕種者占有所耕之田，耕種者只對國家交納土地稅，不再有人收取地租。實現的辦法是，由國家給缺乏田地淪為佃戶的農民以土地，供其耕種。孫中山在《三民主義・民生主義》中說：「將來民生主義真是達到目的，農民問題真是完全解決，是要耕者有其田，那才算是我們對於農民問題的最終結果。」

民生主義的第二方面是節制資本。平均地權實現以後，社會革命已完成大部分，但還是不夠的。農村的土地的壟斷避免了，城市的企業的壟斷還需要防止，這就需要節制資本。

首先，大力發展和振興國家資本的實業，其中應重點發展三類國營實業。一是要大規模興辦鐵路、航運等交通事業；二是開採礦產；三是發展製造業，要廢除手工製造，採取機器製造。

其次，將大企業收歸國有。如果大企業不用國家來經營，仍歸私人所有，任由中國私人或外國商人來經營，那麼將來的結果也不過是私人資本的發達，私人資本控制國家的經濟，而且貧富分化。這樣的話，雖然經濟發展了，但大多數人民仍然生活困苦。大企業由國家經營，才能防止私人資本操縱國家經濟和貧富分化，使大多數人民隨著國家經濟的發展而生活日益富足。具體辦法是，大規模的企業屬於全體人民，由政府機關經營管理。凡本國人或外國人的企業，或有獨占的性質，或規模過大者，如銀行、鐵道、航空、航運、電報、礦山、水利等，

以及其他大規模企業，都由政府收歸國有，由政府經營管理。以此避免大企業之利為少數個人所獨占，使私有資本不能操縱國民的生計。1912年孫中山在一次演說中說：「國家一切大實業，如鐵道、電氣、水道等事務皆歸國有，不使一私人獨享其利。」〈中國國民黨第一次代表大會宣言〉中說：「凡本國人及外國人之企業，或有獨占性質，或規模過大為私人之力所不能辦者，如銀行、鐵路、航路之屬，由國家經營管理之，使私人資本不能操縱國民之生計，此則節制資本要旨也。」

最後，限制私人資本的企業的發展規模，具體辦法一是由政府對私人資本實行限制政策，使之不得超出一定的規模，二是直接向私人企業徵稅。

新三民主義認為，民族主義、民權主義、民生主義三者是彼此密切相關的。其相互關係正如三個小環扣合起來的一個大環；民族主義必須是民權主義和民生主義的民族主義；民權主義必須是民族主義和民生主義的民權主義；民生主義必須是民族主義和民權主義的民生主義。只有這樣三者結合，才能將這三大問題都予以解決。

關於民族主義、民權主義、民生主義三者何為核心的問題，有兩種不同的觀點。一種觀點認為，新三民主義的核心是民生主義。生存是個人也是國家的最基本的需求，生存是人類最原始的目的，也是人類最終結的目的。生存欲望是人類不斷進化的動力，是一切政治經濟文化的基礎。民生就是人民的、社會的、群眾的、民族的生存。民生主義就是要使人民的衣食住行等生活需要得到滿足。民族主義、民權主義和民生主義三者之中，根本精神和最後目的都是民生主義。只有建立一個完全獨立的國家，才能解決民生問題，實現民生主義，所以首先要實現民族主義，民族主義是新三民主義的第一步。要解決民生問題，必定要人民自身來解決，必須先要建立人民的政府，樹立人民的權力，所以第二步要實現民權主義。民族主義、民權主

義僅僅是實現民生主義的途徑，新三民主義的根本精神是民生主義。

另一種觀點認為，新三民主義的核心是民族主義。求生存是國家、社會不斷演變的原動力，由爭取生存而演化出各種進化現象。時至今日，個人的生存已不成問題，仍成問題的是求民族的生存，帝國主義對世界人民尤其是弱小民族形成極大的威脅，所以求民族的生存是當今時代的主題。新三民主義的根本精神是求民族的生存，民族主義是基礎。而民族的強大依賴於政治力量和經濟力量的強大，前者依賴民權的增強，後者依賴民生的發達，故民權主義和民生主義服務於民族主義。

（四）幾點分析

新三民主義曾經為社會上很多人所贊同，傳播範圍比較廣泛。民國初期，已經有相當一批人是民主共和制度的主張者，而其中的相當一部分人又贊同新三民主義，主張按照新三民主義的方案來實現民主制度。國民革命時期，新三民主義的影響進一步增強，贊同新三民主義的人迅速增多。國民黨統治全國後，成為占有統治地位的官方指導性思想，為官方所大力宣揚，並且為社會上更多的人士所接受。國民黨統治後期，雖然新三民主義仍被國民黨政府奉為官方思想，但由於在新三民主義為指導方針的國民黨政府的統治下，中國民主建設的進程緩慢，並且國民黨政府還對民主思想和民主運動採取一定程度的壓制態度，因而許多人先後懷疑並放棄新三民主義，新三民主義的主張者逐漸減少。中共統一中國大陸時，隨著國民黨政府和軍隊撤往臺灣，仍留在大陸的新三民主義的主張者已很少，這一思想在大陸基本消退。

新三民主義在政治上產生了十分重要的影響。在新三民主義的推動下，人們進行了護法、國民革命等運動，並且新三民

主義還影響到這些運動的方式和目標。新三民主義還成為國民黨及國民黨政權的指導性思想，對國民黨及國民黨政權的許多制度和政策有所影響，國民黨政權的許多法律法令都是按照新三民主義思想而制定的。例如，1928年頒布的訓政綱領是按照新三民主義的思想制定的。1929年國民黨三大上，將孫中山的新三民主義確定為訓政時期中華民國最高的根本法之一。1931年國民會議通過的《訓政時期約法》的內容基本上也都是依據三民主義而制定，其中規定，訓政期間由國民黨全國代表大會執行四項政權，五項治權由國民政府執行。國民黨六大通過的〈土地政策綱領〉中規定：一切山、林、川、澤、礦產、水力等天然資源，應立即宣布完全歸公，其規模較大者歸中央政府經營，其規模其次者歸地方自治團體經營。這些規定體現了重要資源公有的思想，貫徹了民生主義中的思想。1936年制定的《五五憲草修正案》和1946年國民大會通過的《中華民國憲法》中的許多規定也體現了新三民主義的思想，是在新三民主義的基礎上制定的。例如：國民大會代表國民行使政權，每六年改選一次，國民大會選舉總統副總統，罷免總統副總統，修改憲法；總統為國家元首，對外代表中華民國，統率全國的陸海空軍，公布法律，發布命令，訂約宣戰講和及任免官員；行政院是國家最高行政機關，行政院院長由總統提名，經立法院同意後任命；行政院對立法院負責，要向立法院報告工作，接受立法院的質詢，立法院可以否決行政院的政策，等等。

新三民主義與反清革命思想有密切的關係。它是對反清革命思想的繼承和發展。新三民主義的重心是民權主義，它就是在反清革命思想中的民主共和思想基礎上發展而來的。新三民主義中的民生主義也是在反清革命思想中的平均地權思想基礎上發展而來的。新三民主義與反清革命思想有一定延續性和密切關係，但畢竟屬於兩種不同的思想，兩者之間有所不同。新三民主義中的民族主義不再是反清而是消除列強的侵害。新三民主義中的民權主義與反清革命思想中的民權主義內容一致，

但更為豐富和系統一些。新三民主義中的民生主義與反清革命思想中的民生主義相比，除平均地權外還增加了節制資本的主張。

新三民主義與思想革命論、聯省自治思想、直接立憲思想等思想體系，都是議會民主思想的流派之一。新三民主義與這幾種議會民主論有共同之處，即都主張在中國建立議會民主制度。但新三民主義與其他這幾種思想流派也有所不同。第一，新三民主義主張通過武力手段建立民主制度，而其他幾種思想流派均主張以和平手段建立民主制度。第二，新三民主義除主張建立民主制度以外，還有消除列強侵害和避免貧富分化等內容，即除民權主義以外，還有民族主義和民生主義的內容。

與其他這幾種議會民主論相比，新三民主義是更為務實的思想。第一，在中國這樣的專制傳統深厚的國家，實現政治制度從專制向民主的變革，是必須由民主主義者來掌握權力的，而在中國這樣的國家，權力又是必須通過武力才能獲得的。其他幾種議會民主論都主張通過和平方式實現政治制度從專制向民主的變革，而唯有新三民主義主張通過武力來實現民主。在這一點上，新三民主義更為切合中國的實際情況。第二，其他幾種議會民主論對實現民主制度的實現途徑都設想得比較簡單，只有新三民主義主張逐步推行，並設計了三個具體步驟，這一點也是比較切合中國實際情況的。

（五）訓政論

1928 年國民黨政權統治全國以後，新三民主義者們認為已經完成軍政階段並進入訓政階段，開始探索如何實施訓政的問題，於是出現一系列關於訓政實施問題的思想主張。我們稱之為訓政論。

訓政論認為，訓政的階段是必須經歷的。民主制度應當逐

漸推行，分階段推行，先進行訓政，然後再實行憲政並建立民主制度，而不應當直接去立即實行徹底的民主。要實行憲政，人民必須具備執行權力的能力和習慣。目前大多數人民還沒有這種能力和習慣，在這種條件還不具備的情況下，如果勉強推行憲政，並不能真正實現憲政，而且會產生不利的後果。目前人民尚沒有具備實行民權主義憲政的條件，人民的參政能力的訓練尚未能切實推行，民眾的素質仍較低，需要進行訓練提高之後才能實行憲政。中國此前十幾年的民主政治的經驗也從實踐上證明，在目前階段的中國，民主政治並不能治理好國家。所以，目前還不應當立即制定憲法和實施憲政。

訓政論認為，在訓政時期，應當將權力集中於國民黨一個黨，由國民黨來治理國家。中國經過幾千年的專制制度，大多數人民缺乏政治意識，也缺乏政治經驗，因此一切權力只能歸於國民黨。訓政期間，應當由國民黨的全國代表大會代行國民大會的職權，執行選舉、罷免、創制、複決四種「政權」，中國國民黨全國代表大會閉會時，政權由中國國民黨中央執行委員會執行。同時，由國民黨訓練國民，使國民逐漸掌握執行四項政權的能力，以建立民主憲政的基礎。由國民政府執行行政、立法、司法、考試、監察五項「治權」，但黨在政府之上，不僅要由黨來掌握政權，而且黨還要指導和監督政府對治權的執行，國民黨中央執行委員會對國民政府的重大國務管理要進行指導和監督。總之，國民黨是實行革命的總機關，要由黨來管理一切，將國民黨置於國家政治生活中的統治地位。為此，訓政論的主張者們提出了「以黨治國」、「以黨建國」的口號。胡漢民 1928 年在〈訓政大綱提案說明書〉中說：「在人民未經政治訓練及未完全瞭解實行三民主義以前，唯有黨能代表全國人民負建國大任。」蔣介石在 1939 年的講演〈三民主義之體系及其實行程序〉中說：「一切要由黨來負責。」、「以黨來管理一切，由黨來負起責任。」1943 年蔣介石發表的《中國之命運》一書中說：「中國的命運，完全寄託於中國國民黨。」

訓政論主張，在訓政時期，應當以新三民主義為唯一的指導思想。現在的各種主義，都不適合中國，新三民主義則克服了其他各種主義的缺點。唯有新三民主義適合中國，中國革命只能以新三民主義為指導。1943年蔣介石發表的《中國之命運》一書中說：「沒有了三民主義，中國的建設工作，就失去了指導的原理，所以三民主義是國家的靈魂。」1928年7月蔣介石在〈三民主義為中國唯一的思想〉的講話中說：「現在主義的派別很多，有狹隘的國家主義，有在中國不適合的共產主義，有在千萬年後或能實現的無政府主義，這些主義都不合於中國建設之用。」如果還存在其他思想，妨礙新三民主義的指導地位，就會造成思想的混亂，從而破壞革命，對國家不利。所以，中國目前只應當以新三民主義這一種思想為指導思想，不應當再有任何其他思想，應當禁止和消除其他任何思想。

訓政論認為，在訓政時期，應當只承認中國國民黨為領導中國的唯一政黨，只承認新三民主義為唯一的指導思想，這樣才能革命成功。不能允許各種主義、各個黨派存在，從而破壞革命，危害國家。為此訓政論的主張者們提出了「一個主義」、「一個政黨」的口號。1929年蔣介石在〈為什麼要有黨〉的演講中說：「以中國國民黨治國。」、「以三民主義治國。」、「在現代各種主義非常複雜、非常發達的時候，如果我們不信仰一個主義，根據一個主義來奮鬥，那麼我們這奮鬥的結果，一定就不能成功。」、「現在這個時代，是一個黨的時代，是一個三民主義的時代。」、「只有用一個黨、一個主義來號召，來領導，才能挽救我們全國和全民族的危亡。」蔣介石〈三民主義為中國唯一的思想〉中說：「我們中國要在二十世紀的世界上謀生存，沒有第二個合適的主義。」、「要確定三民主義為中國唯一的思想，再不許有第二個思想，來擾亂中國。」、「在革命沒有成功，三民主義沒有實現以前，不能允許再有第二個黨來攻擊國民黨。」

訓政論認為，訓政時期具體的建國工作包括心理建設、倫理建設、社會建設、政治建設、經濟建設五項建設。心理建設就是國民精神建設，改變國民的氣質，培養獨立自主、嚴謹、勤勞、求真、進取等精神氣質。倫理建設就是以忠孝仁愛信義和平為精神，發揚中國固有的道德。社會建設就是以組織保甲為基礎，推行地方自治，團結人心，造成有組織的現代社會。政治建設就是訓練人民行使政權，以逐步推進民主制度。經濟建設就是發展生產，以發展工業為重點，節約消費，遵守民生主義的辦法，平均地權，防止壟斷和增進多數人的生活。

訓政論認為，在訓政時期，應當在中國實行領袖獨裁的制度。新三民主義的目的是民主制度，即憲政，但憲政不能急於實現。在準備階段即訓政階段，還不能實行完全的民主制度，而是需要集權甚至獨裁的。目前階段適當地權力集中，才能順利地完成革命，實現民主制度這一革命的最終目的。還有人認為，只有實行獨裁，才能實現中國的團結，而只要中國人團結起來，中國就能有力量打敗日本等侵略中國的強國。有了獨裁的領袖，全國所有的力量才能凝聚起來；如果沒有一個有力的領袖，則內部互相牽制，力量削弱。1933 年《社會主義月刊》第一卷的〈法西斯主義在中國的社會王法〉一文中說：「一個國家的政治，與其由民主的虛名而陷於腐敗沒落，當然不如一個才幹和道德高超的領袖去執行獨裁。」、「與其把政治的任務仰望於一般盲目無能的民眾，實不如專責一個英勇賢明的領袖。」當然，這種思想認為，獨裁制只是在一定歷史時期內實行，是目前階段的過渡性的辦法，並不是永遠獨裁下去，將來終究是要建立民主制度的。

這種獨裁主張在國民黨統治前期獲得了一定範圍的傳播，曾出現大批宣傳法西斯主義的書籍和報刊。這種獨裁主張的出現和傳播，與當時的政治形勢有密切的關係。第一，中國面臨列強特別日本的嚴重威脅，需要組織力量以對抗，如果權力集

中於中央，中央的權力集中於領袖，則有利於全國各種力量的聯合和合作，從而有利於對抗外敵。第二，1930 年代到 1940 年代前期，獨裁制在歐洲和日本有所抬頭，當時的德國、義大利、日本等一些強國實行獨裁的理論和政治制度，並在實踐上產生一定效果，其獨裁制度顯示出其一定的優勢，能更有效地集中全國力量，有利於其進行對他國的爭鬥。事實上，德義日等國在與他國的爭奪中，也確實取得一些成果，獨裁制對於它們國力的增強和一段時期內國際地位的提高、國際影響的擴大，產生了有利的作用。國際政治舞臺上的這一現狀，使中國國內一些人對獨裁制存有期望。第三，民國建立以來民主運動一直不成功，民主制度一直都未能真正建立起來，而且在這一過程中造成了不少動盪和混亂，這一歷史經驗使人們感覺到民主還不適合目前的中國，中國有必要先經歷一個獨裁的階段。第四，中國傳統的專制觀念比較深厚，領袖獨裁的主張有一定的歷史基礎和社會基礎。因此，這種獨裁主張得以出現並獲得一定範圍的認同。

第七章　社會改造思想

　　在當時的世界各國中，有一些關於改造社會的思想廣為流行，認為當時的社會存在種種弊病，應當予以改造，從而建立更為先進和更為理想的社會。隨著中國與各國交流的逐漸增多，中國人接觸並瞭解到外國的這些思想。在這情況下，大約在民國初期，中國人吸收各種來自外國的社會改造思想，將這些國外的思想與中國的現實相結合，研究社會發展的規律，思考中國社會的前途，從而形成多種關於改造中國社會的思想。各種社會改造思想的共同思路是，中國面臨的不僅僅是使國家富強的任務，還應有更高的目標，即建立一種理想的社會，超越歐美國家。各種社會改造思想的共同主題，是中國未來應實行的理想社會的方案及其實現途徑。在關於未來理想社會的一些具體問題上，出現了多種不同的主張，因而形成多種社會改造思想。

　　這些思想產生以後，在社會上迅速傳播。到五四運動時期，傳播廣泛，為很多人所接受，並且出現宣傳各種社會改造思想的一個高潮。各種社會改造思想大量地研究和宣傳，許多人發表文章和著作探討中國未來的理想社會和實現理想社會的途徑，並宣傳他們的思想，先後有數百種刊物參與這些思想的探討和宣傳。

　　社會改造思想中主要包括新村主義、工讀主義、工讀互助

主義、無政府主義、工會社會主義、漸進改良思想、共產主義等。這些思想多數因為不切合中國的實際情況，只流行較短時間便逐漸消退。只有其中的共產主義持續地存在並發展下去。

（一）新村主義

中國的新村主義思想是受日本的新村主義的影響而產生的。1919 年 3 月，周作人在《新青年》上發表〈日本的新村〉一文，系統闡述了新村主義的思想。文章中詳細介紹了日本人武者小路實篤的新村主義的基本思想理論，並高度稱讚這一理論，認為新村主義的實行會產生多種好處，而且是切實可行的。1919 年夏周作人前往日本親身參觀了武者小路創辦的新村，並在《新潮》上發表〈訪日本新村記〉一文，認為新村中人們的生活是十分理想的生活。之後他在天津、北京進行演講，同時繼續寫文章宣揚新村主義，發表了許多文章，對新村主義進行了詳細的介紹。繼周作人對這一思想的宣傳之後，其他一些人也對如何建設新村的問題進行了進一步的探討。此後，有許多人先後接受了新村主義，新村主義一度在中國形成較大範圍的傳播。

新村主義主張，理想的社會是新村社會。在新村社會中，人人平等、各盡所能、各取所需。人人都可以無代價地取得生活上必要的衣食住的物品，但同時也應盡勞動的義務，從事這些物品的製造工作。這種理想的社會不局限於一縣一省一國，而應當逐漸推廣，打破國界，造成世界大同的社會。任何人都可以隨意到世界上各處生活，只要他從事勞動即可。

新村主義認為，應當在中國建立這樣的新村社會。建立新村的主要理由是，在舊有的社會中，人類的生活是不合理的，人們不能享受應當享受的生活，所以應當脫離目前的舊的生活，另外創造一種新的生活。舊的生活不外三種，一是「禽獸

的生活」，二是「強盜的生活」，三是「牛馬的生活」，卻絕沒有「人的生活」。人類應當進行「人的生活」，即人類所應當享受的生活。這種真正的「人的生活」是：各人應盡勞動的義務，各人無代價地取得生活上必要的衣食住，一切人都能發展自己的個性。而只有新村中的生活才是真正的「人的生活」，是人類的理想的生活。所以應當改造舊的社會，實現理想的新村社會。周作人在 1920 年的〈新村的理想與實際〉一文中說：「新村的理想，簡單的說一句話，是人的生活。」周作人在〈日本的新村〉一文說：「新村運動讚美協力，又讚美個性，發展共同的精神，又發展自由的精神，實在是一種切實可行的理想，真正普遍人生的福音。」

新村主義主張，通過新村的建立和擴張，來建立這一理想的新村社會。先建立個別的新村，在這些新村中，人人平等而且沒有剝削壓迫，各盡所能各取所需。然後，更多的新村先後建立起來，新村的數量不斷增多。最後，各處新村彼此聯合，從而改造整個社會，使舊的社會消滅，建成一個理想的新的社會。要用示範的手段使新村不斷增多。先聯合若干有覺悟的人，組織若干新村，用新村的成績給懷疑的人看，得到他們的贊同。如果一個新村辦成了，自然有人跟著辦第二個，第二個新村辦成功了，自然有人跟著辦第三第四……第幾千第幾萬的新村。新村普及全社會，舊的社會組織自然不會有人支持，不會存在了。這樣，即使不用激烈的手段去革命，就可以消滅舊的社會組織，建立一個新的社會。實現理想的新村社會應當通過和平的方式，反對採取暴力的方式。

新村主義的主張者們發表了大量文章，對這一思想展開宣傳。許多刊物都刊登了宣傳和討論新村主義文章，如《新青年》、《新潮》、《晨報》等刊物。有的文章是介紹新村主義，有的是闡述從事新村運動的意義，有的是探討如何發展新村。於是，一度形成一股宣揚和研究新村主義的高潮。

在新村主義的思想的影響下，一些人進行了實踐這一思想的活動，實際地去組建新村。1919 年，從日本參觀新村回國後的周作人組建了一個「新村北京支部」。1920 年，一些墨西哥歸國華僑在江蘇崑山縣子紅村蓋了一間磚房，購買了 25 畝地和一頭耕牛，建立了「知行新村」，希望以這個新村作為理想試驗地。有位無政府主義的書畫家曾為知行新村書寫了一幅對聯予以稱讚：「日出而作，日入而息；各盡所能，各取所需。」當時經常有中外人士前往參觀。陳獨秀曾參觀過，並大加讚許。1920 年，一個青年王拱璧在河南西華縣孝武營建立一個「青年村」。他的理想是建立一個「人人有勞動，家家有地種，貧富有飯吃，男女有權柄」的農村樂園。這個青年村一直存在到 1926 年，因土匪的搶劫而渙散。

還有一些人雖未進行建立新村的實踐，但制定出了建立新村的計劃。1919 年春，毛澤東等人曾制定了在嶽麓山建立新村的計劃。其中的方案是，建設新學校，並由學生創造若干新家庭，然後新家庭新學校以及附近的社會聯合在一起，成為一個新村。1919 年秋，惲代英和林育南曾討論組建新村的事情，他們制定了一個計劃。計劃在農村建立一個新村，村內完全廢除私產，各盡所能，各取所需。《惲代英日記》中記載了他們設計的這個新村的方案：「村內完全廢止金錢，沒有私產，各盡所能，各取所需。舉一人做會計，專管對外金錢出入的事，舉一人做買辦，專管向外處購買或出售各事。村內衣服都要一致，能男女都一致更妙。會食在一個地方。設圖書室、工作廠。」、「以農業為根本，兼種果木，兼營畜牧。」他們計劃以黃岡回龍山的一所學校為基礎，建立這個新村。惲代英在一篇文章中說：「靠這種共同生活的擴張，把全世界變為社會主義的天國。」1920 年，王光祈曾設計過一個類似菜園的新村。他曾在給友人的信中曾闡述了他的這個想法。他設想方案是，先在鄉下租一個菜園，菜園中建築十餘間房子，分兩層，樓上作書房、閱報室、辦公室、會客室、藏書室、遊戲室等，樓下作臥室、

飯廳等。菜園的西南角建築一個廚房，東北角建築一個廁所，房子後面砌一個球場。園子周圍挖一條小溪，溪邊遍種柳樹。十多個人共同生活，每天種菜兩個小時，讀書三個小時，翻譯書三個小時，其餘時間作為遊戲、閱報時間。生活靠種菜和譯書來維持。在菜園中附設一個平民學校，附近農民家的子弟都可以到學校讀書，不交學費。每逢星期日，還要聚集他們開一個演說大會，散會之後，要演幻燈片或放留聲機以使大家快活。讀書、種菜是為了自己，另外還可以對社會稍稍盡力，譯書籍以介紹西方的情況，革新一般人的思想。當然，所有以上這些關於新村的計劃都未能成功實現。

　　由於新村實踐的失敗，人們感到在中國實行這一方案的困難，認識到它的空想性和不切實際。於是，新村主義者普遍先後放棄了這一思想，轉而尋求其他的社會改造途徑。新村主義在中國出現後不久就基本消退了，存在的時間是比較短的。

（二）工讀主義

　　工讀主義也稱「工學主義」，或「半工半讀主義」，與新村主義有些相似，是在勤工儉學運動的過程中形成的一種社會改造思想。最初是一些人到法國留學，勤工儉學。隨著改造社會問題日益受到關注，他們的簡單的勤工儉學以完成學業的想法，發展為半工半讀以改造社會的思想。

　　工讀主義認為，理想的社會是「工學結合」的「工讀」社會。在工讀社會中，人人都勞動，人人也都讀書，人人平等，沒有剝削沒有壓迫，同時各盡所能，各取所需。智力工作同體力工作相溝通，做工的可以求學，求學的也做工。

　　工讀主義認為，求學與做工都是人類不可缺少的活動，沒有尊卑貴賤之分。人人都應當工作，人人也都應當接連不斷地讀書。「做工的人一定要讀書，讀書的人一定要做工。」人的

一生分為兩大生活期，一個是學校生活期，一個是社會生活期。在學校生活期中以讀為主，以工為副，在社會生活期中以工為主，以讀為副。現在的中國社會，求學還是一種尊貴的事，是專利的權利，不是人人可以享受的，求學的人必不作勞力的工作，做工的人絕沒有機會去讀書。目前的中國社會分成三個不同的階級，一是工而不學的勞動階級，二是學而不工的知識階級，三是既不工也不學的寄生階級。這種狀況是不公平的，不合理的。只有消除目前這種狀況，消滅這種階級差別，社會才能平等，人們才能享受人類應當的生活。這種體力勞動與腦力勞動，即「勞力」與「勞心」的分離，也是社會不良和社會不安寧的根源。工讀社會裡，消除了這種階級的差別，這樣的社會才是理想的社會，這樣的狀況才是公平合理的狀況。此外，工讀社會也將是社會進化的必然的結果。

工讀主義認為，要實現這種理想的工讀社會，其辦法是推行工學合一、工讀結合。通過工讀結合的方式，即每個人都既做工又讀書，就可以達到改造社會的結果，消除人與人之間的這些階級差別，實現這種工讀社會。1918 年凌霜在《勞動》月刊發表的〈工讀主義進行之希望〉一文中說：「工與學合為一途，工人即學者，學者亦工人，造成各盡所能各取所需之正當社會，有可預料。」

在工讀主義的影響下，一些人進行了建立工讀社會的嘗試。他們組織了一些工讀主義的團體。一些人前往歐洲半工半讀，勤工儉學。他們設想每週授課 24 小時，做工 24 小時，自修 12 小時，其餘時間閱讀書報，交際，娛樂，他們提出了「各盡所能，各取所需」的口號。還有人曾計劃建立工讀同志會，進行半耕半讀。但這些活動都沒有能夠取得成功。

（三）工讀互助主義

新村主義和工讀主義相結合，產生了工讀互助主義。這種思想認為，理想社會應當是，人人平等，各盡所能，各取所需，同時人人勞動，人人讀書。應當建立工讀互助團這種團體，在這種團體中，人人平等，各盡所能各取所需，同時每人都既勞動又讀書。通過這種工讀互助團體的日益擴張，實現理想社會，改造社會。其結果是一個極大的工讀互助團，即一個工讀互助的社會。王光祈在 1920 年的〈工讀互助團〉一文中說：「工讀互助團是新社會的胎兒，是實行我們理想的第一步。」、「工讀互助團果然成功，逐漸推廣，我們各盡所能、各取所需的理想漸漸實現。」施存統在 1920 年發表於《星期評論》的〈工讀互助團底實驗和教訓〉一文中說：「用工讀互助團去改造社會，改造社會的結果，就是一個頂大的工讀互助團——工讀互助的社會。」

人們進行了一些實踐活動，企圖實現這一思想，在中國建設一個新社會。由王光祈發起，組織了北京工讀互助團，實際上是在原來他曾設想過的新村菜園的進一步發展。該團簡章中規定：團員每天必須工作四個小時；工作所得歸團體公有；各盡所能，工作以時間為標準不以結果為標準，比如甲兩小時可織一匹布，乙四小時可織一匹布，那麼甲仍然應該工作四個小時；團員生活所需包括衣食住及教育費醫藥費書籍費都由團體供給。北京的「工讀互助團」成立後，陸續有數百人報名參加，有些還是從外地來的，但由於條件所限，只吸收了其中一小部分人參加。這個工讀互助團所有成員分為四個組，分別從事各種勞動。北京工讀互助團從事的經濟活動包括很多內容，如經營食堂、補習英文、補習文化、洗衣、放映電影、販賣報刊書籍、販賣各種日常用品，以及製造各種產品，如信封、信紙、墨水、洗髮劑、牙粉、潤面膏、織襪、縫紉、刺繡、帽子、毛巾、小工藝品等。團員們的實際工作時間大都超過簡章中規定的每

天四小時。由於條件所限，沒有能夠實現各取所需的共產主義，除吃飯由各組集體供給外，其他費用都還是由各人自理。但他們主觀上是極力推行共產主義的。如第一組曾經把團員的衣服都集中起來，分類放置，只要誰愛穿就可以自由撿來穿，以作為他們對所設想的「各盡所能、各取所需」的美好理想的嘗試。他們成立這一團體時的發展計劃是：第一步使團員學習到專業的技能和互助的習慣，使工讀互助團在社會上立穩腳跟。第二步是實行工讀主義的宣傳，擴大影響，使之影響到全國。第三步是小組織大聯合，實現工讀互助的新社會。王光祈認為，工讀互助團逐漸推廣，「各盡所能，各取所需」的理想社會就會漸漸地實現。

在北京工讀互助團的影響下，南京、天津、武漢、廣州、上海等地都有人仿效，組建「工讀互助團」，北京也有人另外組織其他的工讀互助團。例如，北京的中國大學的教職工組織了工讀互助團，天津有工讀印刷社，武昌有工學互助團，上海則出現多個互助團，廣東、浙江、湖南、南京、揚州等地也出現類似的組織。建立「工讀互助團」的運動得到了社會各界的不少贊同和支持，許多報刊報導和稱讚了這一活動。有的文章說，這是極好的一件事，如果這件事充滿社會，那麼社會上的腐敗和惡濁可以完全消除。

這場組織工讀互助團的運動只經過幾個月就結束了。主要原因是，各地的工讀互助團成立後不久，便都遇到嚴重的經濟困難，因而被迫相繼解體。例如北京工讀互助團沒有充足的經濟來源，團員們不掌握熟練的勞動技能，又不善於經營管理，而且由於當時勞動力廉價，所以他們半天時間的勞動遠不足以維持他們的生活，各項工作多不獲利或者獲利很少，互助團難以維持。如放映電影時來看的人時多時少，如果人少，就要賠本，所以辦了一個多月就停止了。另外，當時的人們還缺乏過集體生活的思想準備和習慣，結果團員中個人主義、自由主義

比較嚴重，無法進行集體主義的勞動，而且，各互助團成員們之間的思想也存在分歧。

起初，工讀互助運動得到了許多人的支持和期望。不久，由於工讀互助團舉辦的實踐過程中發生困難，人們感受到這一思想的不切實際和難於推行。工讀互助實踐運動的失敗，使人們普遍先後放棄工讀互助主義，轉而尋求其他改造中國社會的方法。

（四）無政府主義

世界上一些國家曾經盛行一種無政府主義思想。在中外交流日益增多的情況下，一些中國人接觸並接受了外國的無政府主義，並且略加發揮，從而形成中國的無政府主義。清代末期，一些在日本或法國的留學生和流亡國外的反清革命者，接觸並接受了外國思想家所主張的無政府主義。這時無政府主義思想主要存在於身處國外的這些人當中，國內的無政府主義主張者極少。這些身處國外的無政府主義者們辦報刊，組織無政府主義團體，進行了無政府主義的研究和宣傳。1911年的辛亥革命以後，在國外的無政府主義者大批回國，並在國內大力從事對無政府主義的宣傳。在他們的影響下，國內贊同無政府主義的人迅速增多，國內也先後出現了大批無政府主義的團體和宣傳無政府主義的刊物、書籍。在民國初年（五四運動前後）的思想活躍時期，人們紛紛尋求改造社會的辦法，在這一形勢下，無政府主義與其他思潮一樣，迅速興盛起來，有了進一步的傳播。在當時盛行的各種社會思潮中，無政府主義是影響比較大的一種，一度很受歡迎，有很多人贊同，因為認為無政府主義很痛快，可以一下子解決中國的社會問題。這一時期，接受無政府主義者迅速增多，有較多的人贊同無政府主義。這一時期，無政府主義者在各地建立了許多團體，創辦了多種刊物，全國各地有許多無政府主義的團體和無政府主義的刊物。國民革命

期間，隨著共產主義和三民主義的影響日益擴大，加上無政府主義空想性過強，不切合實際，大部分主張無政府主義的人思想發生變化，先後放棄無政府主義，轉而接受其他思想，贊同無政府主義的人迅速減少。其中一部分轉向共產主義，一部分轉向三民主義，一部分轉而主張在現政權下進行點滴的改良，還有一些人由於無政府主義實踐的失敗而陷入悲觀失望。此後，仍有少量的人堅持無政府主義，繼續出版刊物宣傳無政府主義，但人數較少，影響較小，並且其人數和影響都繼續逐漸下降。到抗日戰爭期間，這一思想已經基本消退。

無政府主義主張，廢除現行社會制度，建立一種無政府社會。在無政府社會中，個人應當完全地、絕對地自由。第一，個人的絕對自由是正當的。一個人生活在世界上，應該是自由的，個人的自由是不應受絲毫侵犯的。即，個人應當自己決定自己的行為，不應當受到他人的任何束縛或支配，不應當受他人的管理。社會中不應當存在強制和服從。第二，個人絕對自由是可行的。人生來是善良的、互助的，這是人類的本性。黃凌霜 1919 年 3 月在《進化》上發表的〈師復主義〉一文中說：互助是人類進化的原因，是人類的本能。人類的這種本性決定了，人人都是性善的，人人都能夠自治，管好自己，所以每個人都不需要別人來管束，即使沒有政府的管理，人類也能夠依靠這種本能進行良好的共同生活。第三，個人絕對自由是必要的。社會進步需要個人儘量發揮其才能。而只有實現充分的個人自由，每個人都能依據自己的見解自由行動，他的道德的、才智的、美術的各種能力，才能夠儘量地發揮出來，社會才能進步。如果個人的自由受到限制，個人的才能就不能發揮，社會也會處於停滯狀態，不能進步。所以，應當實行個人完全自由的制度。在這種個人完全自由的制度下，消除對個人的一切束縛，個人的行動完全不受任何強迫或限制，人與人之間互相敬重對方的自由，互相不侵犯對方的自由。每個人都能夠按照自己的意見來行動，都可以做他自己贊成的或願意做的事情，

不做他不贊成的或不願意做的事情。每個人都允許別人按照人家的意見來行動，不阻撓別人做人家贊成或願意做的事情，不強迫別人做人家不願意做或不贊成的事情。如果在一件事情上有兩派意見，那麼贊成的人可以執行，反對的人可以不執行，贊成者不能強迫反對者執行，反對者也不能阻礙贊成者執行。區聲白 1921 年在《新青年》發表的〈討論無政府主義〉一文中說：「贊成的既不能強迫反對的一定做去，反對的也不能阻礙贊成的執行，這豈不是自由嗎？」

　　無政府主義主張，在無政府社會中不設政府。政府本質上是壞的事物，一切政府都是壞的。政府是不應該出現和存在的，政府的出現是人類歷史上的一個錯誤。劉師培〈政府者萬惡之源也〉中說：「政府者，萬惡之源也。不必論其為君主為民主，不必論其為立憲為共和，既有政府，即不啻授以殺人之具，與以貪錢之機，欲其不舞弊，不賤民，安可得耶？」第一，政府是奴役和束縛個人的工具，妨礙個人自由。權力和自由是對立的，有權力就沒有自由，政府掌握權力，造成人對人的服從，因而侵奪人們的自由，妨礙人們的自由。黃凌霜 1919 年 3 月在《進化》上發表的〈師復主義〉一文中說：「自有政府，乃設為種種法令，以繩吾民，一舉手，一投足，皆不能出此網羅陷阱之中，而自由全失。」政府侵奪人民的自由，所以只有廢除政府才能實現完全的絕對的個人自由。第二，政府是保護少數人利益的機關，是強者壓制弱者、富人壓制窮人的工具，妨礙平等，正是政府的存在，才造成人們之間的不平等。1920 年《奮鬥》上發表的〈破壞論〉中說：「人類本極平等，國家要他們分成為若者為奴，若者為主，若者為貴，若者為賤。」第三，政府是私有制的根源。社會中存在著土地私有制度和占有剩餘價值的資本主義生產制度，這些都是壞的制度，既違反正義，又不利於人類生活，而政府則是這兩種惡劣的經濟制度的後盾。只有先消滅政府，才能消滅這兩種制度。所以，應當消滅世界上所有的政府。1914 年劉師復在〈無政府共產主義釋

名〉中說：「無政府共產主義者何？主張滅除資本制度，改造為共產社會，且不用政府統治者也。」

無政府主義認為，在無政府社會中，整個世界應當聯為一體，不應分成各個國家。第一，國家破壞人類的共同生活。全體人類是共同生活的，本來是沒有國家的。全世界分成各個國家，妨礙人類的共同生活。有了國家，一國有一國有組織，一國人有一國人的情感，因為組織、情感的不同，所以一國的人不能同另一國的人自由交往，不能共同生活。第二，國家使人與人之間成為敵人。世界的人類本來都是兄弟，是能夠互相友好的。由於國家的存在，政府宣導愛國主義，教練軍隊以侵凌他國，於是人們互相之間成為敵人。第三，國家是戰爭的根源。國家不是抵抗他人的侵略，就是自己去侵略他人，各國建設軍隊，互相進攻和防禦，國家的存在，就是侵略戰爭存在的根源。因此理想的無政府社會應當是：「無所謂軍備，無所謂政府，無所謂種界，更無所謂國界。」無政府主義也反對愛國主義，認為人人都各愛自己的國，不愛他人的國，於是才有戰爭，愛國主義思想流毒數千年，使人們互相戰爭，爭城奪地，導致許多生命喪失。

無政府主義主張，在無政府社會中，全社會人民組成各個團體。社會中沒有掌握權力、管理社會的政治組織，只有從事各項生產活動的經濟組織。各種團體各自進行各種生產活動。如擅長農事的人可組成農會，擅長礦業的人可組成礦會。組織者也是各團體中的勞動者之一，不是領導，沒有管理他人的權力。團體由人們自由組合而成，團體中人們願意參加就參加，不願意的就退出。區聲白在〈討論無政府主義〉一文中說：「人人都可自由加入，自由退出。」團體中沒有限制個人自由的章程、規則，可以由成員共同制訂自由契約，共同遵守，個人與個人之間以自由契約結合成團體，不同意者則可以不遵守，退出團體。個人與個人之間以自由契約結合成小團體，團體與團

體之間也以自由契約結合成更大的團體。如果團體與團體發生衝突，可由第三團體調解。如果強者欺凌弱者，可聯合起來干涉。不需要一個政府機關來管轄。

　　無政府主義主張，在無政府社會中不設法律。法律只能維護一部分人的利益，有利於一部分人，不能利於全社會所有的人。法律無論如何公平，即使出自多數人，利於多數人，也只能利於一部分人。而且，法律是一部分人侵害另一部分人權利的工具。例如，資本家侵奪工人的剩餘價值，為法律所保護，工人起來反對資本家，就要受法律制裁。政府侵害人民的自由，為法律所許可，人民反對政府，就是違犯了法律。在無政府社會中，廢除法律，而代之以各團體成員之間、各團體之間的自由契約。

　　無政府主義主張，在無政府社會中實行公有制和按需分配。全部土地、機器等一切生產資料和衣食、住房等生活資料全部為社會公有。不僅一切生產資料，而且一切生活資料都是社會公有。各盡所能，各取所需，人人都依據其能力之所及，從事勞動，勞動所生產出來的衣服、食物、房屋等一切產品，由人們自由取用，無所限制。每人每天只勞動幾個小時，其餘時間自由研究科學或休息遊玩，男女均於學校畢業後從事勞動。無政府主義認為，按生產資料所有權來分配生產所得的產品，是不公正的，同時，按勞分配也是不公正的，因為每個人的能力大小不同，因此，只有按需要分配才是最公正合理的。此外，無政府主義還主張廢除一切宗教，廢除一切道德的束縛。主張廢除婚姻制度，沒有家庭，男女自由結合。主張實行充分的社會福利，兒童由公共機構產育院養育，年老者在公共養老院休養，患病者由公共病院治療。人人平等，沒有高低貴賤的區別。「無尊卑之辨，無貴賤之殊，無貧富之分，無強弱之別。」劉師復的〈無政府共產主義同志社宣言書〉對無政府社會作了綜合的概括：「無地主、無資本家、無寄生者、無首領、無官吏、

無代表、無家長、無軍隊、無監獄、無員警、無裁判所、無法律、無宗教、無婚姻制度之社會」。

關於無政府社會的實現途徑，有三種不同的主張。第一種主張是，以極端的暴力破壞現實社會，進行罷工，抗稅，暗殺，暴動等，推翻政府。朱謙之在 1920 年在《奮鬥》上發表的〈革命的目的與手段〉一文中說：「真正的革命，只是抵抗，只是暴動。抗稅哪！罷工哪！爆烈彈哪！武力威嚇哪！這都是革命的福音，這都是革命家唯一的能事。」、「破壞是何等痛快，何等進取！」第二種主張是，組建和發展工會，與政府對抗，各地各工會聯合起來，並通過罷工、示威等和平方式的鬥爭，實現工會對政府的取代。將來政府被工會取代以後，工會成為社會中進行生產和分配的組織。第三種主張是無政府主義中的主流觀點，認為應當分兩個步驟實現無政府社會。無政府社會的實現，必須經大多數人贊成無政府主義而起來革命，消滅政府。要使多數人贊成，就要進行宣傳，所以應當先進行宣傳，然後再進行革命。第一步，用報刊、書籍、演說、學校等方式，向一般平民宣傳無政府主義，使大多數人贊同無政府主義。無政府主義符合人類的本性，只要宣傳教育，人們就可以贊同。在宣傳過程中，要兼用抗稅、罷工、罷市、暗殺、暴動等手段，以激發人心，對社會造成震動，促進無政府主義的傳播。暗殺等行動是為了使大多數人驚醒，使掌握權力的人驚恐，這些激烈的手段是最好的宣傳方法。第二步，無政府主義廣泛傳播以後，大眾都贊同無政府主義，就會全體行動，發動平民大革命，推翻政府，無政府主義社會便建立起來。這種平民大革命也是世界大革命，革命是各國聯合的，不是只在一國進行。或者數國聯合發動，或者一國先發動而其餘諸國回應，形成世界性的大革命。這種世界大革命當以歐洲為起點，如英法德等國，無政府主義均已經傳播極廣。先是歐洲各國政府依次推翻，之後南北美及亞洲各國發動並成功，無政府社會便在世界範圍內迅速實現。當前的重點是宣傳無政府主義，以使其在中國社會廣

泛傳播。

在無政府主義的影響下，人們進行了一些實際政治活動，主要是建立組織和辦刊出書以宣傳無政府主義。無政府主義者們先後編寫了一些宣傳無政府主義的書籍，創辦了一些宣傳的報刊，組織了一些無政府主義的團體。例如 1907 年，劉師培等人在日本東京組建「社會主義講習會」，規定「以無政府主義為目的」，社會主義講習會定期集會，並創辦《天義報》和《衡報》等刊物，介紹無政府主義的理論，報告國際上無政府主義的活動，探討中國的無政府社會的方案和途徑。1907 年，吳稚暉等人在巴黎組建了「新世紀社」，出版機關刊物《新世紀》，進行無政府主義的宣傳，另外還出版書籍進行宣傳。1911 年，由江亢虎發起，在上海成立自稱主張無政府主義的團體中國社會黨。1912 年，劉師復等在廣州成立晦鳴學舍，大量刊印宣傳無政府主義的書籍，創辦《晦鳴錄》，後改名《民聲》。同年劉師復等人又成立心社，作為晦鳴學舍的周邊組織。1914 年劉師復等人在上海成立「無政府共產主義同志社」，目的是聯絡各地無政府主義者以推行無政府主義，在這一組織的影響下，在廣州也成立了「無政府共產主義同志社」，在南京成立了「無政府主義討論會」，在常熟成立了「無政府主義傳播社」。五四運動前後，無政府的宣傳和組織活動更為活躍，在全國各地先後出現許多無政府主義團體，出現大量宣傳無政府主義的報刊。在北京有實社、進化社、奮鬥社、互助社、學匯社、中華農村運動社，在上海有道社、民眾社，在南京有群社、安社，在長沙有安社、星社，在廣州有民鐘社、火焰社，在山西有平社，在江蘇有微明學社，在四川有適社、人聲社等，在國外的有巴黎的工餘社、加拿大溫哥華的加拿大木瓦業華工聯會、三藩市的平社。報刊中影響較大的有《進化》、《學匯》、《工餘》、《奮鬥》、《自由錄》等。此外還出版了大批宣傳無政府主義的書籍。1920 年代，無政府主義的範圍和影響都有所下降，但人們仍進行了一些宣傳和組織的活動，創辦了一些

宣傳無政府主義的刊物，並寫作或翻譯了一批無政府主義的著作。

　　無政府主義一度在中國社會較為興盛，是出於多方面的原因。一是無政府主義在世界各國的盛行。無政府主義產生於歐洲，在歐洲一度盛行，並流傳到日本，隨著中外交流的增多，中國人瞭解到國外的無政府主義，並將其予以吸收和繼承，形成中國的無政府主義。二是中國政府的不良狀況。清末和民初的中國政府都素質低、能力弱，政府對民眾的侵害大，對外又不能抵禦列強的侵犯。於是人們對當時的政府有強烈的不滿情緒，其許多政策和措施也為人們所不滿，所以人們在接觸外國的無政府主義以後很易於接受這一思想。三是中國的某些傳統觀念。中國人原有的一些思想，如傳統的大同理想，以及道家的無為而治的思想，均與外國的無政府主義有相通之處。這些為中國人所廣泛認同的傳統思想，促進了人們對無政府主義的接受，使人們在接觸無政府主義之後能夠比較容易地接受它。

　　無政府主義對政府之本質的認識是錯誤的。無政府主義認為政府是一部分人壓迫另一部分人的工具，認為政府完全是壞的東西，沒有任何益處，只能給社會造成危害，這一觀點是錯誤的。無政府主義只看到政府壓制人的一方面，沒有看到政府處理公共事務的這一本質功能。實際上，政府作為處理公共事務的組織，它的存在是必要的。壞的政府固然應當反對和推翻，但好的政府還是十分有必要存在的。不應因為目前的政府不好，對目前的政府不滿意，就取消一切政府。問題不在於是否應該保留政府，而在於應該建立一個什麼樣的政府。在當時的各種思想中，無政府主義是空想性比較強的，是比較不切合實際、不合理的。這也是它存在時間較短，很快就無人再持有的原因。

　　無政府主義中還有一個極端的流派，即虛無主義。這一流派認為，無政府革命還仍然是不徹底的革命。最徹底的革命，

是將世界上的一切組織都消滅，一切人類都消滅，達到虛無的狀態。只有人類滅絕，才達到「絕對真善美之境」，才是「永遠的解脫」。他們大力提倡自殺。這一思想認為，無政府主義是達到虛無的必經途徑，因而贊同並宣揚無政府主義。朱謙之1920年在《奮鬥》上發表的〈革命與哲學〉一文中說：「無政府革命還是半截的、不徹底的，而最徹底的革命，在把宇宙間的一切組織都推翻，幾時革到無天無地，無人無物，這才是歸宿。」

（五）工會社會主義

工會社會主義是20世紀初期一些英國思想家提出的思想。民國初期，一些中國人接受這一思想，並有所發揮，形成了中國的工會社會主義。他們通過創辦刊物和發表文章等方式對這一思想進行了宣傳。當時資本主義在歐美國家已經聲名不佳，世界流行社會主義的潮流，同時俄國又成功進行了社會主義革命。在這種情況，社會主義對中國人的吸引力很強，相反，發展資本主義的主張不易獲得很多人的贊同。而工會社會主義則主張在中國目前階段先發展資本主義，反對立即實行社會主義，故工會社會主義的贊同者一直不多。在1920年代，這種思想基本消退。

工會社會主義認為，社會發展的歷史必然先後經歷封建、資本主義、社會主義三個時期，經過封建、資本主義、社會主義三種文明。社會主義必將取代資本主義，社會主義是歷史發展的必然趨勢，是不可避免的。從當前整個世界範圍來看，封建文明早已過時，而第一次世界大戰已經把資本主義的弊端暴露出來，資本主義也已經到了末日，不可能再維持下去，社會主義文明即將興起，社會主義即將取代資本主義，目前的世界即將面臨社會主義革命風潮。梁啟超赴歐考察後於1920年發表的《歐遊心影錄》一書中說：「俄國的火蓋已自劈開，別國

也到處埋著火線。」、「社會革命，恐怕是二十世紀史唯一的特色，沒有一國能免，不過爭早晚罷了。」張東蓀 1921 年發表於《改造》的〈一個申說〉一文中說：「資本主義必倒，社會主義必興。」

工會社會主義主張，進入社會主義社會是可以通過和平方式來實現的，不一定非得採取暴力革命的方式。所以，在中國，不應當通過革命的方式實現社會主義，應當通過和平的方式進入社會主義。俄國式的革命過於激烈，應該設法為中國找到一個能夠避免過激危險的、溫和的社會主義。工會社會主義就是這樣的正確方式，工會社會主義既能使中國免於過激的危險，又能實現社會主義。具體方式是，通過建立「基爾特」即工會，通過改造和發展現有工會組織的辦法建立工會議會，對資本主義社會進行和平改造，建立社會主義社會。

首先，擴大工會組織，把所有的工人及管理人員都儘量吸收到工會中來。然後，工會向資本家爭取權利，使權力從資本家轉到工會手中，由工會掌握企業管理的權力，工廠的各種管理人員和工人都由工會任命，工資由工會發給。之後，工會組織逐漸擴展，各個企業的工會逐漸聯合，形成一個地區的行業工會，再形成全國的行業工會。按照職業性質的不同組建各種行業工會，如工業工會（工業基爾特）、農業工會、商業工會等，各行業都建立工會。最後，各個行業的工會組成全國性的工會議會（也稱基爾特議會），設置一個委員會，由選舉產生。

現行的政府機構繼續存在，在現有的政府機構之外，另外建立工會議會，與現行政府並行，在一個國家裡設置兩套機構。政府代表社會中的消費者，工會議會代表社會中的生產者。政府管理政治，如維持秩序、外交、國防事務，工會議會管理經濟事務。重大問題由政府與工會議會聯合解決。工會議會與政府合作，政府承認基爾特的職能，工會議會也承認政府的職能，兩者彼此獨立，互相承認，也互相限制。於是，通過和平的、

非暴力的途徑使資本主義社會轉變為社會主義社會。

工會社會主義認為，目前中國應當先發展資本主義，將來再發展社會主義。社會主義是必然的趨勢，資本主義必倒，社會主義必興。但社會發展是按次序逐步進行的，社會發展必然要經歷資本主義階段，資本主義是不可能越過的階段。要實現社會主義，必須先發展資本主義，只有資本主義發展了以後社會主義才能實現，沒有資本主義的發展，就不可能有社會主義。在中國也是如此。目前在中國實行資本主義是不可避免的，中國必將會有一個資本主義的時期。社會主義制度在先進國家尚未實現，更何況在中國。中國正處在封建文明和資本主義文明的交界之處，社會主義是將來的事情、遙遠的事情，要到很久遠的未來才能實現。社會主義必然發生在產業發達的條件之下，中國是一個產業未發達的國家，不可能立即走向社會主義。而要發達產業，就不能不經過資本主義，為實現將來的社會主義，現在必須發展資本主義。所以，中國現在最需要的是發展資本主義，應當先發展資本主義，發展產業，然後再實行社會主義。楊端六 1920 年在《新青年》發表的〈與羅素的談話〉中說：社會發展「是走的」，「不是跳的」。又說：「中國若想社會主義實現，不得不提倡資本主義。」現在的社會主義者應該做的，不是宣傳社會主義和組織團體推行社會主義，而是耐心等待社會主義革命形勢的出現，同時應當做一些具體的工作，如幫助資本家辦教育，興辦實業。現在還不是社會主義者的時代，要把這個時代讓給資產階級，社會主義者要「讓德」。

工會社會主義主張，中國在發展資本主義的過程中，應當貫徹社會主義的精神。1920 年《新青年》發表的〈張東蓀談社會主義〉一文說：「以資本主義之方法而貫徹社會主義精神。」一方面，對資本家進行矯正，教育資本家，使資本家產生覺悟，懂得節制，懂得剩餘價值不能全部掠奪，不應過多地剝削工人。另一方面，在發展資本主義的同時，發展一些非資本主義的產

業，即政府公營的產業，並提倡各種合作社以發展集體經營的企業。同時，應當對工人階級進行教育，教授他們各種知識，並培養他們的組織力，培養他們為自己的利益而鬥爭的意識。這些都可以為社會主義準備有利條件，以便將來能夠順利地通過和平方法由社會主義取代資本主義。

（六）漸進改良思想

民國初期，還出現一種漸進改良思想，是吸收國外的相關思想而形成的。這種思想認為，社會的進步是逐漸實現的。改造社會只能是一點一滴地逐漸進行改良，通過解決一個一個的具體問題來進行。社會的改造是一種制度一種制度的的改造，一種思想一種思想的改造，一個學堂一個學堂的改造，一個家庭一個家庭的改造，改造一定是零零碎碎的，一點一滴的，一步一步的。胡適 1919 年 12 月在《新青年》發表的〈新思潮的意義〉中說：「文明不是籠統造成的，是一點一滴造成的。進化不是一晚上籠統進化的，是一點一滴進化的。」1919 年 11 月 KS 在《新群》發表的〈怎樣去研究社會改造問題〉中說：「社會改造的事，是慢慢的做到的，不是一下子做到的；是零碎做到的，不是一舉成功的。」

這種思想認為，應當在某種時間、某種環境中，隨時隨地去找出具體的方法來應付具體的問題。如鴉片煙問題、人力車夫的生計問題、大總統的許可權問題、賣淫問題、賣官問題、女子纏足問題、童養媳問題、文學改革問題、教育改良問題、庸醫害人問題、神廟香火興旺問題，等等。具體的問題多解決了一個，就是社會改造的前進一步。

這種思想認為，不應當進行暴力革命。因為通過革命來一次性地根本解決社會問題是不可能的，社會的改造不可能通過革命一次性地完成，而且革命會使人們互相殘害，會導致國家

的動盪不安。世界上兩個大革命，一個法國革命，一個俄國革命，表面上根本解決了，但骨子裡仍存在枝枝節節的具體問題，終究還是要應付這一個一個的問題。所以，應當用自覺的改革來代替盲動的革命。

民國初期，各種社會改造思想在中國的出現並在一段時間內廣泛盛行，除國外各派政治思想的輸入這一原因以外，還有著其他多方面的原因。第一，反清民主革命運動衝擊了長期視為不可懷疑的忠君觀念和推崇專制的觀念，從而促進了思想的自由和活躍，使人們易於接受新思想。並且，1915年《新青年》創辦以後，出現一個宣傳民主、宣傳新道德的高潮。主張民主的人們大力宣傳民主、抨擊專制，抨擊傳統道德，形成一場文化運動。在這場運動中，享有絕對權威的傳統思想如忠、孝、節、烈等觀念受到沉重打擊，促進了思想的自由和活躍，人們的思想進一步獲得極大解放，能夠在一定程度上放棄對原有的權威觀點的固守，使新思想更為易於被人們所接受，從而為一系列社會改造思想的發展和傳播提供了有利條件。第二，歐美先進國家的貧富分化等社會弊端，以及由此而產生的社會革命，越來越多地為中國人所瞭解，促使中國人尋求超越歐美各國的制度。第三，當時世界上發生了第一次世界大戰和俄國革命等重大事件。中國人原本希望中國建設成歐美那樣的社會。世界大戰造成的慘烈後果，使人們對歐美社會產生懷疑，認為歐美社會存在弊端，歐美文化有不足，於是企圖建立一個超越歐美社會的、避免其弊病的、水準高於它們的社會。相反，俄國十月革命則促使人們嚮往社會主義革命，並主張仿照俄國，建立新的社會制度。第四，在民國初期，民主制度沒有真正確立起來，政局又比較動盪，人們普遍對中國政治狀況不滿意，從而尋求一個理想的社會，探求中國的更良好的前途。第五，中國一直面臨著列強威脅的形勢，國際地位較低，如何應對這一局面，一直是中國人所關注的問題，而巴黎外交失利和五四運動則進一步激發了中國人關心國家前途和尋求國家出路的愛

國熱情，促使中國人更加關心國家為列強所威脅的形勢，更加積極地去探尋救國的途徑。第六，中國人具有傳統的民族優越感，具有自信的心態，認為中國在各個方面都是世界上最優秀的，中國應成為世界上最先進的最強大的國家。這種傳統心態使人們認為，雖然中國目前暫時衰弱，但終究要強大起來，並超過世界各強國，不僅軍事力量強大，而且終將在所有各個方面都勝過其他國家。社會改造思想的出現、發展和傳播也與這種傳統心態有關。另外，中國人傳統上一直存在理想社會「大同」世界的夢想。這與來自外國的各種社會改造思想有相通之處，在對理想社會的方案構想上有共同點。由於這些原因，當中國人接觸並瞭解國外的各種改造社會的思想後，有相當多的人先後接受並贊同這些思想。

大多數社會改造思想存在時間都比較短，出現不久就因空想性和實踐中的失利而消退了。但是，它們仍然在中國近代歷史上具有重要意義。正是在各種思想的彼此交流和互相比較的過程中，人們最終選擇了其中可行性最強的一種，將其付諸實踐，並進而對中國歷史產生了極為重大的影響，這就是其中的共產主義。

第八章　共產主義

　　在俄國 1917 年革命的影響下，出現中國的共產主義。共產主義也稱馬克思主義。中國的共產主義也是各種社會改造思想之一，與民國前期一度盛行的其他各種社會改造思想屬於同一類型的思想體系。所不同的是，其他各種思想都在政治實踐中失敗了，沒有能夠得以推行，而且大多存在時間比較短，比較快地消退了，而共產主義則付諸於政治實踐，得以實行，而且長期存在、發展和廣泛傳播，並對中國歷史產生了巨大的影響。鑒於共產主義傳播極廣和影響極大，這裡我們為其專列一章予以闡述。

　　中國的共產主義最初是簡單地引進國外共產主義的基本觀點，主張在中國進行無產階級社會主義革命，進入社會主義社會。不久，共產主義者在結合中國具體國情的基礎上，普遍轉變觀點，認為在半封建半殖民地社會的中國，應當首先進行資產階級民主主義革命（也即資產階級資本主義革命），以後再進行無產階級社會主義革命。也就是說，中國共產主義的第一階段表現為無產階級社會主義革命論，歷時很短，大約存在於 1917 到 1922 年間，第二階段表現為資產階級民主主義革命論，歷時較長，大約存在於 1922 到 1949 年間。

（一）無產階級社會主義革命論

隨著共產主義在世界上的傳播以及中國人與外國人交流的逐漸增多，從清末時起，中國人對共產主義逐漸有所接觸和瞭解。而 1917 年俄國革命的成功，則對中國人的思想產生了極大的震動。在俄國革命的影響下，一些人關注俄國革命，並且關注作為俄國革命指導思想的共產主義。有個別人接受了共產主義的基本觀點，主張中國效仿俄國進行無產階級社會主義革命，建立社會主義社會這一高級社會，於是形成了中國的無產階級社會主義革命論。

1922 年列寧關於資產階級民主主義革命的觀點傳入中國，認為在中國這樣的半殖民地半封建社會，應當先進行資產階級民主主義革命，之後再進行無產階級社會主義革命。中國共產主義者們普遍接受了列寧這一觀點，從而放棄無產階級社會主義革命論，接受資產階級民主主義革命論，於是社會主義革命論基本消退。

無產階級社會主義革命論認為，每個民族或國家的歷史發展都必然遵循一個基本規律，即社會從低級向高級發展。一般來說，會先後經歷由低級至高級的幾種社會形態，即原始社會、奴隸社會、封建社會、資本主義社會、社會主義社會和共產主義社會。每一種社會形態都是由生產力、生產關係、上層建築構成，都具備一定的生產力，具有一定的生產關係，具有一定的上層建築。生產力是人進行經濟活動的能力；生產關係即經濟制度；上層建築包括政治制度和思想文化。經濟制度的核心內容是生產資料所有制，其次是產品的分配方式，政治制度的核心內容是政權的性質。生產力決定生產關係，生產關係必然要適應生產力，生產關係決定上層建築，上層建築必然要適應生產關係。奴隸社會、封建社會、資本主義社會中存在不同的階級，是階級社會。在階級社會中，階級鬥爭是推動社會進步的根本動力。

原始社會中，生產力水準極低，生產資料公有，產品平均分配，沒有國家政權，社會成員彼此平等，沒有階級差別，文化是無階級性的原始文化。奴隸社會中，生產力水準高於原始社會，主要存在奴隸主和奴隸兩大對立階級，奴隸主占有生產資料，並占有奴隸的人身，剝削奴隸的全部勞動成果，政權性質是奴隸主政權，奴隸主階級思想文化占統治地位。封建社會中，生產力水準又高於奴隸社會，主要存在地主和農民兩大對立階級，地主階級占有生產資料，以地租等方式剝削農民階級的大部分勞動成果，政權性質是地主階級政權，地主階級思想文化占統治地位。資本主義社會中，生產力水準更高，主要存在資產階級（也稱資本家階級）和無產階級（也稱工人階級）兩大對立階級，資本家占有生產資料，僱傭工人進行勞動，剝削工人的大部分勞動成果（付給工人工資並占有工資以外的勞動成果），政權性質是資產階級政權，資產階級思想文化（即資本主義思想文化）占統治地位。社會主義社會是共產主義社會的初級階段，在社會主義社會中，生產力水準高於資本主義社會，仍然存在階級差別，生產資料公有，產品按勞分配，即按照各人勞動的多少給以報酬，實行沒有商品貨幣的計劃經濟，政權性質是無產階級政權，無產階級思想文化（即社會主義思想文化）占統治地位。共產主義社會中，沒有階級差別，生產力水準極高，產品極其豐富，生產資料公有，產品按需分配，有計劃的生產取代生產的無政府狀態，沒有國家政權，人們各盡所能，自覺勞動，勞動成為人們的生活中的第一需要，文化是無階級性的共產主義文化。

無產階級社會主義革命論認為，無產階級社會主義革命是必將發生並取得成功的。資本主義必然滅亡，社會主義必然勝利，這是必然的趨勢，是不可避免的。資本主義社會中，社會分為資產與無產兩大階級，社會的基本矛盾是資產階級與資產階級之間的矛盾。社會主義革命即無產階級用暴力戰勝資產階級，推翻資產階級政權，建立無產階級的政權，並消滅私有制，

建立公有制，從而結束資本主義社會，實現社會主義社會。社會主義制度代替資本主義制度，與當年資本主義制度代替封建制度一樣，都是不可避免的。社會主義革命在世界各國都是必然發生並取得成功的。俄國革命開闢了人類歷史新時代即社會主義時代，二十世紀將出現世界社會主義革命的潮流，社會主義革命必將在世界範圍內取得勝利。1918年李大釗發表的〈布林什維主義的勝利〉中說：「由今以後，到處所見的，都是布林什維主義戰勝的旗，到處所聞的，都是布林什維主義的凱旋的聲。」又說：「人道的警鐘響了！自由的曙光現了！試看將來環球，必是赤旗的世界！」

無產階級社會主義革命論認為，應當在中國進行無產階級社會主義革命。中國處於封建社會，但世界革命運動自從俄國革命成功以來，已經轉向一個新的大方向，這個新的方向就是進行無產階級社會主義革命，建立無產階級政權，實現社會主義社會。因此中國不能走英法當年的進行民主革命的老路，而應當效仿俄國，進行以無產階級武力反對資產階級的無產階級社會主義革命，建立社會主義。應當由無產階級的軍隊以武力推翻舊政權，建立無產階級政權，即無產階級專政，同時廢除生產資料私有制，沒收機器、廠房、土地等一切生產資料歸社會公有，建立生產資料公有制，從而進入社會主義社會。

在這一思想指導下，有少數人進行了一些推行這一思想的實際政治活動。他們在一些刊物上發表研究共產主義和宣傳共產主義的文章，創辦了一些專門從事共產主義研究和宣傳的刊物，翻譯出版了一些闡述共產主義思想的外國著作，在各地組織了一批研究和宣傳共產主義的團體。他們還在一些地方組建了從事實際政治活動的共產主義小組，並在聯合這些小組的基礎上建立了中國共產黨。這些共產主義小組和共產黨在一些地方領導工人開展了罷工等工人運動。這一思想還成為中共初期的指導思想，中共依照這一思想制定了黨的基本綱領。

無產階級社會主義革命論與議會民主思想有一定的繼承關係。這一思想認為，所謂民主主義實際上就是資本主義，世界上各國的議會式民主制度都是資本主義民主。它只是少數人的民主，少數的剝削階級壓迫多數的勞動階級，少數人得到幸福，多數人被少數人壓迫，得不到自由和幸福。社會主義則是對民主主義的一種超越式的發展，社會主義制度是高於民主主義的，是比民主主義更為高級和更為優秀的制度。社會主義也包含著民主制度，社會主義民主也是民主中的一種，而且只有社會主義的民主才是完全的真正的民主政治，它打破了一切特權階級，是屬於全體人民的民主，其政權機關屬於全體人民，為全體人民服務。所以，應當以社會主義社會取代資本主義社會，以社會主義的民主取代資本主義的民主。許多無產階級社會主義論的主張者，都是從議會民主論者轉變而來，並且他們自己認為，這一轉變是一種思想上的進步。

　　新村主義、工讀主義、工讀互助主義對無產階級社會主義革命論的傳播產生了一定促進作用。由於新村主義、工讀主義、工讀互助主義的主張與共產主義有相通之處，特別是在社會理想的構想方案上有相通之處，故具有向共產主義轉化的可能性。一些新村主義者、工讀主義者或工讀互助主義者，後來接受共產主義，成為共產主義者。許多著名的共產主義者曾受到新村主義、工讀主義或工讀互助主義的影響，他們或者曾經贊同這些思想，或者曾經接受其中的部分主張。例如陳獨秀曾參與贊助成立啟新農場，以推動新村運動。李大釗曾認為，新村主義只要尋找一個地方實驗，不作紙上的空談，是能夠發生效用的，會在人類社會中有相當的價值。毛澤東曾有過建立新村的計劃，也曾支持過工讀互助主義。周恩來曾支持工讀主義。李大釗、陳獨秀都曾參加了為北京的工讀互助團募款的活動。1920 年成立的上海工讀互助團的列名者中，有陳獨秀、張國燾、毛澤東等一些後來的共產主義者。1920 年毛澤東給朋友的一封信中曾說：「我想我們在長沙要創造一種新的生活，可以

邀合同志，租一所房子，辦一個自修大學。我們在這個大學裡實行共產的生活。」、「這種組織，也可以叫做工讀互助團。」一些原來贊同新村主義、工讀主義或工讀互助主義的人，在工讀互助等運動遭到失敗的情況下，認識到這些思想的不合實際，從而轉向共產主義。如陳獨秀認為，在全社會的經濟制度沒有改造之前，一個人或一個團體絕對沒有單獨改造的餘地，新村、工讀互助團都是不可能實現的，現在社會最需要的是用革命的手段建立勞動階級的國家，建立新的社會制度。又如曾先後對新村主義和工讀互助主義非常熱心的惲代英在一篇文章中表示，他願意深入到工農隊伍中去，「教育農工，與農工接近，絲毫不想組織新村，只是想使他們明瞭只有革命是救濟他們自己的唯一法子」。曾先後贊同工讀主義和工讀互助主義的施存統，在工讀互助運動失敗後總結了失敗的教訓，認為有兩個教訓。「一，要改造社會，必須從根本上謀全體的改造，枝枝節節地一部分的改造是不中用的。二，社會沒有根本改造以前，不能試驗新生活，不論工讀互助團或新村。」中國第一批共產主義者中有一些人是經由這些空想性的社會主義轉向共產主義的，經過前者失敗的教訓以後，堅定地走上用共產主義救中國的道路。

無產階級社會主義革命論與無政府主義也有相通之處。它們都主張推翻資本主義社會，最終建立一個沒有政府的和按需分配的社會。無政府主義把這種理想社會稱為無政府社會，共產主義則把這種理想社會稱為共產主義社會。無政府主義也贊同共產主義的許多具體觀點，如經濟基礎決定上層建築，如資本家占有剩餘價值的理論，如應當進行階級鬥爭的主張。因有兩者相通之處，所以一些原來贊成或部分贊成無政府主義的人，在認識到無政府主義的缺點以後，放棄了無政府主義，轉而接受了共產主義。當然共產主義與無政府主義也有本質上的不同。共產主義主張先進入無產階級專政的社會主義社會（是共產主義的初級階段），要實行無產階級政權，生產資料公有，

產品按勞分配，等到生產力高度發展以後，才能進一步進入共產主義，取消政權，產品按需分配。無政府主義則主張直接進入無政府的共產主義社會，取消政權，生產資料和生活資料都直接實行公有，並直接實行產品的按需分配。也就是說，兩者所主張的社會改造的最終目標是相同的，但兩者所主張的實現途徑是不同的。

（二）與無政府主義的論戰

　　無產階級社會主義革命論興起以後，在主張無產階級革命的共產主義者與無政府主義者之間發生了一場論戰。雙方各自發表大量文章，闡述自己的觀點並批駁對方的觀點。1919 年 5 月，黃凌霜在《新青年》上發表〈馬克思學說的批評〉一文，對共產主義進行系統的批駁。之後北京大學的無政府主義團體「奮鬥社」在《奮鬥》上連續發表了〈我們反對布爾什維克〉等一系列文章反駁共產主義。此外還有其他一些無政府主義者的反對共產主義的文章發表。隨後，1920 年 9 月，陳獨秀在《新青年》上發表〈談政治〉一文，對無政府主義的基本觀點進行了反駁。不久，無政府主義者鄭賢宗寫信表示反對。為了駁倒無政府主義者，共產主義者們進行了大規模的批駁。《新青年》陸續發表陳獨秀的〈社會主義批評〉、〈下品的無政府黨〉、〈討論無政府主義〉（是陳獨秀與無政府主義者區聲白論戰的往來信件）、蔡和森的〈馬克思學說與中國無產階級〉等文章，對無政府主義進行反駁。《共產黨》月刊發表了〈短言〉、〈社會革命底商榷〉、〈無政府主義之解剖〉等文章反駁無政府主義。《少年中國》、《先驅》、《民國日報》副刊，也都刊文討論無政府主義。雙方還在其他一些刊物發表了一些互相反駁的文章。論戰持續了一年多時間。

　　共產主義者與無政府主義者的爭論集中在三個問題上，即要不要國家政權、要不要個人絕對自由、應當怎樣進行生產和

分配。

在要不要國家政權的問題上，無政府主義者反對一切政權，所以也反對無產階級專政，認為無論是資產階級政權還是無產階級政權，都應當取消。應當消滅世界上所有的政府，包括無產階級政權。1920 年《奮鬥》上發表的〈我們反對布爾札維克〉中說：「我們不承認資本家的強權，我們不承認政治家的強權，我們一樣不承認勞動者的強權。」共產主義者反駁說，我們並不反對最終要消滅政府，我們的最終目的是共產主義，也是沒有政權的。但是，在共產主義實現以前，在階級沒有消滅之前，是必須有政權的，而且要有強有力的無產階級政權。推翻資產階級政權之後，必須建立無產階級政權。施存統 1921 年 6 月在《共產黨》月刊發表的〈我們要怎麼樣幹社會革命〉中說：「我們的最終目的，也是沒有國家的。不過我們在階級沒有消滅以前，卻極力主張要國家，而且是主張要強有力地無產階級專政的國家的。」

共產主義者的理由是，推翻資產階級政權以後，階級和階級鬥爭是仍然存在的。這時仍需要建設無產階級政權，用它來消滅階級有產階級。要徹底地消滅有產階級，不是一時的暴力能成功的，必須有比較長期的壓制，而要實行比較長期的壓制，必須有無產階級的政權。階級和階級鬥爭消除之後，政府才能消亡。無產階級政權還可以保證使生產資料成為公有，使社會經濟制度得到徹底改造。〈我們要怎麼樣幹社會革命〉中說：「推翻有產階級的國家之後，一定要建設無產階級的國家，否則，革命就不能完成，共產主義就不能實現。」

共產主義者還認為，政府是一種改良社會的工具，工具不好，應改造它，而不應拋棄不用。反對壞的政府是應當的，但不應不加區別地反對一切政府，好的政府是要有的。政權用來破壞正義，就是惡劣的，但如果用來維護正義，就是良好的。陳獨秀 1920 年在《新青年》上發表的〈談政治〉中說：「強

權所以可惡，是因為有人拿他來擁護強者無道者，壓迫弱者與正義。若是倒轉過來，拿他來救護弱者與正義，排除強者與無道，就不見得可惡了。」又說：「不問強權的用法如何，閉起眼睛反對一切強權，像這種因噎廢食的方法，實在是籠統的、武斷的，決不是科學的。」政府是階級鬥爭的工具，有維護少數剝削階級利益的政府，也有維護多數人利益的政府，後者在一定歷史階段中不僅不應反對，而且必須加以鞏固。

在要不要個人絕對自由的問題上，無政府主義主張實行絕對自由。任何團體中，人人都可以自由加入，自由退出。每辦一件事，都要人人同意。如果在一個團體內有兩派意見，贊成的就可執行，反對的就可退出。贊成者不能強迫反對者去執行，反對者也不能阻止贊成者執行。

共產主義者反駁了無政府主義者關於絕對自由的觀點。共產主義者的觀點主要有以下幾點。第一，在人類社會中，自由總是相對的，而不是絕對的，個人的絕對自由是根本不可能的。如果實現了個人的絕對自由，那就意味著消滅自我以外的任何他人，否則便不能實現個人的絕對自由。於是，要個人的絕對自由，就只有離開社會，去過孤獨的生活。第二，如果像無政府主義者所說的那樣，每件事情都要人人同意再舉辦，是行不通的。陳獨秀 1921 年在《新青年》發表的〈討論無政府主義〉中說：「九十九人贊成，一人反對，也不能執行，試問數千數萬人的工廠，事事怎可以人人同意，如不同意，豈不糟極了麼？」第三，一個團體無論大小，都必然要有一部分人犧牲自己的意見，才能比較長久地維持，否則，人們自由加入，自由退出，這個團體就成為一盤散沙。所以應該實行少數服從多數的原則。第四，社會是由許多團體組成的，一個團體內各人有各人的意見，人人都同意已不容易實現，一個社會內各團體有各團體的意見，人人都同意更是不可能的。一個團體內意見不同的人還可以自由退出，一個社會內意見不同的人或團體，又

有何方法可以自由退出呢？第五，如果實行無政府主義所主張的個人絕對自由，會對無產階級革命起破壞作用。會使工人階級不能集中為強大的力量，無產階級的團體的力量散漫而不雄厚，不能與資產階級對抗，更不能推翻資產階級政權。

在應當怎樣進行生產的問題上，無政府主義者主張，個人自由聯合，組成團體進行生產。共產主義者則認為，在社會化大生產的條件下，無政府主義這種自由聯合是行不通的。生產組織應該是集中的，有計劃的，由政府統一管理生產，調節生產，這樣才能使工業和農業社會化，使生產合理進行，以免盲目生產，造成生產過剩或不足。如果按照這種自由聯合的方式去進行生產，各個小團體自由進行，沒有統一的政府機關去管理和調節，結果仍是無計劃的生產，這就與資本主義的生產是一樣的了，會出現生產過剩或不足，有時社會需用多而生產少，有時社會需用少而生產多。如果按無政府主義的觀點，將生產組織交給個人，則不僅不能推動社會發展，相反是把社會拉向倒退。

在應當怎樣進行分配的問題上，無政府主義者主張，產品各取所需，實行按需分配。無政府主義者認為，按勞分配是不徹底的革命。如果實行按勞分配，會產生不平等和富有階級。如果按照各人勞動的多少來確定報酬，那麼能力強的人將享受最大的幸福，而能力微弱的人將無法維持生活。共產主義者則認為，目前階段只能實行按勞分配，按需分配是生產力發展到極高水準的時候才能實行。如果社會的生產力高度發達，生產的產品十分豐富，取之不盡，用之不竭，那麼各盡所能各取所需的原則是很可以實行的。但在生產力發展還很低的時候，是不可能實行這個原則的。在今日生產力有限的情況下，以有限的產品，實行各盡所能各取所需的原則，聽任人們任意消費，是絕對辦不到的，如果勉強推行，就必然會造成社會經濟秩序的混亂。

共產主義者認為，無政府共產主義是共產主義的高級階段，無政府主義以上一系列錯誤的根本，在於急於提前實現共產主義高級階段。

（三）問題與主義之爭

漸進改良的主張者與社會主義革命論的主張者之間，也展開了一次論戰。前者主張解決一個一個的問題，反對空談主義，後者則主張實行社會主義革命。這一論戰又稱「問題與主義之爭」。論戰主要是在胡適和李大釗之間展開的。社會主義、無政府主義、馬克思主義越來越多地在刊物上出現，得到大量的宣傳，這種現象引起胡適的不滿。於是，1919 年 7 月，他在《每週評論》上發表了〈多研究些問題少談些主義〉一文，集中闡述了自己反對空談「主義」的觀點，反對共產主義的宣傳。胡適的這篇文章發表後，李大釗寫信給胡適，談了自己對「主義」的看法，反駁胡適的觀點。胡適將李大釗的信刊登於《每週評論》，並為它加上〈再論問題與主義〉的標題。之後，胡適又先後連續發表〈三論問題與主義〉、〈四論問題與主義〉等文章，繼續闡述自己的觀點，批駁共產主義。胡適又在《新青年》發表〈新思潮的意義〉，反對共產主義並宣揚其點滴改良的主張。最後，李大釗 1920 年 1 月針對胡適這篇文章在《新青年》發表〈由經濟上解釋中國思想變動的原因〉，對胡適的觀點予以批駁。與此同時，雙方還有其他一些人也在一些報刊上發表文章，批駁對方的觀點。

胡適主要講了三點理由。第一，空談主義是很容易的事。他在〈多研究些問題少談些主義〉中說：「空談好聽的主義，是極容易的事，是阿貓阿狗都能做的事，是鸚鵡和留聲機都能做的事。」、「高談主義，不研究問題的人，只是畏難求易。」第二，空談外來進口的主義，是沒有什麼用處的，因為一切主義都只能適應某時某地的具體情況，一切主義都是某時某地的

有心人，發明的對那時那地的社會所需要的救濟方法。不去實地研究現在的社會情況，只高談某某主義，就好比醫生只記得許多藥方，卻不去研究病人的病症，是沒有用的。第三，空談主義是很危險的事，很容易被政客利用來做種種害人的事，例如當時安福系的政客也在大肆談論社會主義。所以，胡適說，不應當空談主義，而應當多去研究各個具體問題如何解決。他在〈多研究些問題少談些主義〉中說：「請你們多多研究這個問題如何解決，那個問題如何解決，不要高談這種主義如何新奇，那種主義如何奧妙。」胡適認為，中國存在許多需要解決的具體問題，從人力車夫的生計問題到大總統的許可權問題，從賣淫問題到賣官賣國問題，從解散安福俱樂部問題到加入國際聯盟問題，從女子解放問題到男子解放問題，都是需要解決的。

李大釗針對胡適的觀點提出，研究問題固然需要，但談主義也是必要的。問題與主義有著不能分割的關係，解決問題離不開主義，只有宣傳了主義，才能解決各個具體問題。要想得到具體的社會問題的解決，就必須依靠社會上多數人共同的運動，這就應該先使它成為社會上多數人共同關心的問題。主義正是可以使多數人關心各個具體問題的工具。要想使各個社會問題成為社會上多數人共同關心的問題，就需要使社會上多數人先有一個共同的理想、主義。否則，即使研究了問題，社會上多數人卻一點也不關心，不行動，社會問題就永遠沒有解決的希望。所以李大釗認為，一方面固然要研究實際上的問題，另一方面也要研究和宣傳主義。李大釗在《每週評論》上發表的〈再論問題與主義〉一文中說：「我們的社會運動，一方面固然要研究實際的問題，一方面也要宣傳理想的主義。這是交相為用的，這是並行不悖的。」李大釗認為，應當把主義用作實際運動工具，同時應當宣傳主義，使社會上多數人都能用它作工具，以解決具體的社會問題。

李大釗還提出，只有對社會問題有一個根本的解決，才有解決一個一個具體問題的希望。社會結構中，法律、政治、倫理等都是表層的構造，在它們的下面，有經濟的構造作為它們這一切的基礎。經濟制度發生變動，其他都會跟著變動。經濟問題的解決是根本解決，經濟問題解決以後，一切具體問題才有了解決的希望。而經濟制度的改造，不能自然實現，必須用馬克思主義作工具，進行工人聯合的實際運動才能實現。「經濟問題的解決，是根本的解決。經濟問題一旦解決，什麼政治問題、法律問題、家族制度問題、女子解放問題、工人解放問題，都可以解決。」例如俄國，革命以前，經濟組織改造以前，一切問題絲毫不能解決，如今則全部解決了。

　　針對談主義危險的說法，李大釗認為，在主義的宣傳過程中出現假冒招牌的現象是不可避免的，如今社會主義在社會上流行，於是就有安福派政客打出社會主義的招牌，利用這個招牌來做不好的事。這種假冒招牌的現象固然是危險的，但主義本身原本就有適應實際的可能性，所謂「危險」不是主義本身的問題，而是空談它的人造成的。不應因為安福派也來講社會主義，就停止我們正義的宣傳。相反，正因為有人假冒社會主義的名號，我們就更應該大力宣傳真正的社會主義。李大釗的〈再論問題與主義〉一文中打比喻說：王麻子的剪刀得到大家的稱讚，於是有就旺麻子來混他的招牌。但是，王麻子不能因為旺麻子也賣剪刀，就關閉了他自己的剪刀鋪。開荒種地的時候，有些雜草毒草，夾在好的穀物花草中生長出來，這是正常的現象，但是不能因為長出了雜草毒草，就連善良的穀物花草一起都消滅。不能因為安福派政客也講社會主義，因為有了假的社會主義，就停止了我們的正義的主義的宣傳。「開荒的人，不能因為長了雜草毒草，就並善良的穀物花草一齊都收拾了。我們又何能因為安福派也來講社會主義，就停止了我們正義的宣傳！」

（四）與工會社會主義的論戰

1920 年冬到 1922 年秋，社會主義革命論的主張者與工會社會主義的主張者也展開了一場論戰，雙方各自發表一系列文章，互相批駁，進行爭論。

這場爭論經歷了三個階段。第一階段，1920 年 11 月，張東蓀在《時事新報》上發表〈由內地旅行而得之又一教訓〉，文中對共產主義進行了批駁。主張中國走資本主義道路，反對共產主義。文章發表後，引起共產主義者們的關注，他們紛紛發表文章進行迎戰，駁斥了張東蓀的觀點。例如，陳望道在上海《民國日報》的副刊《覺悟》發表了〈評東蓀君的「又一教訓」〉，李達在《民國日報》副刊《覺悟》發表〈張東蓀現原形〉，邵力子發表了〈再評東蓀君的「又一教訓」〉。接著張東蓀又連續發表〈大家須切記羅素先生給我們的忠告〉、〈答高踐四書〉、〈長期的忍耐〉、〈再答頌華兄〉、〈他們與我們〉、〈致獨秀底信〉等一系列文章，其他一些工會社會主義者也發表了一些文章。這些文章進一步闡述了他們的觀點，再次反駁共產主義。隨後，陳獨秀在《新青年》上發表〈覆張東蓀先生的信〉，反駁張東蓀的主張。陳獨秀還匯集了雙方的有關文章十幾篇，以〈關於社會主義的討論〉為題刊登在《新青年》上。

第二階段，在遇到共產主義者的反擊以後，張東蓀在《改造》上發表〈現在與將來〉一文，全面系統地闡述了工會社會主義的主要觀點。隨後梁啟超在《改造》發表〈覆張東蓀書論社會主義運動〉，支持張東蓀的意見並予以補充說明。之後張東蓀又在《改造》上發表〈一個申說〉，進一步說明他的觀點。其他一些人也發表一批文章支持工會主義。隨後，共產主義者紛紛對此連續發表文章進行反駁。如李大釗在《評論之評論》上發表的〈中國的社會主義與世界的資本主義〉、何孟雄在《曙光》上發表的〈發展中國的實業究竟要採取什麼方法〉、李達在《新青年》發表的〈討論社會主義並質梁任公〉、蔡和森在

《新青年》發表的〈馬克思學說與中國無產階級〉、陳獨秀的〈社會主義批評〉等。

第三階段，張東蓀在《時事新報》的專欄「社會主義研究」上發表〈社會主義研究宣言〉。隨後李達和陳獨秀在《新青年》和《先驅》等刊物上發表了〈第四國際〉、〈馬克思派學說〉等文繼續批駁張東蓀的主張。

工會社會主義者反對立即實行社會主義。他們認為，中國目前不能實行社會主義，只能實行資本主義。資本主義必倒，社會主義必興，但必須經過資本主義才能達到社會主義，不經過資本主義就不能達到社會主義。中國資本主義落後，還不具備無產階級社會主義革命的條件。社會主義還是屬於遙遠的未來，現在應當實行資本主義。共產主義者反駁說，社會主義代替資本主義是社會發展的必然趨勢，資本主義制度有其自身無法克服的矛盾，所以應當以社會主義來取代它。中國雖然資本主義不如歐美國家發達，但必然走向社會主義的這一根本規律是共同的。而且，目前世界歷史已經進入新的時代，推翻資本主義的世界革命已經興起，社會主義代替資本主義已經成為全世界的社會發展的潮流，在這樣的世界潮流中，中國不可能脫離國際環境，不可能仍然停留於資本主義，中國理應順應世界歷史的趨勢，實行社會主義。

工會社會主義者認為，中國無產階級人數少，除少數工廠外幾乎沒有工人，而且工人的階級意識還沒有產生。工人人數少，又沒有政治覺悟，因此無產階級作為一個階級還沒有完全形成，未形成成熟的階級，因而也就沒有建立無產階級政黨和從事社會主義革命建立無產階級政權的條件。張東蓀 1920 年《改造》上的〈現在與將來〉中說：「黨是代表那階級的，若他背後沒有階級必不成立。」今日之中國，要建立勞動者專政，卻恐怕沒有勞動者。因此，不應在中國建立無產階級政黨。社會主義必然發生於社會上有資本和勞動兩大階級尖銳對立的形

勢之下。在中國這樣工業不發達的國家，資本與勞動兩階級是沒有多少衝突的。在中國，不僅資產階級和工人階級的人數都很少，而且階級矛盾不尖銳，資本家對工人的剝削並不嚴重，沒有尖銳的階級矛盾，不可能發生階級鬥爭，因而也就不可能發生無產階級社會主義革命。在中國即使發生所謂革命，也是偽的無產階級革命、假的社會主義運動，而絕不可能是真正的無產階級革命，建立真正的無產階級政權。這種偽的革命是破壞性的，這不會造福於人民，而一定會造成內亂，給社會造成破壞，危害人民。因此，不應當去進行無產階級社會主義革命，如果堅持去宣傳和進行，那麼結果一定不會是真正的無產階級革命，而是偽的革命。共產主義者則認為，中國是存在無產階級的。陳獨秀在〈獨秀覆東蓀先生底信〉中說：「請問先生吃的米、穿的衣、住的房、乘的船，是何人做出來的？先生所辦的報，是何人排印出來的？」中國不但有無產階級，而且中國無產階級境況比歐美的無產階級更為悲慘。因此有必要推行社會主義革命。

工會社會主義者認為，中國目前最主要的問題是貧窮。國家貧窮衰弱，大多數國民生活困苦。所以中國目前首要的任務也是解決貧窮問題。張東蓀 1920 年在《時事新報》發表〈由內地旅行而得之又一教訓〉中說：「中國的唯一病症就是貧乏病。」、「中國今日所急者乃在救貧。」貧窮的根源生產的缺乏。要解決貧窮，就需要開發實業。發展實業，才能增加富力，從而挽救中國，並使大多數人過上富足的生活。而發展實業最有效迅速的方法是實行資本主義，開發實業只能採用資本主義的方式，實行資本主義就能迅速地開發實業，增加富力，提高人們的生活。所以中國目前最主要的問題是發展資本主義和興辦實業，而非進行社會主義革命。共產主義者反駁說，增加富力，開發實業，是我們主張社會主義的人從來不曾反對的，並且認為必要的。問題的關鍵在於，用什麼方法去增加富力、開發實業。在中國要發展實業，必須實行社會主義。為了證明這一結

論，共產主義者提出了以下幾個理由。第一，用資本主義的方法去增加富力開發實業，不可能成功，只有社會主義才是開發實業的最好方法，才能真正成功地開發實業。資本主義的生產方法是不良的方法，資本主義制度下，生產中自由競爭，生產處於無政府狀態，當供過於求時，就會發生生產過剩的經濟危機，結果是勞動者受到失業的痛苦。在社會主義社會中，生產組織公有，共同生產共同消費，生產處於有秩序有政府的狀態，沒有經濟危機和人民失業的危險。第二，如今外國的資本主義企業布滿於全國各處，實力雄厚，而且在中國具有種種特權，本國資本主義處於劣勢，沒有能力與外國資本主義競爭，很難有所發展。第三，而且，用資本主義的方式，即使開發了實業，也並不能解決貧窮問題和使多數人生活富足。比如開灤煤礦、京奉鐵路，開辦以後不但當地多數人沒有因開灤煤礦和京奉鐵路而減少生活的痛苦，而且礦坑燒死工人幾百名，鐵橋壓死工人幾百名，假如沒有開灤煤礦、京奉鐵路，這幾百工人還不至於慘死。英、美、法、日等國的實業發達，那些國家中的人民似乎應該過上富足的生活了，可是事實上他們大多數人民辛苦地勞動，替別人賺錢，自己卻不得溫飽，並不能過上富足的生活。工人生活貧困，正是由於在生產資料私有制度下，資本家剝削工人的勞動成果。其結果是，生產越發達，兩個階級的貧富分化就越明顯。資本主義的生產制度一方面固然增加財富，另一方面卻又增加貧困。只有用社會主義的方式來發展實業，才能避免資本主義制度所產生的不良後果，能夠以適當的方法去分配產品，避免產品被少數人所占有，使多數的人都獲得富足的生活。

（五）二次革命論

1922 年左右，中國的共產主義由無產階級社會主義革命論轉變為資產階級民主主義革命論。馬克思曾經提出，在殖民地

國家，應當先進行資產階級民主主義革命，無產階級應幫助資產階級完成民主革命，取得政權，並在革命中教育和組織無產階級。資產階級建立統治以後，無產階級立即展開反對資產階級的鬥爭，經過鬥爭將其推翻，建立無產階級的統治。列寧也曾提出，在殖民地半殖民地國家，社會性質還是封建社會，走向社會主義必須經過資產階級民主革命階段。應當先進行反對帝國主義和封建主義的資產階級民主革命，革命的任務是推翻封建地主階級的統治，同時推翻帝國主義的壓迫。第一步進行資產階級民主革命，第二步進行社會主義革命。這個資產階級革命必須由無產階級參加並領導，無產階級應當領導農民階級和聯合資產階級，結成聯合戰線。民主主義革命成功以後，將革命轉變為社會主義革命，可以不經過資本主義階段，而直接進入社會主義。1920 年列寧在共產國際第二次代表大會所作報告〈民族殖民地問題提綱初稿〉中曾系統論述他的這一思想。1922 年，在莫斯科召開了遠東各國共產黨和民族革命團體第一次代表大會，一些中國的共產主義者參加了這個大會，他們接觸並接受了這一思想，並且將這一思想傳播到國內。這一思想對中國人產生了重大影響。由於列寧在共產主義運動中的巨大威望，他的思想具有相當高的權威性，加之他的這一理論具有一定的合理性和務實性，符合中國的實際情況，符合中共當時的實際活動的需要，因而中國的大部分共產主義者的思路普遍發生變化，放棄無產階級社會主義革命思想，接受了列寧的這一思想，從而形成資產階級民主主義革命論。

資產階級民主主義革命論認為，中國社會是半封建社會（即資本主義有所發展的封建社會），因此中國應當先進行資產階級民主主義革命，然後再進行無產階級社會主義革命和實現社會主義社會。必須經過資產階級民主主義革命，才能進行社會主義革命。在資產階級民主主義革命中，推翻封建地主階級的統治。同時，由於受帝國主義的侵略，中國社會不僅是一個半封建社會，而且也是一個半殖民地社會，因此，應當在反對封

建地主階級的同時反對帝國主義，推翻帝國主義的壓迫，清除帝國主義的在華勢力。革命中既要反對封建地主階級，也要反對帝國主義，在這個意義上說，中國的資產階級民主革命同時也是一種民族革命，反帝和反封建是革命的兩大主要內容和兩大主要任務。資產階級革命中，共產黨人應支持和參加資產階級的民族民主革命運動，應結成反帝反封建的聯合戰線。

由於在一些具體問題上的分歧，這一思想產生了三種不同的流派，即二次革命論、一次革命論、新民主主義革命論。其中的二次革命論認為，資產階級民主主義革命和無產階級社會主義革命應當分兩次進行，先進行資產階級民主主義革命，之後經過資本主義社會的發展階段，然後再進行無產階級社會主義革命。

關於中國的社會性質和革命性質，二次革命論認為，中國原處於封建社會，1840年的鴉片戰爭以後，由於列強的侵略，中國成為帝國主義和封建地主階級統治下的半殖民社會和半封建社會。應當在中國進行資產階級民主主義革命。中國的資產階級民主主義革命具有對內的民主革命和對外的民族革命兩個意義。革命的目標和結果是推翻地主階級政權，建立資產階級政權，進入資本主義社會。在推翻地主階級統治和建立資本主義社會的同時，應當推翻帝國主義的統治，使中國完全獨立。

關於資產階級民主主義革命的主體，二次革命論認為，資產階級是中國資產階級民主革命的社會基礎，是革命的中心力量，是革命的領導者。無產階級是革命中有力的部分。農民是革命的力量之一。工人、農民、革命的資產階級可以聯合進行革命。

關於資產階級民主主義革命的領導者，二次革命論認為，革命的領導者是資產階級，革命應該由資產階級領導。中國農民渙散、保守、苟且，不可能領導革命。革命也不應由無產階

級領導。中國無產階級不僅人數少，而且品質也很幼稚，有階級覺悟的只是少數，還不能成功地成為一個獨立的革命勢力。因此，在革命中，無產階級只是重要的部分，是革命的參與者，而不是獨立的革命力量，更不能成為革命的領導者。無產階級應當參與革命，幫助資產階級取得革命成功，無產階級只能處於助手的地位，在革命中應服從資產階級的領導。中國資產階級力量也比較微弱，但資產階級的力量畢竟比農民集中，比工人雄厚，因此是革命的主體，處於革命的領導地位。應當由資產階級來領導資產階級革命，並聯合無產階級一同進行。二次革命論認為，北京政府是地主階級政權，國民黨是資產階級的代表，共產黨是無產階級的代表。應當由國民黨領導進行資產階級革命，推翻北京政府，建立國民黨的政權統治全國，從而使中國進入資本主義社會，在這一過程中，共產黨應當參與革命，幫助國民黨進行革命。國民革命就是資產階級民主主義革命，由國民黨和資產階級領導，中共和工人階級參加。

關於資產階級民主主義革命的前途，二次革命論認為，革命成功以後，由資產階級掌握政權，建立資產階級專政，形成資本主義社會。中國必須經過一個資本主義的階段，這是一個必經的、不可跨越的階段，不可能不經過資本主義，就由半殖民地半封建社會直接跳到社會主義社會。進入資本主義社會以後，資本主義社會的發展過程將需要一段時間。在這個資本主義發展時期，無產階級應當等待社會主義革命形勢的成熟。經過資本主義社會的發展階段，資本主義社會發展到一定程度以後，無產階級壯大，革命時機成熟時，再由無產階級進行無產階級社會主義革命。經過社會主義革命，推翻資產階級政權，建立無產階級政權，進入社會主義社會。無產階級領導的社會主義革命，是中國的民主革命成功並經過了一個資本主義時代以後的事情。陳獨秀1926年〈我們為什麼爭鬥〉一文中說：「決不能幻想不經過資本主義，而可以由半封建的社會一跳便到社會主義社會。」

　　國民黨政府取代北京政府統治全國以後，二次革命論認為，以國民黨為代表的資產階級奪取了政權，標誌著中國資產階級民主革命已經完成，資產階級對封建主義和帝國主義取得了勝利，資產階級已經掌握權力。國民黨是資產階級政黨，因而國民黨政府是資產階級政權，國民黨統治下的中國社會是一個資本主義社會。這一資本主義社會應當有一個相當長時間的發展過程。經過資本主義社會的發展以後，在將來無產階級社會主義革命形勢成熟時，再由無產階級進行社會主義革命，推翻資產階級政權，即國民黨政權，建立無產階級專政，形成社會主義社會。目前中國處於過渡時期，資產階級民主主義革命已經完成，而社會主義革命的形勢尚未到來之時，下一次革命高潮尚未到來。這一過渡時期不是革命時期，不具備革命的形勢，處於兩個革命之間。這個過渡階段的特點是資本主義社會的穩定發展，政治穩定，經濟發展。在目前的過渡時期，資產階級革命已經成功，沒有進行資產階級民主革命的必要，不應再進行資產階級革命，同時也不具備社會主義革命的條件，無產階級和共產黨沒有能力動搖資本主義社會，無產階級不應當進行社會主義革命。

　　在這個過渡時期中，無產階級及無產階級政黨共產黨不應從事武裝鬥爭，但可以從事合法鬥爭，並且只能從事合法鬥爭。應以國民會議為中心，以「召集國民會議」為口號進行合法鬥爭，通過選舉進入國民會議，並且爭取一些民主自由的權利。如力爭徹底民主的國民會議，即直接普選且不記名投票產生的國民會議，以及八小時工作制，沒收土地等。在這個過渡時期中，中共不應進行推翻國民黨的武裝鬥爭。中共從事的組建紅軍、武裝反對國民黨政權、創建工農蘇維埃政權等革命活動都是錯誤的，中共把這些革命活動看作資產階級民主革命，也是錯誤的。中共和紅軍是必然要失敗的。中共應該放棄在農村的武裝鬥爭和在城市祕密工作，而只去進行國民黨政府所允許的合法活動。

　　二次革命論於二十年代初在吸收列寧殖民地革命理論的基礎上形成。陳獨秀起草的中共二大宣言中提出了二次革命的思想，聲稱中國應當首先進行資本主義革命，革命勝利後應當有一個資產階級專政，待到時機成熟後再進行社會主義革命。在國民革命期間，一度有相當多的共產主義者贊同這一思想。在這一思想指導下，中共的革命活動失利，受到國民黨的鎮壓，因而許多人放棄了這一思想。此後一直有少量人士仍堅持這一思想，並展開一些政治活動。中共統一全國時，二次革命論的主張者中，一部分人離開大陸前往國外或港澳，另一部分人留在大陸。留在大陸的少量人員繼續從事活動，祕密出版刊物攻擊中共的思想和制度，破壞中共進行的政治運動。到 1952 年全部被中共所控制，其一部分宣布悔過，一部分被關押，一部分受到監督。這時，二次革命論的持有者人數很少，大多被管制或關押，活動中止，影響也很小，這一思想基本消退了。

　　在國共合作的國民革命時期，這一思想對中共的活動產生了重大影響，是中共的指導思想。由於二次革命論認為國民黨是革命領導者，共產黨只能幫助國民黨，因此，二次革命論指導下的中共放棄了革命的領導權。中共三大決議中規定，國民黨是民主革命的中心勢力，應處於革命的領袖地位。並且，中共在與國民黨發生權力矛盾時，採取了妥協避讓的態度。

　　在國民黨統治時期，二次革命論的主張者認為，中共不應當進行反對國民黨的武裝鬥爭。這一思想對中共的政治活動影響很小，但二次革命論者發表了許多反對中共所進行的革命活動及革命方式的思想和言論，這些思想和言論被國民黨利用來對付中共，用來向社會作宣傳和瓦解中共內部的思想。

　　二次革命論者為實現他們的主張進行了一系列實際政治活動，主要是一些組織活動和宣傳活動。形成了托派組織，這一思想也成為托派組織的指導思想。1928 年，區芳等人在上海召開中國托派第一次代表大會，成立一個小組織，自稱「中國

布爾什維克——列寧主義者反對派」，設立領導機構「全國總幹事會」，成員有一百餘人，活動於北平、香港、廣州等地，1929 年出版刊物《我們的話》。1929 年，陳獨秀等人成立祕密小組織，名為「中國共產黨左派反對派」，陳獨秀為書記。陳獨秀給中共中央寫三封信，闡述自己的觀點，反對中共的六大制定的路線，又發表〈告全黨同志書〉，聲明他的政治觀點。1930 年，該組織正式建立以陳獨秀為首的領導機關，選舉陳獨秀為總書記，又在上海、北京、廣州等地建立了支部，出版刊物《無產者》，宣傳他們的主張。1930 年，劉仁靜等人成立「中國共產黨左派共產主義同盟」，出版刊物《十月》。1930 年，趙濟等人成立「戰鬥社」，出版刊物《戰鬥》。這四個派系都奉托洛斯基（托洛茨基）為導師和領袖，但四派彼此之間互相矛盾。在托洛茨基的直接干預下，四個組織分別選出的代表 1931 年在上海召開統一大會。大會通過了陳獨秀起草的〈中國共產黨左派反對派綱領〉，通過了宣言和有關決議案，選舉產生中央執行委員會和常務委員會，選舉陳獨秀為書記，成立「中國共產黨左派反對派」，會後，設立了上海、華南、華北三個區委，出版了刊物《火花》。

此後不久，由於大多數中央委員會被國民黨政府逮捕，中央組織實際上被破壞，活動停頓。1931 年，組成以陳獨秀為首的第一屆 5 人的「臨時中央委員會」。1935 年，部分人在上海召開代表大會，將組織改名為「中國共產主義者同盟」，選舉產生中央委員會。不久，因中央許多主要成員被捕，中央組織實際上又停止活動。隨後又成立新的臨委，出版刊物《鬥爭》和《火花》，並整頓組織，中央臨委與一些地方組織恢復聯繫，而且在一些地方重建或新建了組織。

抗戰期間，因對日態度不同，分為兩派。一部分人主張支持國民黨進行抗戰，為多數派。另一部分為少數派，主張效仿俄國在一戰中的做法，使本國政府在戰爭中失敗，然後利用這

一失敗進行無產階級革命，奪取政權。1941 年多數派召開「第二次全國代表大會」，選舉產生中央委員會。多數派繼續主辦《火花》和《鬥爭》。少數派則另外創辦《國際主義者》和《建立》。之後兩派又各自進行了辦刊物宣傳和發展組織的工作。1946 年，多數派創辦《求真》、《青年與婦女》（後改名為《新聲》），少數派創辦了《紅旗》。在中共武裝推翻國民黨政權的鬥爭即將勝利的形勢下，多數派 1948 年在上海召開中國共產主義同盟第三次代表大會，宣布成立「中國革命共產黨」。1949 年，少數派在上海舉行「緊急統一大會」，宣布成立「中國國際主義工人黨」。總的來說，二次革命論的主張者雖然極力開展了一系列活動，但這些政治活動對中國政治局勢的影響不大。

（六）一次革命論

資產階級民主主義革命論的第二個流派是一次革命論。一次革命論產生於二十年代初，此後逐漸完善，到紅軍戰爭期間形成成熟的思想體系。國民革命時期，為少部分共產主義者所認同。國共分裂以後，許多共產主義者放棄二次革命論，轉而接受一次革命論，一次革命論的傳播範圍迅速擴大。從紅軍戰爭後期起，隨著它所指導下的實踐活動的失利，許多一次革命論的主張者逐漸放棄這一思想。到抗日戰爭期間，仍然堅持這一思想的人已經很少。

關於中國的中國的社會性質，一次革命論認為，中國社會是半封建社會和半殖民地社會。清政府是封建地主階級政權，鴉片戰爭以後的清政府統治時期，中國社會是半封建半殖民地社會。辛亥革命以後，北京政府統治時期，軍閥控制下的北京政府仍是地主階級政權，中國社會仍是半封建半殖民地社會。1927 年政變以後，國民黨背叛革命，成為封建地主階級的代表。國民黨政權統治全國以後，國民黨政權是封建性質的政權，

中國社會仍是半封建半殖民地社會。

關於中國的革命性質，一次革命論認為，中國目前的革命是推翻帝國主義和消滅封建勢力的資產階級民主主義性質的革命。應當在中國進行資產階級民主主義革命，反抗帝國主義，並推翻封建地主階級政權。但中國革命不是一般意義上的資產階級民主主義革命。俄國十月革命以後，世界歷史已經處於一個新的時代，即社會主義革命時代，中國的資產階級革命成為世界社會主義革命的一部分。所以中國的民主革命不是無條件的資產階級革命，而是「有條件的資產階級革命」，是帶有社會主義性質的資產階級民主主義革命，它帶有社會主義色彩。這種社會主義性質表現在，第一，革命由無產階級領導，第二，革命將直接轉變為社會主義革命，並且最終結果是進入社會主義社會。瞿秋白 1927 年 2 月的〈中國革命之爭論問題〉中說：「中國的國民革命當然不僅得著世界社會革命的輔助，並且自己也帶著社會主義革命的性質。」、「應當從國民革命生長而成為社會革命。」1927 年的〈中共八七會議告全黨黨員書〉中說：「資產階級的革命能夠而且應當直接的生長而成為社會主義的革命。」

關於革命的領導者，一次革命論認為，中國的資產階級民主主義革命應當由無產階級領導。中國革命是資產階級革命，但中國資產階級由於它的軟弱性和妥協性，革命性不徹底，不能擔任領導者。如果由資產階級領導，會與帝國主義、封建階級妥協，革命不能取得徹底的勝利。而且，五四運動以後，中國革命成為世界社會主義革命的一部分，中國的無產階級參加到資產階級民主革命中。與中國的資產階級相比，中國的無產階級力量強大而且力量集中。在中國社會各階級中，無產階級所受帝國主義、封建勢力的壓迫剝削最嚴重，具有徹底的革命精神，在鬥爭中最徹底，只有堅持無產階級的領導，才能保證革命徹底完成反帝反封的目標。資產階級革命必須依靠無產階

級，只有有了無產階級的參加並取得領導地位，革命才能夠取得勝利。所以，只有無產階級才配得上擔任革命的領袖，無產階級應取得革命的領導地位。無產階級在民主革命中必須堅持獨立性，要堅持領導權，這是民主革命向社會主義轉變的重要保證。

一次革命論認為，資產階級民主主義革命能夠而且應當直接發展、轉變成為無產階級社會主義革命，兩個革命一次完成。不應當在資產階級革命完成之後就結束革命，而應當是直接進入社會主義革命，民主主義革命直接發展、轉變為社會主義革命。資產階級革命與社會主義革命之間是不間斷的，是連接在一起的，或者說，中國革命是由民主主義到社會主義的不間斷的革命。關於轉變的具體過程，有兩種主張。

第一種主張是，先進行民主革命，民主革命勝利以後，隨即進行社會主義革命。第一步，在無產階級參與並領導下進行資產階級民主主義革命，在革命過程中無產階級要培養和增強自己的力量，要與資產階級爭奪領導權，以便為以後進行社會主義革命、建立無產階級專政做準備。第二步，民主主義革命成功，推翻封建政權、消滅封建制度以後，資產階級會與無產階級處於對抗，革命轉變為社會主義革命，無產階級對資產階級進行鬥爭，建立與農民聯合的無產階級專政，進入社會主義社會。

第二種主張是，民主主義革命發展到一定程度時，就直接轉變為社會主義革命。具體來說，就是在民主主義革命取得一定程度的勝利以後，比如在掌握一個省或幾個省的政權以後，就將革命轉變為社會主義革命，在無產階級領導下進行武裝鬥爭，推翻封建地主階級的政權，同時反對資產階級，最終建立無產階級政權，進入社會主義社會。

關於革命的結果，一次革命論認為，革命最終的結果和前途，是建立社會主義社會。在政治制度方面，推翻封建地主階

級和資產階級政權，建立無產階級政權。在經濟制度方面，沒收地主土地，沒收帝國主義企業，沒收民族資產階級的企業，消滅生產資料私有制，建立生產資料公有制。中國將會不經過資本主義社會的階段，而是直接進入社會主義社會。瞿秋白1927年2月的〈中國革命之爭論問題〉中說：「『一次革命』直達社會主義。」、「從民權主義到社會主義。」、「中國現時的革命，既是資產階級的，又不是資產階級的，既不是社會主義的，又的確是社會主義的。這『一次革命』的勝利終究是社會主義的。」

關於革命的方式，一次革命論認為，革命應以武力暴動的方式來進行。實行以城市為中心的革命道路，直接進攻大城市，推翻封建地主階級政權。一方面，在城市組織工人罷工，組織工人、農民、士兵的暴動，另一方面，在革命根據地組織紅軍向大城市進攻。在革命中工人與農民應結成同盟，推翻封建政權後，建立無產階級領導的工農政權（也稱蘇維埃政權）。城市的工人罷工和城市的武裝暴動是中心內容，是推翻封建政權統治和建立無產階級政權的主要手段。農村的鬥爭只是革命的支流，是圍繞著城市鬥爭的，只是對城市武裝暴動的配合。李立三在1930年的〈新的革命高潮前面的諸問題〉中說：「鄉村是統治階級的四肢，城市才是他們的頭腦與心腹。只是斬斷他們的四肢，而沒有斬斷他們的頭腦，炸裂他們的心腹，還不能制他的最後的死命。這一斬斷統治階級的頭腦，炸裂他們的心腹的殘酷的爭鬥，主要是靠工人階級的最後的激烈爭鬥——武裝暴動。」

一次革命論受到蘇俄官方理論的較大影響，是在基本接受蘇聯官方理論的基礎上形成的。蘇俄官方理論認為，一次世界大戰以後，世界範圍內，資本主義世界發生陷入空前嚴重的危機，進入世界範圍內的無產階級社會主義革命高潮，資本主義時代即將結束，社會主義新時代即將到來，在這一形勢下，各

國無產階級都應當進行社會主義革命，推翻地主階級和資產階級，建立無產階級專政。中國也應當迅速地進入無產階級社會主義革命，推翻地主和資產階級政權，建立無產階級政權。蘇俄官方理論還認為，城市罷工和武裝暴動是革命的中心內容，並且革命應當貼近工人階級，而農村鬥爭則離工人階級太遠，所以中國革命應當以城市為中心。對於中國共產主義者來說，蘇俄官方理論具有相當高的權威性，所以這些觀點為許多中國的共產主義者所接受。一次革命論也受到俄國革命經驗的較大影響，俄國在資產階級民主主義革命之後不久，就進行了無產階級社會主義革命並取得成功，俄國革命以城市為中心的方式也被證明是成功的，這些歷史經驗都對部分中國共產主義者接受一次革命論起到促進作用。

一次革命論對中共的指導方針和具體活動都產生了較大影響。第一次國共戰爭時期，隨著一些一次革命論者擔任中共領導職務，這種思想一度成為中共的指導思想，決定了當時中共從事革命的基本方針和各項具體政策。例如，在這一思想的指導下，中共在所占領的根據地建立各級由無產階級領導下的工農專政的政權。1927 年 9 月中共作出決議，提出建立「蘇維埃共和國」，即無產階級領導下的工農專政的政權。1931 年建立了中華蘇維埃共和國臨時中央政府，是工農專政性質的政權。又如，在這一思想的指導下，中共採取了對民族資產階級敵對打擊的政策。再如，在這一思路的指導下，中共進行了進攻城市的軍事活動。總體來看，一次革命論比較脫離實際，對中共造成了不利影響，對中共與國民黨軍事鬥爭的失利負有重要責任。

（七）新民主主義革命論

資產階級民主主義革命論的第三個流派是新民主主義革命論。新民主主義革命論初步形成於國共合作的國民革命時期。

隨著對實踐經驗的不斷總結，這一思想到紅軍戰爭時期進一步發展。在抗日戰爭時期，這一思想進一步發展，形成成熟系統的思想體系，毛澤東在 1940 年的〈新民主主義論〉中曾系統闡述了這一思想。

起初，只有極個別的中共人士持有這一思想。紅軍戰爭時期和抗日戰爭時期，因其符合中共革命鬥爭的需要，而影響日益擴大，逐漸取得中共大部分黨員的贊同。解放戰爭前期，隨著中共影響力的日益擴大，這一思想的傳播範圍也逐漸擴大到中共以外的一些人士。解放戰爭後期，隨著中共影響力的繼續擴大和中共對國民黨鬥爭的迅速勝利，這一思想在社會上獲得更廣泛的接受。1949 年中共建立全國政權以後，新民主主義革命論的主張者普遍認為，新民主主義革命已經獲得成功，其目標已經達到，這一思想在實踐中得以實現，於是中止這一思想。於是，新民主主義革命論在被認為已經成功實現的基礎上自然消退。在以後的時期裡，新民主主義革命論仍一直為人們所廣泛贊成，但這只是一種對歷史的看法，是對歷史上的這一理論的肯定。它是一種歷史觀，而不是一種對現實政治的看法，不是一種政治主張了。作為一種政治主張，它成功地結束於新中國建立之時。

關於中國社會的性質，新民主主義革命論認為，1840 年鴉片戰爭以前，中國是封建社會，1840 年的鴉片戰爭以後，中國變成半殖民地半封建的社會。鴉片戰爭以後，一方面，由於資本主義列強的侵入，促使中國封建社會解體，促使社會中國內部發生了資本主義因素，因而由封建社會變成半封建社會；另一方面，由於資本主義列強的侵入和統治，中國社會又成為帝國主義所支配下的半殖民地社會，獨立的中國變成一個半殖民地的中國。在中國的半殖民地半封建社會中，社會的主要矛盾是帝國主義和中華民族的矛盾，以及封建地主階級、大資產階級與人民大眾（農民、工人、小資產階級、民族資產階級）的

矛盾，而帝國主義和中華民族的矛盾是最主要的矛盾。清政府、北京政府都是地主階級政權。國民黨原來是資產階級等各革命階級的代表，國共關係破裂、國民黨清除共產黨人以後，國民黨的性質發生變化，成為地主階級和大資產階級的代表。國民黨政權是地主和大資產階級階級政權，國民黨政權統治時期，中國社會仍然是半殖民地半封建社會。

關於中國革命的性質，新民主主義革命論認為，社會性質決定革命性質。半殖民地半封建的社會性質，決定了中國應當進行資產階級民主主義革命。這一革命是對內推翻封建地主階級統治的民主革命，同時也是對外推翻帝國主義統治的民族革命。中國的歷史進程，第一步，是進行資產階級民主主義革命，改變半殖民地半封建社會的形態，使之成為一個獨立的民主主義的社會，第二步，是進行社會主義革命，改變民主主義社會的形態，使之成為社會主義社會。

中國的資產階級民主主義革命是從 1840 年鴉片戰爭開始的。它在五四運動前後發生了一個根本變化。在此之前是舊民主主義革命，在此以後轉變為新民主主義革命。舊民主主義革命轉變為新民主主義革命的原因之一是世界革命的時代發生了變化。1917 年俄國十月社會主義革命的勝利改變了整個世界歷史的方向，劃分了整個世界歷史的時代。在這種新的時代，任何殖民地半殖民地國家的反對帝國主義的革命，就不再是屬於舊的世界資產階級民主主義革命的範疇，而是屬於新的資產階級民主主義革命的範疇，不再是舊的資產階級民主主義革命的一部分，而是新的世界革命的一部分，即世界無產階級社會主義革命的一部分。在此以後，中國資產階級民主主義革命，開始屬於新的資產階級民主主義革命的範疇，是世界無產階級社會主義革命的一部分。舊民主主義革命轉變為新民主主義革命的另一個原因是，五四運動以後，無產階級成為一個獨立的政治力量，已經能夠擔任革命的領導者，因而民主主義革命的領

導者發生了變化。新民主主義革命是新式的、特殊的資產階級民主革命，與歐美那樣的舊式的資產階級民主革命不同。其不同主要有兩個。第一，舊民主主義革命由資產階級領導，新民主主義革命由無產階級領導。第二，舊民主主義革命的目標是建立資產階級政權，進入資本主義社會，而新民主主義革命的目標是建立各革命階級聯合專政，進入新資本主義社會，即新民主主義社會。

關於新民主主義革命的對象，新民主主義革命論認為，革命的對象是帝國主義、封建地主階級、大資產階級。中國社會的性質是半殖民地半封建的性質，在這一社會中，帝國主義和封建地主階級互相聯合壓迫中國人民，因此革命的主要對象即主要敵人，是帝國主義和封建地主階級，革命的任務是反帝反封建，即推翻帝國主義和封建地主階級的統治。兩者互相區別，又是互相統一，互相聯繫的，必須同時都要進行。如果不推翻帝國主義的統治，就不能消滅封建地主階級的統治，因為帝國主義是封建地主的主要支持者。反之，如果不推翻地主階級，就不能推翻帝國主義的統治，因為地主階級是帝國主義統治中國的主要社會基礎。而且，農民是中國革命的主力軍，而地主階級是農民的壓迫者，如果不推翻地主階級，就不能組成強大的革命隊伍去推翻帝國主義。大資產階級也是中國新民主主義革命的對象。中國資產階級分為大資產階級、民族資產階級和小資產階級三個部分。其中大資產階級又稱買辦資產階級和官僚資產階級，他們為帝國主義服務，與封建勢力有千絲萬縷的聯繫，他們在中國革命中歷來不是革命的動力，而是革命的對象。

關於新民主主義革命的動力（同時也是革命的主體力量），新民主主義革命論認為，革命的動力包括無產階級、農民階級和小資產階級，而在一定的時期中，一定的程度上，還有民族資產階級的參加。

工業無產階級特別能戰鬥，是新的生產力的代表，是最進步的革命階級，是革命的主要力量之一，同時它也是革命的領導者。

農民階級是中國革命最主要的力量。毛澤東在〈新民主主義論〉中說：「中國有百分之八十的人口是農民，這是小學生的常識。因此農民問題，就成了中國革命的基本問題，農民的力量，是中國革命的主要力量。」無產階級只有與農民結成堅固的聯盟，才能領導革命取得勝利。農民階級中包括富農、中農和貧農三個階層。富農對革命的態度是消極的，中農是游移的，貧農是堅決的積極的。富農約占農民的５％，帶有半封建性，在革命中可能參加，也可能保持中立。中農約占農民的２０％，它可以成為無產階級的可靠的同盟者，是中國革命動力的一部分。貧農（包括雇農）約占農民的７０％，它是農民中的半無產階級，是中國革命最廣大的動力，是無產階級的天然的最可靠的同盟者，是中國革命隊伍的主力軍。無產階級領導下的工農聯盟是中國革命勝利的基本保障，如果農民不參加並擁護革命，革命必然不能成功。

小資產階級一般能夠參加和擁護革命，是革命的很好的同盟者，是無產階級可靠的同盟軍，是中國革命的基本動力之一。但是小資產階級中的有些人容易受資產階級的影響，因此必須在他們中進行革命的宣傳工作和組織工作。

民族資產階級是帶有兩重性或兩面性的階級。一方面，民族資產階級是資本主義生產關係的代表，他們受帝國主義和封建勢力的壓迫，與帝國主義和封建主義有矛盾，它要建立和發展資本主義的生產關係，就必須衝破封建勢力和帝國主義對它的束縛，因此具有一定的革命性，有一定的反帝反封建的革命積極性。另一方面，由於民族資產階級是一個剝削階級，他們同帝國主義、封建勢力、大資產階級並沒有完全斷絕經濟上的聯繫，與他們仍存在一定的聯繫，並且對工人進行剝削，所以

民族資產階級又存在著經濟上和政治上的軟弱性，缺乏徹底地反帝反封建的勇氣，因而在反帝反封建的鬥爭中有動搖性，有對敵人的妥協性。這種民族資產階級的兩重性決定了他們革命不能徹底，不可能解決中國資產階級民主主義革命中兩個基本問題、基本任務，即徹底推翻帝國主義和封建勢力。這種兩重性決定了他們在新民主主義革命中，在一定時期中和一定程度上能夠參加反帝反封建的革命，成為無產階級同盟軍，成為革命的一種力量，而在另一些時期，又有跟在大資產階級後面成為反革命助手的危險性。正因如此，民族資產階級不能擔任革命的領導者，也不是革命的主要力量，只是一個較好的同盟者。無產階級及其政黨在民主革命中應當對民族資產階級實行兩面性的政策，這就是又團結又鬥爭的政策。

關於新民主主義革命的領導者，新民主主義革命論認為，革命的領導者是無產階級。中國革命是資產階級民主主義革命，但革命應當由無產階級領導。中國的各階級中，民族資產階級兩面性決定了其軟弱性，革命不能徹底，在一定條件下可以成為革命的同盟軍，但不是革命的主要力量，更不能擔任革命的領導者。農民與小資產階級組織紀律性差，力量分散，也都不能擔任革命的領導者。只有無產階級能夠領導中國革命取得勝利，能夠擔任革命的領導者。

中國無產階級除了一般無產階級的基本優點，即與最先進的經濟形式相聯繫、富於組織性紀律性、沒有私人占有的生產資料之外，還有許多特殊的優點。第一，中國無產階級經濟地位低下，受帝國主義、封建勢力、資產階級的壓迫和剝削，而這些壓迫和剝削的嚴重性和殘酷性，是世界各國中少見的。因此，他們有徹底革命的精神，在革命鬥爭中比任何別的階級更堅決和徹底。第二，中國無產階級剛開始走上革命的舞臺，就有了本階級的政黨中國共產黨的領導，成為中國社會中最有覺悟的階級。第三，由於破產農民出身的成分占多數，中國無產

階級和廣大的農民有一種天然的聯繫，便利於他們和農民結成親密的聯盟。第四，無產階級力量集中，集中在幾個主要行業中，這種集中性使它組織性、紀律性強，戰鬥力高。因此，在中國社會各階級中，無產階級比其他階級都更為先進，只有無產階級才最有覺悟性，最有組織性，最有遠大的政治眼光，只有無產階級才能夠擔任革命領袖的地位，領導中國資產階級民主主義革命取得勝利。革命如果沒有無產階級的領導，就必然不能成功，有了無產階級的領導，革命才能勝利。

中國近代舊民主主義革命失敗的歷史經驗也表明，農民階級、城市小資產階級、民族資產階級不能領導中國民主革命取得徹底勝利。中國革命客觀上要求新的領導階級，走新的道路。中國無產階級自身的優點和特點，使它順應了時代的要求而成為中國革命的領導階級，使中國民主革命的領導權別無選擇地落在它的身上。

無產階級的領導改變了革命的舊民主主義性質，使之變為新民主主義革命。新民主主義革命與舊民主主義革命最根本的區別是領導者的不同，舊民主主義革命的領導者是資產階級，新民主主義革命的領導是無產階級。無產階級的領導也根本地改變了革命的面貌，使革命具有了反帝國主義和反封建主義的徹底性，並且具有了由民主革命轉變到社會主義革命的可能性。無產階級要實現對革命的領導，就必須統率同盟者與共同的敵人堅決鬥爭並取得勝利，必須給被領導者以利益至少不損害其利益，同時對被領導者給予政治教育，只有這樣才能實現無產階級的領導。無產階級對中國革命的領導是通過本階級的政黨中國共產黨來實現的。

關於新民主主義革命的前途，新民主主義革命論認為，革命的前途，即革命的目標和結果，是推翻地主和大資產階級階級的統治，並推翻帝國主義的統治，從而消除半殖民地半封建社會並建立新民主主義社會。一方面，現在的國際環境，是資

本主義和社會主義鬥爭的環境，是資本主義向下沒落和社會主義向上生長的環境，所以，在中國建立資產階級專政、進入資本主義社會是不可能的。另一方面，目前在中國立即建立無產階級專政、進入社會主義社會也是不可能的。進入社會主義社會需要一定的條件，只有在新民主主義充分發展的基礎上，才能建立無產階級專政，廢除生產資料私有制，進入社會主義社會。中國是一個半殖民地半封建的社會，在半殖民地半封建社會上是不可能直接建立社會主義的。所以，新民主主義革命的結果不會是一個資產階級專政的資本主義社會，也不會直接是一個無產階級專政的社會主義社會，而是一個具有過渡性質的新民主主義社會。新民主主義社會既不同於資本主義社會，又不同於社會主義社會。

這一目標和結果具體表現在三個方面。第一個方面，在政治制度上，消除半殖民地半封建的政治制度，建立新民主主義的政治制度，其核心內容是，消滅封建地主和官僚資產階級的政權，建立無產階級領導的、以工農聯盟為基礎的、幾個革命階級聯合專政的政權。

新民主主義革命勝利以後，應當建立無產階級領導下各個革命階級聯合專政的政治制度。第一，大地主大資產階級專政的封建性的制度，已經由國民黨政權的統治證明完全破產了，革命以後不應該是一個大地主大資產階級專政的政治制度。第二，民族資產階級在經濟上和政治上都很軟弱，同時中國已經產生了一個覺悟了的，有強大能力的無產階級及其領袖中國共產黨，而且，資本主義政權已經不是歷史發展的趨勢，因此中國不可能建立一個舊式的資產階級專政的政治制度。第三，在現階段，中國的社會經濟條件還不具備時，也不可能實現無產階級專政的政治制度。因此，根據中國的國情，只能建立一個以大多數人民為基礎而由工人階級領導的民主制度，即無產階級領導下各個革命階級聯合專政的政治制度。

應當推翻帝國主義、封建地主階級和官僚資產階級政權，建立無產階級（經共產黨）領導的各反帝反封的革命階級的聯合專政。革命階級指無產階級、農民階級、小資產階級、民族資產階級。這一政權的社會基礎是工人階級和農民階級的聯盟，此外再團結城市小資產階級和民族資產階級。在當前階段，人民就是指包括工人階級、農民階級、城市小資產階級、民族資產階級在內的各個革命階級。毛澤東在〈論人民民主專政〉中說：「人民是什麼？在中國，在現階段，是工人階級、農民階級、城市小資產階級和民族資產階級。」所以，無產階級領導的各革命階級的聯合專政，也可以稱之為「人民民主專政」。關於具體的政權機構設置，不採用資產階級性質的議會制和三權分立制度，而是採用人民代表大會制度。實行沒有男女、信仰、財產、教育等差別的普遍的平等的選舉制。毛澤東為新華社撰寫的題為〈將革命進行到底〉的 1949 年新年賀詞中闡述了革命的這一政治目標：「打倒帝國主義，打倒封建主義，打倒官僚資本主義，在全國範圍內推翻國民黨的反動統治，在全國範圍內建立無產階級領導的以工農聯盟為主體的人民民主專政的共和國。」

人民中的各個階級之間的矛盾是存在的，各個階級之間有不同的利益要求，但是這種矛盾和這種不同的要求可以獲得調節，經過調節，這些階級可以共同進行新民主主義國家的建設。幾個民主階級聯盟的新民主主義國家與無產階級專政的社會主義國家有原則上的不同。新民主主義制度是在無產階級的領導之下，在共產黨的領導之下建立起來的，但是在整個新民主主義制度期間，不可能也不應該是無產階級一個階級專政和共產黨一黨獨占政府機構，而應是建立幾個民主階級聯盟的新民主主義的政權。

第二個方面，在經濟制度上，消滅半殖民地半封建的經濟制度，建立新民主主義的經濟制度。具體來說，就是消滅封建

土地所有制以及帝國主義經濟和官僚資本主義經濟，建立國營經濟、民族資本主義經濟、個體農業手工業經濟共存的經濟制度。其一，沒收屬於帝國主義和官僚買辦資產階級的大銀行、大工業、大商業，歸國家所有，使之成為社會主義性質的國營經濟，並使之居於領導地位。其二，進行土地革命或稱土地改革，沒收封建地主階級的土地分配給無地和少地的農民，從而消滅封建地主土地所有制，實現耕者有其田。其三，允許民族資本主義企業的存在，但予以節制，不允許其操縱國計民生。

第三個方面，在思想文化上，消除帝國主義和封建主義的思想文化，實行新民主主義的文化，即以共產主義思想為指導的，由無產階級領導的，民族的、大眾的、科學的文化。新民主主義文化的指導思想是無產階級思想即共產主義思想，這是新民主主義文化區別於舊民主主義文化的根本標誌。

關於新民主主義革命的形式，新民主主義革命論認為，革命以長期的武裝鬥爭為主要形式，以武裝鬥爭推翻封建政權。敵人的強大和殘暴性就決定了武裝鬥爭的必然性。由於中國革命的敵人異常強大，敵人對於中國革命的鎮壓異常殘暴，因而中國革命的主要方式，不能是和平的，而必須是武裝的。1938年毛澤東所寫的〈戰爭和戰略問題〉中說：「在中國，主要的鬥爭形式是戰爭。」、「革命的中心任務和最高形式是武裝奪取政權，是戰爭解決問題。」毛澤東在 1939 年的〈《共產黨人》發刊詞〉中說：「在中國，離開了武裝鬥爭，就沒有無產階級的地位，就沒有人民的地位，就沒有共產黨的地位，就沒有革命的勝利。」由於敵人的力量集中在城市，帝國主義和封建勢力占據著中心城市，農村是敵人力量薄弱環節，應利用敵人的弱點來發展革命。必須先占據農村，在農村建設成鞏固的根據地，在這一過程中積蓄革命力量，並避免在力量不夠的時候和強大的敵人作決定勝負的戰鬥，然後在長期戰爭中在逐步爭取革命的勝利以後奪取城市，最終奪得全國的政權。革命的形式

除武裝鬥爭外還有其他許多必要的鬥爭形式,即工人的鬥爭、農民的鬥爭、婦女的鬥爭、經濟戰線的鬥爭、思想戰線的鬥爭等。要把武裝鬥爭形式同其他許多必要的鬥爭形式直接或間接地配合起來。毛澤東1939年在〈中國革命和中國共產黨〉中說:「著重武裝鬥爭,不是說可以放棄其他形式的鬥爭,相反,沒有武裝鬥爭以外的各種形式的鬥爭相配合,武裝鬥爭就不能取得勝利。」

關於新民主主義革命的策略,新民主主義革命論認為,必須實行統一戰線的策略,革命才能取得成功。無產階級雖然是最有覺悟性和最有組織性的階級,但如果僅僅依靠無產階級一個階級的力量,是不能取得革命的勝利的。要取得革命的勝利,就必須由無產階級聯合一切可能聯合的力量,團結一切可能團結的階級,一切可能參與革命的階級,結成同盟,建立在無產階級領導下的「統一戰線」。各革命階級聯成革命的統一戰線,共同進行中國新民主主義革命,革命才能取得勝利。同時,必須堅持無產階級和無產階級的代表共產黨對統一戰線的領導權。毛澤東在1947年的〈目前形勢和我們的任務〉一文中說:「中國新民主主義革命要勝利,沒有一個包括全民族絕大多數人口的最廣泛的統一戰線,是不可能的。」在中國社會各階級中,農民是無產階級的堅固的同盟軍,城市小資產階級也是可靠的同盟軍,民族資產階級則是在一定時期中和一定程度上的同盟軍。統一戰線的基礎是工農聯盟,農民的力量是中國革命的主要力量,同時統一戰線中還包括小資產階級和民族資產階級。民族資產階級是受帝國主義壓迫的,所以它們在一定時期和一定程度上能夠參加反帝反封建的鬥爭,因此無產階級應該同民族資產階級建立統一戰線。無產階級在與資產階級的統一戰線中必須堅持領導權,實行獨立自主的方針,以及對資產階級又聯合又鬥爭的方針。所謂聯合,就是同資產階級建立統一戰線,所謂鬥爭,就是在同資產階級聯合時,同它們的分裂行為進行鬥爭。

毛澤東在 1939 年的〈中國革命和中國共產黨〉中對這一革命作出概括：「所謂新民主主義革命，就是在無產階級領導之下的人民大眾的反帝反封建的革命。」

二次革命論、一次革命論、新民主主義革命論這三者之間存在著比較密切的聯繫。三者都以唯物史觀為理論基礎，都奉馬克思和列寧為思想導師，以馬列的思想為經典思想，都以社會主義社會和共產主義社會為最終目標，都主張在社會主義社會之前進行資產階級民主主義革命。

二次革命論和新民主主義革命論之間的主要有以下幾個區別。一是關於資產階級民主革命的前途，即資產階級革命勝利後所建立的社會，前者認為是一般意義上的資本主義社會，後者認為不是一般意義的資本主義社會，而是不同於一般意義上的資本主義社會的、新式的資本主義社會，或者稱為新式的民主主義社會。二是資產階級民主革命的領導者，前者認為是資產階級，後者認為是無產階級。三是對國民黨的階級性的不同認定，前者認為國民黨是資產階級政黨，後者認為國民黨是大地主大資產階級政黨。前者認為國民黨政權是資產階級政權，後者認為國民黨政權是大地主大資產階級政權。四是對國民黨統治下的中國社會性質的認定，前者認為是資本主義社會，後者認為仍是封建社會。

一次革命論和新民主主義革命論在社會性質這一問題上觀點一致，都認為中國一直處於半封建社會。兩者在革命領導者這一問題上觀點也一致，都認為是領導者無產階級。但兩者在革命前途這一問題上觀點相左，前者主張直接進入社會主義社會，後者主張進入新民主主義社會，以後再進入社會主義社會。

在社會性質和革命領導者的問題上，一次革命論與新民主主義革命論觀點一致，而與二次革命論觀點不同。但在革命前途問題上，二次革命論則與新民主主義革命論觀點相近，都主

張不應直接進入社會主義，而應先經歷一個過渡階段，這與一次革命論的觀點不同。在革命前途問題上，一次革命論主張建立無產階級政權（工農政權）和社會主義社會，二次革命論主張建立資產階級政權和資本主義社會，新民主主義革命論主張建立各階級的聯合政權（由無產階級領導）和新式資本主義社會。

關於封建社會和社會主義社會是否相鄰的問題，二次革命論和新民主主義革命論意見一致，都認為兩個社會不相鄰，其間必須經歷一個過渡，經歷一個其他的社會形態，一次革命論則認為兩個社會是相鄰的。至於這個過渡性社會的形態，二次革命論認為是一般性的資本主義社會，新民主主義革命論則認為是新資本主義社會或稱新民主主義社會。

一次革命論和新民主主義革命論的另一個相同點是，都認為中國的資產階級民主主義革命的性質，不同於一般的資產階級民主主義革命。而二次革命論認為，中國的資產階級民主主義革命，與其他國家的資產階級民主主義革命沒有什麼不同，其性質就是一般意義上的資產階級民主主義革命。

與二次革命論和新民主主義革命論相比，一次革命論最為接近列寧的原意，也最為接近蘇聯的經驗。列寧認為，民主革命和社會主義革命之間，並不必須間隔有一個長久的時期。民主革命勝利後，立即就可以開始進行社會主義革命，建立工農政權，進入社會主義社會。在蘇聯，資產階級民主主義革命剛剛完成，就直接進行了社會主義革命，並進入社會主義社會。一次革命論基本上接受了列寧的這一觀點和蘇聯的經驗，而二次革命論和新民主主義革命論則結合中國的具體國情，調整了這一觀點。

與二次革命論和新民主主義革命論相比，一次革命論最接近馬克思和列寧的原意。但中國的情況畢竟與歐洲國家，以及

與蘇聯都有很大不同，最符合馬列原意的主張不一定是最適合中國的。與新民主主義革命論相比，一次革命更強的理論性，而比較不切合中國的實際。一次革命論主張模仿蘇聯的經驗，直接進攻大城市，這是不符合中國國情的；而新民主主義革命論主張先占領農村，發展力量，力量壯大之後再進攻城市，這是是比較切合中國實際情況的。一次革命論的革命主張比較徹底，既要反帝反封，也要反對資產階級，要反對的人過多，這在實踐上導致鬥爭缺乏策略；而新民主主義革命論則主張團結一切可以團結的力量，包括資產階級，從而在實踐鬥爭中更富於策略，對鬥爭更為有利。

與新民主主義革命論相比，一次革命論比較不切實際。但二次革命論與新民主主義革命論相比也有較大的空想性，因而也不是很切實中國的實際情況。三者當中，唯有新民主主義革命論能夠在馬列原意的基礎上，實事求是地結合中國實際，最符合中國國情。這也是一次革命論和二次革命論在實踐中均不成功，而新民主主義革命論則獲得成功的根本原因。

資產階級民主主義革命論在政治上產生了極為重大的影響。二次革命論成為中共初期的指導思想，在 1927 年中共領導層調整以前，在中共黨內居領導地位，很大程度上影響了中共的方針和策略，如放棄革命中的領導權，在許多事務上服從國民黨。1927 年國共分裂以後，二次革命論失去中共指導思想的地位，一次革命論取代二次革命論成為中共的指導思想，決定了這一時期中共的革命方針和策略。1935 年遵義會議以後，新民主主義革命論取代一次革命論成為中共的指導思想，指導了中共的方針政策，決定了此後中共領導的革命的方式和內容，正是在這一思想的指導下，進行了奪取政權的武裝鬥爭，以及在中共控制區進行土地改革等政策。由於新民主主義革命論具有很好的實效性，對中共武裝奪取政權的革命的勝利起到有利作用。在這一理論的指導下，中共採取了一系列比較適當

的革命方式和鬥爭策略，從而推進了中共反對國民黨政權的革命鬥爭的成功，並在取得政權之後成功地進行了國家的建設工作。

第九章　其他思想

　　議會民主論的幾大流派和各種社會改造思想，是這一階段的主流思想。除此之外，在這一階段還曾出現其他一些思想體系，其中傳播較廣和影響較大的主要有平民革命論、中間路線、國家主義、鄉村建設思想。

（一）平民革命論

　　平民革命論產生於國共合作進行國民革命的時期。由於三民主義主張者與共產主義主張者相互接觸較多，兩種思想的交流也較多。一些共產主義者吸收了三民主義的部分內容而形成這一思想，又有一些三民主義者吸收了共產主義的部分內容也形成這一思想。平民革命論是吸收了三民主義的部分思想內容和共產主義的部分思想內容，並加以發揮而形成的，是三民主義與共產主義兩者的結合。這一思想產生以後，逐漸豐富完善，在國共分裂之後的紅軍戰爭時期，形成成熟的思想體系。

　　國民革命期間，一部分國民黨人和一部分共產黨人產生或接受了平民革命論這一思想。隨後，又有社會上的少量人士先後接受這一思想。紅軍戰爭期間，在宣傳動員下，更多的人先後接受這一思想。從紅軍戰爭時期後期起，隨著平民革命論指導下的反對國民黨政權等實際政治活動的失利，其主張者日漸

減少，一部分主張者先後放棄這一思想。到解放戰爭後期，由於中共對國民黨的鬥爭取得勝利並即將取得政權，加之新民主主義與平民革命論有許多相通之處，因而平民革命論的主張者大部分轉而接受中共的主張，期望在中共執掌政權的情況下通過新民主主義的實行而實現平民革命的理想。到中共建立全國政權以後，只有極個別人還在堅持這一思想，這一思想基本上消退。

平民革命論認為，中國社會的性質是前資本主義的封建性社會，以及半殖民地社會。在經濟結構上，中國社會經濟的主體是農業手工業生產，有微弱的資本主義的經濟，但主要的還是農業手工業生產。農產品少部分用於交換，大部分是自行消費和交租交稅。新式工業中，由外國人經營的占 80％，中國本國人經營的不過占 20％。中國人所消費的工業品近一半從外國輸入。產業工人的數量少，不到全部人口總數的百分之一。絕大部分人口居住在農村，只有少部分人口居住在城市。城市人口中，又只有少部分居住在有新式工業的城市，大部分居住在只有手工業的城市。在政治結構上，中國的政權是封建性質的政權，中國社會處於封建勢力的統治之下。軍閥控制下的北京政府是封建性質的政權。國民黨在 1927 年的「四‧一二」政變以後，轉變成為封建性質的政黨。因而國民黨統治全國以後，國民黨政權仍是封建性的政權。因此，中國尚處於前資本主義的時代，中國社會是前資本主義的封建社會。同時，中國又受到帝國主義列強勢力的支配，帝國主義迫使中國訂立了許多不平等條約，在中國獲取了種種特權，帝國主義還收買了封建政府為他們服務。主要的經濟組織都被帝國主義控制，帝國主義勢力不僅破壞中國的農業手工業經濟，而且壓制中國的資本主義經濟，使之不能成長。所以，中國又是一個半獨立的國家，是半殖民地社會。中國的社會性質是受封建勢力和帝國主義雙重統治的封建社會和半殖民地社會。

平民革命論認為，中國革命的性質是平民革命。中國革命既不是歐美式的資產階級領導的民主革命，也不是無產階級領導的社會主義革命，而是以平民階級為主力和領導者的平民革命。同時，複雜的社會性質決定了中國的平民革命不是單一性的革命，而是一個複雜性的革命。平民革命包含民族、民權、民生這三種革命。它不是單純的民族革命，也不是單純的民主革命，亦不是單純的社會革命，而是包含三種革命在內的複合的革命。中國必須進行民族、民權、民生全部三種革命。孫中山領導的國民革命的性質就是平民革命。國民黨統治建立以後，由於國民黨背叛革命，這場平民革命失敗了。但平民革命必將復興，平民大眾表面上失敗了，但實際上仍存在著潛力，將要重新向統治者進攻。在國民黨統治下的中國，應該繼續進行平民革命，反對國民黨的統治，建立平民政權。

平民革命論認為，平民革命的前途是非資本主義的，是實現社會主義。中國並不是必須先進入資本主義革命，經過資本主義社會的長期發展之後再進入社會主義社會，而是應當直接進入社會主義。第一，社會主義是人類歷史的必然前途，中國不可能例外。而且，中國革命發生在世界社會主義革命開始之後，這一世界形勢決定了現今的中國已經不可能再去發展資本主義社會。第二，帝國主義不會允許中國發展資本主義，因為中國建立資本主義以後，會與帝國主義展開競爭。第三，中國資產階級力量軟弱，而且革命態度不堅決，沒有能力消滅封建勢力和推翻帝國主義，因而沒有獨立進行資本主義革命的能力，不能完成建立資產階級政權的任務。第四，工農大眾為主的平民群眾的力量已經比資產階級強大，而且在將來還要迅速地增強。平民群眾掌握政權後，必然不會去效仿歐美建立和發展對平民群眾有害無益的資本主義，必然會運用政權的力量，進行國營的產業建設並推動資本主義產業的公有化，從而向社會主義過渡。因此，中國無法過渡到資本主義階段，不可能進入資本主義社會。平民革命勝利後，不經資本主義社會，直接

向社會主義過渡。

雖然中國革命的最終前途是社會主義社會，但中國不應當進行社會主義革命，而應當是通過平民革命來實現社會主義。社會主義的革命，只有在資本主義社會的成熟期才能實行，只有在發達的資本主義國家才能進行。而中國目前還是一個前資本主義的社會，不具備無產階級社會主義革命的客觀條件，不能實行社會主義革命。如果勉強進行，則不可能成功，而只能是白白犧牲無數的民眾，白白破壞大量中國現有的物質設備，從而使中國更加落後。平民革命是從前資本主義時代到達社會主義的根本途徑，在前資本主義狀態下，只有平民革命才能使中國社會從前資本主義進入社會主義，而非社會主義革命。

平民革命論認為，平民革命的任務有三個。第一，民族革命的任務是推翻帝國主義的統治，清除帝國主義在中國的勢力，取消一切不平等條約，實現中國的獨立，第二，民權革命的任務是推翻封建勢力的統治，即推翻國民黨政權，建立工農為中心的平民政權。第三，民生革命的任務是要實行節制資本和耕者有其田，進而實行土地和資本等生產資料的公有制，從而實現社會主義。1930 年鄧演達在〈我們的政治主張〉一文中曾這樣概括平民革命任務：「我們爭鬥的目的是，要徹底的肅清帝國主義在華的勢力，取消一切不平等條約，使中國民族完全解放，要使平民群眾取得政權，要實現社會主義。」、「解放中國民族，建立農工為中心的平民政權，實現社會主義。」

平民革命論認為，革命對象有兩個，即帝國主義和封建勢力，中國革命是反對帝國主義和反對封建勢力的。反對帝國主義，使整個民族獲得解放；推翻封建勢力，建立平民政權和民主制度。國民黨政權是封建勢力和帝國主義的代表，是革命的具體對象。國民黨政權是買辦資產階級和封建地主階級的聯合政權，是封建性的政權。它還投降帝國主義，成為帝國主義的工具。因此，革命必須反對國民黨政權，推翻它的統治。

平民革命論認為，革命的主體是平民階級以及小資產階級、民族資產階級，其中主力是平民階級。中國存在一個龐大的平民階級，他們的成員是平民，即直接或間接地參加生產過程的勞動者。其中包括工業的勞動者工人和手工業工人，農業的勞動者雇農與佃農，商業的勞動者店員和小商販。勞動平民階級是中國革命的主要力量和領導者。「第三黨」為勞動平民階級的代表。

平民階級中的工人與農民，由於人數較多且所受壓迫最為嚴重，是平民群眾的重心。工農尤其農民是革命的主要力量，以農工為核心，其他成分圍繞在農工周圍，構成革命的隊伍。1927年鄧演達在〈中國革命的新階段與國民革命的新使命〉一文中說：「如果工農群眾尤其是廣大的農民群眾不能起來，形成一個偉大的鬥爭力量，則中國革命是不可能的。」鄧演達1931年在〈怎樣去復興中國革命——平民革命〉一文中說：「中國革命必然的要以農工為核心。」無產階級即工人階級是平民階級中的一部分。

資產階級分為小資產階級、民族資產階級、買辦資產階級。小資產階級也是革命的力量之一。平民階級應與小資產階級聯合，包括小手工業者、自耕農、生產管理人員、教員、學生、自由職業者、士兵等，但必須以平民勞動者為中心。民族資產階級也屬於革命的力量之一，但不是主要力量，只是革命力量的一個從屬部分。民族資產階級與帝國主義和封建主義存在一定程度的聯繫，因而在政治上是軟弱的，不能徹底地進行反帝國主義反封建主義的鬥爭，不能徹底地消除封建勢力，不能堅決地反對帝國主義和廢除不平等條約。

平民革命論認為，革命的領導者是平民階級。中國革命只能由勞動平民階級來領導。勞動平民階級受帝國主義和封建勢力的壓迫最嚴重，數量最多，鬥爭最勇敢。只有平民階級才能領導中國革命達到成功。中國資產階級力量薄弱，而且性格

有反動性，有聯合封建勢力帝國主義以建立資產階級政權的企圖，一方面不能徹底掃除封建勢力，另一方面也不能堅決地反對帝國主義，因此不可能成為革命的領導者。無產階級與任何其他階級相比，政治覺悟最高，鬥爭決心最堅決，是革命中的重要部分。但中國無產階級數量少，品質不足，依其數量和品質，只能夠在革命中發揮積極作用，而不能單獨成為中國革命的領導力量。無產階級不但不能成為中國革命的單獨的領導者，而且也不能成為中國革命的主要力量。

關於革命的程序，平民革命論主張，在民權革命、民族革命、民生革命這三種革命中，首先進行民權革命。在民權革命中，應當組建各種平民的組織。只有平民群眾組織起來，形成平民本身的有力組織，工人有工人的團體，農民有農民的團體，其他各界也都有各自的團體，才能集中平民的力量，推翻現政權，將政權收歸到平民手裡，建立平民政權。平民組織包括職業團體和準職業團體。職業團體包括工會、農會等，準職業團體包括學生會、婦女組織、士兵組織等。在民權革命中，應當建立武裝。中國革命的敵人是全副武裝的，因此必須用革命的武裝反對反革命的武裝。革命是以武力形式進行的，革命的主要手段是武裝鬥爭。革命必須建立革命民眾自己的武裝隊伍，即平民革命軍，以反抗並消滅反革命的武裝，奪取政權。平民革命軍是代表平民的，由平民中最勇敢最堅決的分子集合而成。

經過武裝鬥爭推翻封建政權以後，由各種職業團體和準職業團體逐步代替舊有的政權，形成由平民掌握的政權。民權革命成功以後所建立的政權，必定由平民群眾所掌握，因此可以稱之為平民政權。這個平民政權必須以工農為重心，因為他們所受的壓迫最嚴重，數量較多，鬥爭較勇敢。平民政權中，設置中央、省、縣、鄉等各級權力機關，由它們掌握國家權力，有立法及監察的職權。中央設國民大會，為全國最高權力機關，

各級地方設省民大會、縣民大會、鄉民大會，為各級地方權力機關。國民大會真正代表人民的意願，由人民直接產生。全國和地方各級國民大會的成員均由各職業和準職業團體選出的代表組成。關於代表的構成比例，直接參加生產的農民、工人，即工會和農會代表占 60％，其他各職業團體及準職業團體占 40％。農工占全國大多數人口，故在平民政權中應該占多數。國民大會、省民大會、縣民大會和鄉民大會均設有其下屬的各級執行機關。不實行歐美國家所實行的三權分立制度，不是分別設立立法機關與執行機關，而是在國民大會之下設立執行機關，使立法的職權與行政的職權合在一起。人民有集會、結社、言論、出版、居住、信仰的完全自由。

　　平民政權建立以後，革命轉為民族革命和民生革命。在民族革命中，要抵抗帝國主義的政治和經濟侵略。一方面，消除帝國主義在華的政治權利，由平民政權廢除一切不平等條約，重新訂立完全平等的條約，實行關稅絕對自主，收回租界、海港，撤退列強在華駐紮的軍隊，停止支付外債。另一方面，消除帝國主義在華的經濟勢力，由平民政權收回外國資本和外國人管理的銀行、鐵路、航運、通信、礦山等一切重要的企業，歸國家經營管理。平民政權的對外政策是，抵抗帝國主義，對蘇聯在提防的同時保持友好，與各被壓迫民族結成親密關係。帝國主義是中國的主要敵人，應當對其進行抵抗，利用帝國主義各國之間的矛盾，採取種種方法與它們進行鬥爭，聯合全世界的被壓迫民族，共同反抗帝國主義，實現民族解放。蘇聯可能成為中國的朋友。應在雙方完全平等和不干涉中國革命的前提下與蘇聯建立友好關係。在提防的同時要友好，在友好的同時要提防。如果蘇聯不干涉中國的革命，就與其友好往來；如果它干涉中國的革命，就要抗拒它。世界各被壓迫民族是中國的真正的朋友，應該聯合它們，結成親密關係，共同反抗帝國主義的侵略和壓迫。

在民生革命中，由平民政權運用政權的力量使私人資本的企業逐步公有化，並大力發展公有企業，並且使私人土地逐步公有化，從而建立生產資料公有制這一社會主義經濟制度，實現社會主義。中國革命的結果是直接建立社會主義，民生革命就是實現社會主義的途徑。1930年的〈中華革命黨宣言草案〉中說：「民生主義，簡單而言，就是廢止私有財產。」

一方面，民生革命要發展公有企業和節制私人企業。平民政權收回一切重要的外資或外國人管理的企業為國家公有，一切大企業、關鍵企業、特別是帶有獨占性的企業，如礦山、森林、銀行等，也由平民政權收歸公有。公有企業由中央政府及省市縣政府經營，其中，由中央政府直接經營的為國營企業，省市縣政府從事經營的為公營企業。大力發展公有企業，進行大規模的國營及公營企業的建設。在一個比較長的時期，允許中小規模的私人資本企業存在，使其輔助國營和公營企業，同時，國家利用金融機關和財政政策限制私有企業的發展，防止私人資本的膨脹。此外，促進合作社組織的發展，鼓勵人們自行組織合作社，以促使私人資本向公有化方向發展。最終目標，是實現全部私有企業的公有化。

另一方面，民生革命要逐步實現土地的公有化。在農村，應當實行土地公有，從而實現社會主義的經濟制度。但如果目前階段立刻普遍地實行土地公有，容易引起農民的反對，而且必然因生產技術的落後，而造成經營的困難。故原則上土地公有，但不能立刻普遍地實行土地公有，而應當暫時實行耕者有其田的制度，以耕者有其田作為走向土地公有的過渡性的辦法。耕者有其田不是最終目標，而只是在實現社會主義的過程中暫時實行。實行耕者有其田的具體方案是：國家沒收反革命者和反革命團體的土地為國有；沒收地主階級的土地為國有；收買廟宇祠堂教會等公共團體的土地為國有。同時，制定個人占有耕地的最高與最低限額，國家收買個人在最高限額以外的

土地為國有。國有土地按一定標準分配給無地和少地的農民耕種，不得買賣，有使用權和收益權，分得土地後不耕作或耕作不力者取消其使用權和收益權。實現耕者有其田之後，在耕者有其田的基礎上，由各農戶自由聯合，發展合作社，以便進行大規模耕作和使用先進技術，並通過合作的進行來實現土地的公有化。同時，由國家創辦和發展國營農場和公營農場，以國營及公營的農場，發揮示範作用，使農民知道大農業的優點，瞭解到大農業可以使用新的技術和經營方法，使其自願進入國有化。

平民革命論對當時的政黨關係產生了較大影響。一方面，平民革命論這一思想促進了國民黨的分裂和共產黨的分裂。一部分國民黨人出於這一思想而對國民黨的政策和活動不滿，認為國民黨在 1927 年的政變以後已經變質，已不能領導革命，因而脫離國民黨，單獨組黨和單獨活動。一些共產黨人出於這一思想而對中共的政策和活動不認同，認為它們是不正確的，認為不應當像中共這樣進行中國革命，中共已不能領導中國革命，因而脫離中共。另一方面，平民革命論這一思想還促進了「第三黨」的成立並影響了「第三黨」的綱領和活動。一批平民革命論的主張者共同從事實際政治活動，形成自己的團體，並建立自己的組織中國國民黨臨時行動委員會，又稱「第三黨」。平民革命論也成為「第三黨」的指導思想，對「第三黨」的政策和活動產生了決定性的影響，「第三黨」的一系列綱領都是依據這一思想來制定的。

平民革命論也促發了一些人的相關的實際政治活動。在平民革命論的促進下，一些平民革命論的主張者為了實現他們的主張而進行了舉辦刊物、發展組織、動員軍隊等一系列活動。1927 年 11 月 1 日，鄧演達、宋應齡、陳友仁等部分國民黨人在莫斯科組建「中國國民黨臨時行動委員會」，並以該委員會的名義發表由鄧演達起草的〈對中國及世界革命民眾宣言〉。

1928 年在譚平山主持下，在上海召開中華革命黨成立大會，宣告中華革命黨的成立，選舉了中央機構，推舉鄧演達為總負責人。中華革命黨創辦了《突擊》週刊、《燈塔》週刊，進行宣傳。召開負責人會議，通過了譚平山起草的〈中華革命黨宣言草案〉。成立後在各地建立和發展組織，在一些地區建立了地方組織，主要是在一些省成立省級組織。該黨宣稱信奉三民主義，代表平民利益，致力於民族革命。1930 年，在鄧演達的主持下改組中華革命黨，在上海召開全國幹部會議，將名稱確定為「中國國民黨臨時行動委員會」，通過了鄧演達起草的〈中國國民黨臨時行動委員會政治主張〉，並選舉了中央幹部會，鄧演達被選為中央幹部會總幹事。中國國民黨臨時行動委員會出版刊物，創辦了《革命行動》、《革命行動日報》，宣傳該黨的政治主張，抨擊國民黨政權，號召人們革命。進行了組織工作，在各地發展地方組織，成立各地的區、省、市、縣等各地各級地方組織。進行了武裝推翻國民黨的準備工作。聯絡軍隊中的人員，動員他們接受平民革命的主張，反對國民黨政權。

1931 年，國民黨內部矛盾激化，一些人成立廣州中央執行監察委員會非常會議，與南京政權對抗，臨時行動委員會認為武裝推翻國民黨的時機已經到來，決定發動武裝起義。1931 年成立以鄧演達為首的軍事委員會。擬訂了武裝起義計劃，計劃組織國民黨部分軍隊進行反國民黨的起義，以江西為中心奪占根據地，同時動員各地的地方實力派進行武裝反對國民黨的活動。國民黨政府逮捕鄧演達等重要幹部，武裝起義的計劃被迫取消。鄧演達等首領的被捕，以及鄧演達的被殺害，使臨時行動委員會實力大大減弱，活動和組織都受很大破壞。此後一部分平民革命論的主張者繼續堅持鬥爭。1933 年，國民黨政權內部的部分高級官員、將領及一些軍隊，在福建成立反對國民黨的政權。臨時行動委員會的一些人參與了這次活動。1935 年，在香港召開臨時行動委員會第二次全國幹部會議，通過了〈臨時行動綱領〉，其中支持中共的建立抗日民族統一戰線的主張，

提出了團結全國各黨派對日作戰的主張，會議決定黨的名稱改為「中華民族解放行動委員會」，選舉了中央機構，黃琪翔為總書記。此後第三黨的方針有所變化，開始聯合全國各黨派共同對日作戰，其中包括不再堅持主張消滅中共，而是採取聯俄聯共的方針。此後，在各地發展組織，同時開展宣傳工作，宣傳其政治主張，並參加抗日活動。

全面抗日戰爭開始後，第三黨與國民黨政權合作，共同抗日，一些人參加到政府和軍隊中擔任職務。1939 年在武漢召開第三次全國幹部會議，會議通過了〈抗戰時期的政治主張〉，決定了該黨在抗戰時期抗戰、實行民主的主張。抗戰結束後，進行了反對獨裁和反對內戰的活動。1947 年在上海召開第四次全國幹部會議，會議決定名稱改為「中國農工民主黨」，選舉產生中央執行委員會，章伯鈞為執委會主席，會議確定了擁護中共的方針，接受了中共的新民主主義方案。會後整頓和增設了各地的地方組織，又進行了協助中共的活動，如搜集軍事情報、推動國統區的民眾運動、在國民黨軍隊中策反等。新中國成立時，參加了新政協會議，參加中共領導的政權，許多成員在政協和政府中任職。

平民革命論是在三民主義和共產主義兩種不同建國方案進行鬥爭、國共兩黨進行鬥爭的背景下，出現的一種折中兩者的思想。平民革命論與三民主義和共產主義都具有一定的聯繫。平民革命論吸收了三民主義的部分內容。耕者有其田的方案，土地國有的方案，民族、民權、民生的革命方式，這些都是吸收了三民主義的內容而形成的。同時，平民革命論也吸收了共產主義的部分內容。社會主義前途、建立工農政權、實行生產資料公有制、開展階級鬥爭，這些思想都是吸收了共產主義的內容而形成的。在一定意義上說，平民革命論是三民主義和共產主義的結合的產物。也正因如此，平民革命論與三民主義和共產主義都存在一些共同點。當然，同時，更重要的，也都存

在一些不同點。

　　平民革命論中的民族革命與三民主義中的民族主義，內容基本相同，都主張消除列強對中國的侵害。平民革命論中的民權革命與三民主義中的民權主義都主張建立民主制度。但平民革命論所主張建立的政權是有階級性的平民階級的政權，而三民主義所主張建立的政權是沒有階級性的全民政權。平民革命論中的民生革命是在繼承三民主義中的民生主義的基礎上的進一步發展。三民主義主張平均地權和節制資本以避免貧富分化，平民革命論也主張平均地權和節制資本以避免貧富分化。但是，平民革命論比三民主義更加徹底和更加激進，與三民主義的思路方向相同而更進一步。三民主義主張平均地權然後將來再進一步，實行耕者有其田，平民革命論則主張耕者有其田然後再進一步，實現土地公有。三民主義主張節制私人資本，平民革命論則主張在節制私人資本的基礎上更進一步，使私人資本完全公有化。也就是說，平民革命論不僅是要限制私人資本和私有土地，而且要最終使私人資本和土地的全部公有，即實現生產資料的公有制，從而建立社會主義社會。

　　平民革命論認為中國革命是有階級性的，革命的前途是社會主義社會，這些主張與中國的共產主義思想是一致的。但是在實現社會主義的具體方案上有諸多不同。第一，平民革命論主張，通過平民革命而非無產階級革命來實現社會主義。第二，平民革命論認為，革命的主體是包括全部平民在內的平民階級，共產主義則認為革命的主體是無產階級、農民階級及其他階級，兩者人員的實際範圍差別不大，但兩者的階級分級方法有所區別，且平民革命論所主張的革命主體，人員範圍稍稍更為廣泛一些。第三，平民革命論主張建立平民政權，而不是無產階級政權，政權的社會基礎更為廣泛一些。第四，平民革命論主張進入社會主義的革命應當由平民階級領導，而共產主義主張進入社會主義的革命應當由無產階級來領導。

（二）中間路線

　　紅軍戰爭時期，在國民黨和共產黨對立、三民主義和共產主義對立的情況下，一些人提出一套不同於共產主義和三民主義並且介於兩者之間的建國方案。這些人自稱「中間派」，稱他們的主張為「中間路線」。此後逐漸完善，在解放戰爭期間形成成熟完善的體系。

　　中間路線的主張者主要是原來的一部分直接立憲論者，他們實際上是在直接立憲論的基礎上，吸收了共產主義思想的部分內容，從而形成中間路線這一思想。起初，中間路線的贊同者一直很少。解放戰爭前期，在人們期望和平及國共兩黨對抗的形勢下，這一思想逐漸盛行，獲得較多人的贊同。解放戰爭後期，因國民黨對各中間黨派的壓制政策，一些人感到中間路線的方案難於在國民黨的掌握政權的條件下得以實現，相反中共對中間黨派採取拉攏政策，並宣揚新民主主義論與中間路線的共通之處，於是一些中間路線的主張者放棄中間路線，轉而支持中共武力反對國民黨的鬥爭，認為可以在中共的領導下實現中間路線或中間路線的部分內容。解放戰爭末期，中共在與國民黨的鬥爭中取得優勝，中共統治全國已成定局，在這種形勢下，中間路線已經成為不可能實行的方案，加上中共的拉攏和宣傳，中間路線的主張者大多放棄這一思想，或者轉而接受中共的新民主主義論，或者仍返回到主張直接立憲論。

　　關於中國的前途，中間路線認為，當今世界存在兩種建國方案，即英美式的資本主義社會和蘇聯式的社會主義社會。三民主義，即國民黨的建國方案，是實行資本主義制度，是英美的模式。新民主主義，即共產黨的建國方案，是實行社會主義制度，是蘇聯的模式。

　　資本主義和社會主義兩種社會制度各有優點，也各有不足。在資本主義的英美等國，有政治上的民主制度，即議會制度，

但這些國家的經濟制度存在缺點，致使社會上存在貧富階級，人們之間貧富差別太大，沒有經濟民主。在社會主義的蘇聯，政府對全國的生產與分配制定統一的計劃，並按這一計劃來進行，實行計劃經濟和公平分配，消滅了貧富差別，即有了經濟民主，但蘇聯沒有政治上的民主制度。也就是說，英美有政治民主而沒有或缺少經濟民主，蘇聯有經濟民主而沒有或缺少政治民主。

中國既不應當按照國民黨的方案即三民主義實行資本主義制度，也不應當按照中共的方案即新民主主義實行社會主義制度，既不應當全盤照抄英美模式，也不應當全盤照抄蘇聯模式，而是應當在資本主義與社會主義之間，英美模式與蘇聯模式之間求得一個折衷方案，建立一個介於資本主義和社會主義之間的制度。

目前的局勢是，國民黨既不能用武力消滅共產黨，共產黨也不能用武力推翻國民黨，而國際形勢也不許可一個完全右傾的國民黨政權或一個完全左傾的共產黨政權。在這種形勢下，中間路線也是唯一可能實現的方案。張東蓀 1946 年在《再生》上發表的〈一個中間性的政治路線〉中說：「須知這是唯一的路，除此以外，並無第二條道路。」

政治的民主和經濟的民主之間，沒有不可調和的矛盾，而且是互相促進的。因此，中國可以而且應當綜合英美式民主與蘇聯式社會主義兩者的經驗，建立適合中國國情的民主制度。吸收它們各自的長處，既要吸收英美制度的長處，又要吸收蘇聯制度的長處，既要吸收資本主義民主的長處，又要吸收社會主義民主的長處。對這些國家的制度都取其所長，棄其所短，消除兩者的缺點，結合兩者的優點，從而在中國建立一個最為完善的社會制度，既有社會主義的計劃經濟，又有資本主義的民主政治。

　　1945 年中國民主同盟發表的〈在抗戰勝利聲中的緊急呼籲〉中提出：「拿蘇聯的經濟民主來充實英美的政治民主。」既要仿效英美等國建立政治的民主制度，又要仿效蘇聯建立經濟的民主制度，政治民主和經濟民主相結合，從而構成一個最完善最優秀的中國式民主。這樣，就使中國成為一個既不同於英美，也不同於蘇聯，既有政治民主，又有經濟民主的國家。既有政治民主，又有經濟民主，這才是完全的真正的民主。這不是折中的民主，也不是調和的民主，而是在以往民主的基礎上發展而來的最先進的民主。1945 年 5 月張申府在《華聲》發表的〈民主的三種類型〉中說：「現在有蘇聯的民主，英美的民主，中國的民主將是哪一種呢？」、「中國的民主既不是蘇聯的民主，也不是英美的民主，中國的民主只是中國的民主。」張東蓀在〈一個中間性的政治路線〉中說：「中國必須於內政上建立一個資本主義與共產主義中間的政治制度。」這個中間性的政治制度就是調和英美模式和蘇聯模式，在政治方面比較多地採取英美式的民主主義，在經濟方面比較多地採取蘇聯式的社會主義。施復亮在 1946 年在《週報》上發表的文章〈兩條道路，一個動力〉中說：「今天中國既不能走舊式資本主義的道路，又不能走社會主義的道路，便只有走我們自己的中間的改良道路。」

　　關於這一方案的實現途徑，中間路線主張，由國共以外的中間派領導，團結國共，包括國共兩黨在內的各黨派共同組織民主的聯合政府，共同實現這一建國方案。中間路線認為，在中國存在一個「中間派」，是處於國民黨和共產黨之間的政治勢力，這個勢力的主張介於他們兩者的中間。中間派包括思想上的各種自由主義者，政治上的一切不滿意國民黨統治又不願意共產黨取而代之的要求民主進步的人士，組織上的國民黨統治集團及共產黨以外的一切黨派。中間派在組織上以民主同盟為中心，包括民主建國會、民主促進會、三民主義同志會等其他各黨派，也包括各個從事民主運動的團體，以及所有要求民

主的人民。中間路線的實現，就應當在中間派的領導下來完成。不應由國民黨武力統一中國，也不應由共產黨經武裝革命統治中國，而應當在中間派領導下通過和平的方式實現這種中間路線。但這條道路不能由國共以外的第三者單獨來走，而必須要各黨派共同走，才能走得通。假定國民黨為右，共產黨為左，決不是不要他們，由中間派來主持，而是要團結國民黨和共產黨，把他們的偏右者即國民黨稍稍拉到左轉，偏左者即中共稍稍拉到右轉，在這樣右派向左、左派向右的情形下，使中國得到團結，並由團結得到統一。使國民黨停止武力行動，使中共放棄信仰，由國共兩黨及其它民主黨派共同組織民主的聯合政府，共同實現民主制度。張東蓀在〈一個中間性的政治路線〉中說：「中間性的路線乃是要各黨共同來走，並不是由我們國共以外的第三者單獨來走。」

中間路線認為，中間派的社會基礎是社會上廣大的「中間階層」。中國是一個農業手工業占優勢的社會，階級分化不尖銳，同時，中國目前正處於前資本主義制度到資本主義制度的過渡階段，這兩個特點決定了中國社會必然存在著占人口絕大多數的中間階層。中間階層包括民族企業家、手工業者、小商人、小地主、大部分農民，以及包括教師、技術人員、公務人員、大中學生等在內的知識分子。中間階層是中間派的社會基礎，中間派的社會基礎是很廣大的。中間派就是這些中間階層的代表，代表這些中間階層的利益，中間派的立場是大多數人民的立場，中間派的主張代表大多數人民的利益。

中間路線認為，必須在中國建立一個強大的中間派。這是因為，第一，中國唯一可行的正確道路是中間路線。要實現這條中間路線，首先必須造成一個強大的中間派。只有中間派形成一個強大的力量，獨立於國民黨和共產黨之間，能夠在國民黨統治集團和共產黨之間造成舉足輕重的地位，才能促使國共兩黨走到中間路線上來，實現中間路線所設想的建國方案。如

果中間派不能形成一個強大的政治力量，就不能迫使國民黨結束一黨專政，實現中間路線。第二，必須有一個強大獨立的中間派，才能對停止內戰、恢復和平發揮決定的作用，才能達到結束內戰、獲取和平的效果。國共兩個武裝政黨均實力強大，從事武裝鬥爭達二十年，如果沒有強大獨立的中間派作為調和力量，就不可能使他們從武裝鬥爭變成和平競爭，就無法實現和平。內戰是民主的最大障礙，沒有和平，民主政治就根本無從談起，中間路線的實現也就不可能。施復亮 1946 年在《新華日報》上發表的〈我的答案〉一文中說：「必須在國共兩黨以外形成一個進步的民主的中間派的政治力量，其強大達到舉足輕重的地位，即可以做雙方團結的橋梁，又可以做共同團結的基礎」。施復亮 1946 年在《文匯報》上發表的〈何謂中間派〉一文中說：「沒有強大的中間派的政治力量，便不能合理地解決當前的政治問題。」、「國共問題的合理解決，中國政治的全面安定，和平、民主、統一的真正實現，經濟建設的順利進行，都必須有一個強大的中間派在政治上起著積極的甚至決定的作用。」

中間路線認為，目前中間派的力量還不夠強大，還不能適應形式的需要。主要表現在，中間派還沒有建立起強有力的組織，中間派的各黨派，組織還不夠健全，代表性還不夠廣泛，尚未包括全部的中間階層代表人士。為了制止內戰，為了實現民主，實現中間路線，也為了中間派自己的利益，必須建立一個強大的中間派。使中間派強大起來的辦法是，國民黨統治集團與共產黨以外的一切中間黨派、從事各種活動的民間團體、廣大沒有組織起來的中間性人士，即全國的中間階層，都聯合起來，實行一個「中間派的大團結」，形成一支強大的中間派的政治力量。施復亮在〈何謂中間派〉一文中說：「沒有一切中間派的大團結，便不能形成強大的中間派的政治力量。」民主同盟已經成為中間派的實際領導者，這一中間派的聯合應以民主同盟為中心，在民盟的旗幟下分別組織，聯合行動。

　　中間路線實質上是對社會主義思想和議會民主論這兩大思想流派的妥協和折衷。社會主義與議會民主論是兩種完全不同的思想體系，但它們之間也存在一定的共通性。社會主義認為，資本主義社會實行的是民主的政治制度，社會主義社會也實行民主的政治制度，一個是資本主義民主，一個是社會主義民主，後者是更高層次的民主。於是，社會主義認為，自己是超越議會民主論的，是可以包含議會民主論的。議會民主論則認為，民主制度中可以融入社會主義的因素，如計劃經濟。於是，議會民主論也認為，自己是可以包含社會主義的。這樣，社會主義與議會民主論的內容就有了一致的部分，於是兩者之間就有可能實現求同存異、彼此妥協、互相包容。社會主義和議會民主思想兩者之間的這種共通性，使得中間路線的形成有了可能，一些議會民主的主張者吸收社會主義部分內容，從而形成中間路線的思想體系。在這個意義上，中間路線可以看作是介於社會主義和議會民主論之間的一種思想體系。

　　蘇聯在社會主義制度下經濟增長迅速，國力強大，獲得較高國際地位，並形成對中國的較強的政治影響力。歐美國家中興起政府應加強經濟干預的理論，歐美國家政府在實踐中也增加了對經濟的干預並取得較好效果。這些事實促使人們提高對社會主義的認同，促使一部分民主的主張者重視甚至一定程度上接受社會主義，從而形成中間路線的思想主張。各種類型的社會主義思想在當時的中國社會具有很大影響，中國的許多議會民主論者都或多或少地接受了一些社會主義思想，這也是中間路線得以形成、發展和傳播的原因之一。國共兩黨長期武裝對抗並且一時難分勝負的政治局勢，則成為中間路線形成、發展和傳播的現實依據。

　　在中間路線的影響下，中間路線的主張者進行了宣傳、發展組織、參與政權、向政府提建議等政治活動，試圖實現中間路線的政治主張。中間路線也促使一些人從事組建國共以外第

三大黨的活動，對民盟的建立起到一定推動作用。中間路線的思想主張，還對當時多個黨派的宗旨、政綱、政治活動方式產生了一定的指導作用。

（三）國家主義

中國的國家主義出現於清末的甲午戰敗以後。甲午戰爭中的失敗使一些中國人產生亡國的危機感，救國成為人們關心的問題。在這種形勢下，外國的國家主義思想逐漸傳入中國，人們接受了這種思想，並結合中國國情加以發揮，形成中國的國家主義。

國家主義在中國出現之初，贊同者較少。五四時期，曾出現一個研究和宣傳新思想的高潮，形成一個思想活躍時期。在這一思想高潮中，許多人熱心尋求中國社會改造的方案，不少人接受了國家主義。國家主義與其他各種思想一樣興盛一時，曾進行了大量的研究和宣傳，並有許多人接受了這種思想。國家主義為許多北京政府的軍閥和官僚所標榜，他們都聲稱自己是國家主義者。國民革命興起以後，國家主義反對蘇俄和中共，因而反對國民革命。由於國民革命受到廣泛的支持，許多人對反國民革命的國家主義產生懷疑，先後放棄國家主義，許多人紛紛脫離國家主義的組織，許多國家主義組織相繼解散或瓦解，國家主義的傳播範圍和影響有所下降。國民黨統治時期，這一思想仍一直在一定範圍內傳播，並具有一定的影響，直到中共統治建立。中共統治全國以後，國家主義的主張者大多離開大陸，大陸的國家主義者已很少，這一思想基本上消退。

中國的國家主義認為，國家是一個群體，具有一定的人民，占有一定的土地，擁有一定的主權，每個國家有一種特有的遺留下來的文化，有一種本國人民特有的共同感情。李璜在 1924 年的〈釋國家主義〉一文中說：「國家是甚麼？一定的人民，

占有一定的土地，保有一定的主權。」國家的職能是，在精神上維繫一國國民的心情，在物質上保障一國國民的幸福。國家對外是生存競爭單位，對內是生存互助單位。

國家包括物質、社會和精神三個要素。一定的國土，是物質要素。一定的人民，保有一定的主權，是社會要素。精神要素指生活在這塊土地上的人，有一種國家意識，即在精神上對這塊土地有所依賴，有一種感情回顧，人們彼此之間自覺地產生一致的利害觀念及相互依賴的心理。國家意識是基於人們對過去的回憶，具有同一歷史的回憶，也就是有一種特殊文化的貽留。這種回憶是全民族不分階級都一樣具有的。一個民族、一個國家有對過去的回憶，一旦遇到外界刺激，全體國民便同時一齊感覺到不安，國家受到侵略欺凌時，全國國民都會進行抵抗，這完全是依靠這個共同回憶而引發的情感，絕不是只依靠利益。國家是三要素的結合。三大要素中，最重要的是精神的因素。人們具有共同的政治要求，有共同的敵人，有共同的目標，有共同的社會生活和社會意識，才能成為真正的國家。

國家是基於人類生物學基礎，適應人類基本的精神需求和物質需求而產生和存在的。物質要求即人類對食物等的要求以及抵禦自然界的敵人而自保的要求。精神要求即人有合群的天然要求，獨立存在會感到狐獨，因而喜歡群居。在這兩種要求的驅使下，人類自然地形成了國家組織。由於國家合乎人性的要求，國家的產生和存在是基於人類本性、基本需求之上的，因而國家是自然存在的，是不會消亡的，是永恆地存在的，只要人類存在，國家就會存在。隨著人類欲望的發展變化，國家組織也會一直發展變化。

在個人與國家的關係上，國家主義者提出「國家至上」、「民族至上」的口號。認為個人以國家為前提，個人依賴國家而存在，沒有國家就沒有個人，國家利益高於個人利益，國家是至高無上的。所以應當個人應以國家的利益為重，應當犧牲

自己的一切，擁護國家利益，盡忠於國家。在遇到國家利益與民族、宗教、階級、黨派、個人等利益衝突時，應犧牲民族、宗教、階級、黨派、個人的利益而服從於國家的利益。這是個人應當遵循的道德和個人應當擔負的責任。如果不能犧牲個人維護國家利益，個人的生命便沒有了價值。陳逸凡在 1925 年的〈國家主義之今昔觀〉一文中說：「國家是最高無上的，個人的道德責任，在犧牲一切，擁護國家。」、「國家主義的要義，在以國家為前提，個人依國家而存在，無國家即無個人。」、「應當犧牲個人，盡忠於國家。」

在如何維護國家利益的問題上，國家主義提出「內除國賊」、「外抗強權」的口號。主張對內消滅危害國家利益的人，對外抗擊侵略中國的列強。「國賊」是指危害國家利益的人。1925 年曾琦發表的〈內除國賊外抗強權釋義〉一文中說：「國賊者何？即其行為有背於國之公意，有害於國家之生存者也。」其中包括危害國家利益的軍閥、官僚、政黨、政客等。國家主義反對親日、親美、親英、親俄的政黨，稱其為「國賊」，主張將它們一律消除。國家主義認為「國賊」中最主要的是中共，因為中共投靠蘇聯，使外國干涉中國內政，其次是各派軍閥，所以應當消滅中共，打倒軍閥。「強權」是以種種壓力強加於中國、侵略中國的列強。列強對中國實行種種侵略，向中國施加種種壓力，如武力、經濟、宗教、文化等方面的侵略，使中國無法生存，所以應當向列強進行抗爭。侵略中國的行為包括四類：一武力侵略，如直接以軍隊占領土地；二文化侵略，如提倡某國化教育；三經濟侵略，如掌握作為經濟命脈的關稅鹽稅；四宗教侵略，如派遣教士來中國傳教。強權主要是指英法日美意各國。帝國主義有白色、赤色之分，美、英、德等是白色帝國主義，蘇聯是赤色帝國主義，都是侵害中國的強權，都應當予以抵抗。

國家主義反對共產黨人聯合蘇聯和請蘇聯援助革命。國家

主義認為，任何一個強國都不會白白幫助中國，指望俄國人的幫助是得不到的，而且還會造成嚴重的危害，是前門尚未拒虎而後門已迎狼入室。蘇聯使中國發展共產主義是為了利用中國為工具對抗歐洲列強，可能會導致歐洲列強軍隊來華壓迫中國，或者在中國與俄國作戰，這將對中國損害極大。國家主義也反對「打倒帝國主義」的口號。國家主義反對這一口號的理由有三個。第一，帝國主義專指資本主義國家，而以壓力強加於中國的國家，不一定就是資本主義國家，若僅以打倒帝國主義為口號，如果世界上有非資本主義國家以武力侵略中國，將何辭以對。第二，帝國主義列強對華政策不一，我們應當分別對待，不能同時一律反對。第三，我們的國家主義只是要保護本國，並沒有干涉他國之意，而「打倒帝國主義」口號含有干涉他國內部政治之意，在我們自身尚受侵略之時，並無餘力及此。

關於國家建設的理想方案，國家主義者提出「全民政治」的口號。國家主義認為，全民政治是政治建設的理想，這是真正的民主的政治。全民政治就是全國的民眾共同治理國家，全民共同執政，齊心合力從事於國家的建設。全民政治的目的，是謀取及增進全民的福利。余家菊在 1927 年的《國家主義概論》中說：「國家主義，最終要求甚為簡單，一言以蔽之曰：全民政治與全民福利是也。」全民政治的理想，自從法國大革命以來，已成為全世界公認的最完美的政治理想，一切政治革命的目的都是全民獲得參政的權利，實現全民的政治。歐戰以來，全民政治的潮流一天比一天擴大。這種潮流表現在，第一，世界上的國家大部分成了民主國家，即使君主制的英國、日本中，也都是立憲國家，除俄義一時的反動外，其餘都逐漸向全民政治方面發展。第二，從前選舉權只限於有產者，現在範圍擴大，無產者也可以有選舉權了。從前選舉權只限於男子，現在女子也可以參政了。從前人民只能選舉議員和官員，卻不能干涉他們的行動，現在創制、複決、罷免等權已成為一般的公

論了。在一些國家，人民的思想言論集會結社等自由絕對不受干涉。這些都是全民政治發展的表現。

國家主義反對某一階級的專政。認為國家是全國人的國家，不是幾個人或一個階級的人所能私有的。政府是全體民眾的政府，是全體民眾所共同依賴的組織，而不是任何個人、黨派、階級的工具。因此必須實行全民政治，是全體國民共同執政，是全民的民主共和制度，全體民眾都享有參政權，而不是某一個或幾個階級執政。而且，全國農工商學各界，都同樣遭受軍閥的壓迫，遭受著痛苦，卻只提倡一個階級專政，如何不使他界失望。國家主義特別反對工農專政，認為不能由工人、農民管理國家。工農專政在理論上是不應該的，在事實上是辦不到的。從理論上來說，政治是與全國各人有利害關係的，必須全國人民都有講話的機會，犧牲了勞農的利益而由其他人來專政固然不可，但犧牲了他人的利益而由勞農專政也不可，因為任何人的專政必然導致另一部分人沒有參政的機會。從事實上來說，工人和農民忙於勞動，沒有餘力參與國政。主持政治必須有相當的知識和能力，不是任何人都能幹得了的，應當由具有政治能力的人來治理國家。在今日教育尚未普及的情況下，工農大多沒有受過教育，知識貧乏幼稚，沒有能力參與國政，沒有相當的知識與能力，不要說讓他們專政，就是讓他們參政，也要施以相當的教育。國家主義尤其反對無產階級專政。理由是，在中國，工人僅占全國人口比例的百分之四多一點，以如此少量的工人而想實行專政，在事實上是不可能的。

關於實現全民政治的途徑，國家主義者提出「全民革命」的口號。認為全民政治的實現途徑是全民革命，應當通過推行全民革命來實現全民政治。全民革命就是所有的愛國者共同合作進行的革命。除了少數賣國賊以外，大多數人都是愛國者，在革命救國的道路上，愛國者都有合作的需要和可能，這種需要和可能奠定了全民革命的基礎。國家在本質上是全體人民的

國家，國家的事情需要依靠全體人民的共同努力。全民革命的最終目的是全民政治和全民福利，在全民革命以後，實行全民政治，實現全民福利。

國家主義反對由某一階級來進行革命。凡是中國人民，只要有了覺悟，都是有革命的志願和需要的，絕對沒有階級的區分，尤其沒有什麼革命、不革命、反革命的分別。應當全體國民共同革命，由各個階級合作，同心合力從事革命運動，建立理想的國家，而不應由任何一個或幾個階級或政黨來進行革命。經過全民革命建立的政府，也要滿足全體人民的利益，實行全民參與的政治，而不應該是某一個階級專政的工具。將來革命完成之後，也應當由各階級同心合力從事建設。中國青年黨 1929 年編印的《國家主義淺說》一書中說：「國家主義是以超越個人、民族、宗教、階級、黨派的利益而擁護整個國家利益的主義。」

國家主義尤其反對共產主義關於階級和階級鬥爭的理論，反對中共開展的階級鬥爭性質的革命。國家主義認為，國家包含不同的種族、宗教、階級，但社會是一個有機體，國民的感情、利益是一致的，不同階級之間的利害實際上是一致的，本無衝突，不會有階級鬥爭。國家主義認為，當前的中國不存在階級對立和階級鬥爭，也沒有階級分化及對抗的可能。中國因政治的平民化而封建階級早已消滅。中國產業落後，通商口岸以外的內地沒有新式工業，在通商口岸的工業也大都是外國的資本。由於產業資本不發達，因而資產階級不發達，沒有資產階級與無產階級對抗的形勢。在中國，士人、商人自然不必說，農民大多擁有土地，工人則收入較高，都算不上是無產階級。今日中國人幾乎全部都是小資產階級。國家主義又認為，勞動者與資本家都是共同生產者，應互相合作，才能促進生產，分享利益。如果階級鬥爭興盛起來，使本來和諧的各界人士互相鬥爭，導致社會秩序的混亂，並製造人們之間的怨恨，造成互

相仇視，兩方均受損失，還會使生產停頓，產業破壞。這將大大減弱對外的戰鬥力。共產主義關於階級鬥爭的理論是故意挑拔階級的衝突。中國的階級鬥爭是共產黨故意挑撥階級的衝突而造成的。共產主義提倡階級鬥爭完全不適合中國國情，是錯誤的。因此，應當提倡和進行「階級合作」，而不應提倡和開展「階級鬥爭」。

對「全民革命」、「全民政治」還有另一種解釋。認為中國面臨兩個任務。第一，在消極方面，本國家主義的精神，實行全民革命，凡有害於全民福利的人，共同全力將其消除。第二，在積極方面，本國家主義的精神，實行全民政治，凡有益於全民福利的事，都共同全力將其推行。

國家主義認為，國家主義的思想是歷史的客觀產物，是必然的產物。國家主義潮流已經盛行於世界。德國依靠國家主義打敗了法國的進攻，並獲得國家的統一；義大利依靠它建設了統一的並且有活力的新國家；土耳其依靠它擺脫了英國的統治；日本依靠它成為世界一流強國。國家主義也一直存在於中國，傳統的儒家的忠孝思想就是一種中國式的國家主義，義和團扶清滅洋的思想，革命派的「排滿興漢」，張之洞的「中學為體西學為用」，以及孫中山的「三民主義」，都是國家主義的表現。國家主義認為，國家主義是唯一救中國的方法。國家主義合乎天理，順乎人情，能使挽救中國的危亡。只有以國家主義為指導，以國家主義的政黨為中心展開鬥爭，中國前途才有希望。共產主義不適合中國國情，無政府主義理想太高，都不能實行。

中國的國家主義是在外國的國家主義的影響下形成、發展和傳播的。在世界列強爭奪加劇的形勢下，國家主義在歐美各國逐漸盛行。普法戰爭時期，國家主義在歐洲較為盛興。第一次世界大戰時期，國家主義在歐洲各國進一步盛行，對外主張民族至上，與別國爭奪，對內主張國家至上，犧牲個人的一切

以擁護國家。人們吸收外國的國家主義思想，從而形成中國的國家主義思想。同時，國家主義的思想內容也決定了它的易於被人們所接受。國家主義的核心思想是國家利益至上，強調國家和民族的利益，符合當時一般中國人的心理和觀念。特別是在當時中國面臨列強威脅，民族危機嚴重的形勢下，國人反侵略的情緒十分強烈，民族觀念、國家觀念形成並日益興盛，在這種情況下，國家主義思想易於為中國人所接受。因此國家主義一度廣泛傳播，有相當數量的人贊同這一思想。

在國家主義的影響下，一些人從 1923 起，進行了宣傳、組織等一些政治活動。國共合作的國民革命興起以後，國家主義者們出於國家主義的觀念，堅決反對共產黨的主張，認為中共在俄國援助下展開活動，而國民黨又聯俄容共，對中國會造成危害，因此必須打擊中共的活動。他們決定成立自己的國家主義政黨。一方面與中共對立，另一方面糾正國民黨的錯誤路線，試圖在中國尋找一條合適的道路。1923 年，國家主義者曾琦、李璜等人在巴黎舉行會議，通過曾琦起草的黨綱、黨章、建黨宣言，正式成立中國青年黨。以巴黎的《先聲》週報為青年黨的機關刊物。幹事會為青年黨的最高領導機關。曾琦為總幹事。名稱保密，對外使用「中國國家主義青年團」的名義進行活動。此後在國內建立組織，在各省建立黨部及其他組織。他們決定先辦報，從事國家主義、全民政治的宣傳，以吸引人們，幾年後有了一定數量的同志，再將青年黨公開，與國共兩黨鬥爭。1924 年一些國家主義者在上海創辦青年黨的機關刊物《醒獅》週報，宣揚國家主義。1925 年，中國青年黨總部由巴黎遷到上海。1926 年在上海召開中國青年黨第一次全國代表大會。會議修訂了黨章，選舉了中央委員會委員和委員長，曾琦為委員長。

國民革命時期是國家主義者的政治活動活躍。繼青年黨之後，國家主義者先後在全國各地建立了許多個國家主義的團

體。如上海的「醒獅社」、「中國少年自強會」、「獨立青年社」、「國家教育協會」、「商團青年同志會」、「大夏青年團」、「復旦青年團」，北京的「國魂社」、「救國團」、「中國少年衛國團」，廣州的「獨一社」、「國家教育協進會」、「獅聲社」，四川的「惕社」、「起舞社」，湖南的「固中學會」、「少年中國自強會」，浙江的「寧波青年社」、「愛國青年社」、「保華青年社」，安徽的「安慶青年社」，河南的「光華學會」，江蘇的「新民學會」、「光社會」、「國光社」、「自強團」，湖北的「國鐸社」，雲南的「復社」，山西的「愛國青年同志社」，在日本的「孤軍社」、「獨立青年團」、「華魂會」、「江聲社」，在美國的「大江會」、「大神州社」，在德國的「工人救國會」。1925 年成立「全國國家主義團體聯合會」以及它的北京、南京、武漢三個分會。

這一時期還出版了許多宣傳國家主義的刊物。有上海的《醒獅》、《民聲》、《鏟共半月刊》、《獨立青年》、《行健》、《自強》，北京的《國魂》、《新國家》，寧波的《愛國青年》，南京的《國光》，成都的《振華》，武漢的《國鋒》，山西的《山西》，廣州的《獅聲》、《獨一》，天津的《先導》，開封的《光華》，安慶的《青年之聲》，重慶的《救國青年》，巴黎的《先聲》，紐約的《僑聲日報》，此外還有《申江日報》、《新中國日報》、《中華日報》等。出版了大量闡述國家主義的書籍，如《釋國家主義》、《國家主義正名》、《國家主義今昔觀》、《國家主義概論》、《國家主義淺說》、《國家主義小史》、《國家主義概論》、《國家主義的教育》、《國家主義論文集》、《國家主義講演集》、《國家主義小史》等。通過這些刊物和書籍進行對國家主義的宣傳，使國家主義在社會上產生很大影響。

紅軍戰爭時期，反對中共的活動是國家主義者的重點活動。國家主義者們在報刊上發表大量文章斥責中共和紅軍，同時，為了與國民黨合作以便共同反共，國家主義者主動與國民黨接

觸，以爭取合法地位。1929年青年黨第四次全國代表大會發表了〈公開黨名宣言〉，公開了「中國青年黨」這一名稱。國家主義者們與國民黨政權合作，幫助國民黨政權鎮壓中共，包括提供建議、搜集資訊等，他們還動員各地方軍隊參與對紅軍的打擊。1934年，青年黨以不擴大組織並且不發表反對國民黨的言論為條件，換取了國民黨政權的承認，成為合法組織，並開始公開進行活動。

抗日戰爭期間，國家主義者們繼續從事反共活動，其中一部分人參加汪精衛為首的南京政府，從事對反共活動。另外大部分人則積極從事抗戰，並參加了民主憲政運動，1941年青年黨與其他一些黨團組成中國民主政團同盟。

1946年一些青年黨代表參加政協會議。1946年國民大會召開時，中共和民盟等拒絕參加，青年黨代表則採取支持國民黨的態度，參加了國民大會。1947年，青年黨參加三黨聯合政府，一些黨員擔任了國府委員、政務委員、部長。國民黨失敗、中共統治全國時，國家主義者大多離開大陸。

國家主義在政治上產生了一定影響。國家主義成為中國青年黨的指導思想，影響了他們的政治活動。國家主義鼓勵人們的愛國心理，從而對許多人去從事或參與抗擊外國的侵犯起到推動作用。國家主義者們出於這一思想而積極進行反共活動，國家主義還促使社會上許多人支持國民黨和反對共產黨，反對中共的革命。因而，國家主義對國民黨的鎮壓中共起到一定助力，而對共產黨的革命起了一定的妨礙作用。

（四）鄉村建設思想

清代末期開始出現鄉村建設思想，以後逐漸完善，到1920年代形成成熟的思想體系。清末民初時只有個別人持有鄉村建設思想，以後贊同者的人數緩慢增多，到二三十年代達到高峰，

有相當一批人贊同這種思想。在紅軍戰爭時期，鄉村建設思想有較廣泛的傳播，在社會上產生較大影響。抗日戰爭開始以後因人們關注抗戰，對鄉村建設的關注者減少，因而這種思想的主張者逐漸減少。到抗戰結束後，已經很少有人仍持有這一思想。

　　鄉村建設思想認為，中國社會目前存在許多弊病，迫切需要予以解決。晏陽初 1935 年《農村運動的使命》中說：中國今天的問題是「民族衰老」、「民族墮落」、「民族渙散」，其根本是「人」的問題。他說：「對於民族的衰老，要培養她的新生命；對於民族的墮落，要振拔她的人格；對於民族的渙散，要促成她的新團結新組織。」為解決中國社會的弊病，就需要通過一種方法，來改造整個社會，建設一個新的國家。中國社會是一個鄉村社會，鄉村是中國社會的基礎，鄉村也是中國社會的主體，中國人口的絕大部分都是鄉村人口。中國的所有文化也多半是從鄉村而來，又是為鄉村而設，法制、禮儀、工商業，都是如此。所以，中國社會改造的關鍵是鄉村狀況的改善。梁漱溟 1936 年在〈鄉村建設大意〉中說：「鄉下人的痛苦，就是全中國人的痛苦；鄉下人的好處，也就是全中國人的好處。」於是，再造民族的使命要由鄉村的運動來擔負，中國的問題應該在鄉村建設的進程予以解決。要解救中國，在中國建設一個新的社會，就必須進行鄉村建設。鄉村產業增加，才能國富；鄉村自治樹立起來，中國政治才有基礎；鄉村的文化水準提高，中國社會才是進步。鄉村建設是國家建設和社會改造的根本途徑。晏陽初在 1935 年的〈定縣的實驗〉中說：「中國最大多數的人民，是生活在農村中的農民，此 85% 以上的農民，蘊存著無限的力量，是復興民族建設國家的根本。」

　　鄉村建設還可以消除共產黨領導的革命活動。共產黨領導的革命活動實際上是一種農民運動。農民運動是今日中國必然要發生的。要想消除共產黨的農民運動，就必須有另一種農民

運動起來代替它。鄉村建設運動就可以成為中國農民運動的主體,可以代替共產黨。而且,各地中共的軍隊活躍,只依靠政府的軍隊不能消滅,通過鄉村建設中的鄉村自衛組織的建設,建立自衛武裝,協助政府,就能夠使共產黨的軍隊得以消滅。

鄉村建設應當由鄉村居民自己來進行,而不是依靠政府來進行。應當從基層做起,由鄉村影響城市,逐步建設一個繼承中國傳統的新國家。應當先振興農村、農業,由農業引發工業,由農村帶動城市,逐步改造,建設一個新國家。中國社會與歐美不同,是農村為主,復興中國不能像歐美那樣以城市和工業化為中心,而應以鄉村建設為中心。應以村為單位進行建設,逐級實現鄉、縣的建設,進而國家振興。陶行知在 1926 年〈中國鄉村教育之根本改造〉一文說:「我們的新使命,是要徵集一百萬個同志,創設一百萬所學校,改造一百萬個鄉村。」1925 年米迪剛發表的〈余之中國社會改良主義〉一文中說:「由村造縣,由縣造省,由省造國。」應當通過鄉村建設來改造整個社會,而不只是建設鄉村。鄉村建設的目的是為建設一個新國家奠定基礎,鄉村建設實際是建國運動。梁漱溟在 1934 年的〈自述〉一文中說:「我所主張之鄉村建設,乃是想解決中國的整個問題,非是僅止於鄉村問題。」

鄉村建設思想反對中國仿行歐美或俄國,認為中國不應當走歐美式的民主政治革命的道路實行民主制度,也不應走俄國式的革命道路仿行社會主義。梁漱溟認為,中國文化優於西洋文化,不應當用西洋的文化破壞中國本身的文化,而是應當復興中國文化。歐洲的民主政治有其合理性,但不適合中國,在中國是行不通的。歐洲民主政治是建立在文化普及、工商業發達、交通發達的基礎上的。而中國人貧窮,忙於溫飽問題,知識水準低,所以沒有能力過問政治。同時,中國國土大,交通不發達,聯絡不便,普通人不能影響政治。俄國的方式也不適合於中國。唯物史觀及共產主義是歐洲國家特有的,歐洲是物

質本位的國家，經濟推動政治和精神生活，中國則是上層建築決定經濟基礎。共產主義運動以工人為基礎，但中國工業薄弱，工人階級極少。以歐美式民主為目標的辛亥革命和以俄國式社會主義為目標的共產運動，都是外來的思想所引發的，並不適於中國，並且導致社會動盪和沉淪。因此，應以復興中國自身文化來復興中國和解救中國的民族危難。梁漱溟在 1932 年的《中國民族自救運動之最後覺悟》一書中說：「我們政治上第一條不通的路，是歐洲近代民主政治的路。」又說：「我們政治上的第二條不通的路，就是俄國共產黨發明的社會主義的路。」

在人們所設計的各種鄉村建設的具體方案中，晏陽初的方案和梁漱溟的方案是最有代表性的和影響最大的。

晏陽初認為，中國社會目前的弊病是面臨四大病症，即愚昧、貧窮、體弱、自私，晏陽初稱之為「愚窮弱私」。「愚」就是中國大多數人缺乏知識甚至完全不識字；「窮」就是大多數人生活貧困；「弱」就是大多數人體質虛弱，缺乏治療和公共衛生條件；「私」就是中國人缺乏團結合作的精神，不善於團結合作，缺乏道德培養，缺乏公民意識。這四大病症是中國社會的根本問題。晏陽初認為，解決中國社會弊病的途徑是，通過鄉村建設，主要是運用教育手段建立一個新的社會。由一鄉一村建設入手，由鄉到縣，到省，直到全國，建設一個新的國家。解決這四大問題、消除這四種病症的根本方法是教育，教育是立國的基礎，用教育來改革社會，復興社會。特別要對農民進行教育，因為中國最大多數的人民是生活在農村的農民。應當在中國農村從事鄉村建設，其目標是救治中國農民的「愚」、「窮」、「弱」、「私」四大病症，四個方面同時進行，整體建設。晏陽初認為，解決中國弊病的具體方法應當是，進行「文藝教育」、「生計教育」、「衛生教育」、「公民教育」四項教育，增強人們的「智識力」、「生產力」、「強健力」、

「團結力」。「文藝教育救愚」;「生計教育救窮」;「衛生教育救弱」;「公民教育救私」。教育要通過「學校式」、「家庭式」、「社會式」三大方式來推行。其中學校式教育是主要方式,各省市縣都應設立平教會,開辦平民學校,進行平民教育。通過教育,「愚」的問題解決了,「窮」、「弱」、「私」的解決也有了一個基礎。興辦教育的同時,配合四項教育實施四項建設,即鄉村的文化建設、經濟建設、衛生建設、政權建設四大建設。包括建立合作社,進行合作生產,試驗並推廣農業技術;設立縣區鄉各級保健機構,從事各種保健工作;推行地方自治制度。通過三大方式,實施四大教育,同時進行四大建設,就可以解決中國的四大病症,解決中國社會的愚窮弱私這一根本問題,中國社會就可以得到改造,以此實現一個新生的國家、再造的社會,並造就新的國民。

按照梁漱溟的鄉村建設方案,鄉村建設的主要內容包括「政」、「教」、「富」、「衛」四個方面。「政」即進行政權組織建設,是鄉村建設的核心內容。創辦鄉農學校,建立以鄉農學校為核心的鄉村基層組織,實行鄉村自治。設立區、鄉、村三級鄉農學校。每個村設立村學,由全村的人組成村學,設校長。每個鄉設立鄉學,由全鄉的人組成鄉學,設校董會、校長、鄉民會議。在「鄉農學校」的基礎上建立「鄉村組織」,鄉村組織和鄉農學校聯為一體。村學裡的校長即村長,學生即村民。鄉學裡的校長即鄉長,校董會即鄉政府,學生即鄉民,鄉民會議即鄉農學校的學生會議,由鄉民的代表組成。鄉農學校管理一區、一鄉或一村的政務。每鄉制定實施規章,稱「鄉約」。在改造傳統的鄉約的基礎上,形成新鄉約。以這種方法建立鄉村的組織,直到把全國組織起來,形成一個新的社會構造。這種以鄉農學校為核心的鄉村基層組織,是政治和教育合一的組織。鄉學和村學既是教育機構,又是鄉和村的政權機構,主管地方的行政、教育、經濟、自衛事務,政教富衛合一。「教」即對村民進行教育。鄉村建設最重要的是鄉村教育,通過民眾

教育的途徑完成鄉村建設。村學鄉學主要是一種教育機關，它的主要工作是教育。「富」即進行鄉村的經濟建設。舉辦農業技術改進會，從事傳播科技知識、推廣良種、改進農具等工作。組織各種農業生產合作社，由農民聯合起來進行經濟合作，從事紡織、養蠶等各種生產活動，從而促進農業生產的發展。由農業引發工業，在農業發展的基礎上引出工業，從而振興中國的經濟。如農業生產的需要引出化學工業、機械工業，農民生活的需要引出日用品工業。「衛」即舉辦鄉村自衛組織，由鄉民組織自衛武裝。這種建設鄉村的辦法由鄉而縣，由縣而省，普遍推廣。

中國農村的現實狀況是促進鄉村建設思想發展和傳播的主要因素。中國的的現實狀況是，鄉村是中國社會的主體，鄉村占全國總面積的大部分，鄉村人口占全國總人口的大部分。這種狀況使人們普遍重視鄉村，認為鄉村的建設是中國整個社會建設的基礎，也使人們關注農民生活問題、農村建設問題，促使人們產生農村為整個社會之根本的觀點，從而產生只有改善農村才能改善整個社會、只有改造農村才能改造整個社會的觀點。另外，中國農村賦稅沉重，農村居民生活比較貧困，農村的令人不滿意的這種狀況，促使人們認識到改善農村的必要性。此外，歐美國家民眾素質普遍較高這一實際狀況，也促進人們認為，歐美國家先進的原因是民眾素質高，並對這些國家進行效仿。

在鄉村建設思想的影響下，人們進行了一些建設鄉村的活動，形成鄉村建設運動。鄉村建設運動以改造中國當前社會、建設理想社會為目標。一些文人、軍閥、官員、工商業者、教授參與了鄉村建設活動。三十年代，許多人在全國各地進行鄉村建設活動，各地有許多組織從事鄉村建設的實踐活動，有許多報刊宣傳鄉村建設思想。各地先後有數千人從事鄉村建設活動，涉及到全國十九個省市的幾十個縣鎮，全國先後建立二百

多個鄉村建設團體。有多個團體進行了鄉村建設活動，地點主要在河南、河北、山東等省。在山東鄒平縣、河北定縣進行的鄉村建設運動時間長，規模大，範圍廣，影響最大。

1928 年，在廣東省主席陳銘樞的支持下，在梁漱溟的主持下，在廣州開辦「鄉治講習所」。1929 年，在河南省主席韓復榘的支持下，在梁漱溟等人的主持下，創辦「河南村治學院」，以培養鄉村建設人才。1931 年，在山東省主席韓復榘的支持下，在梁漱溟的主持下，在山東鄒平縣創辦「山東鄉村建設研究院」，並在山東一些地方進行鄉村建設實驗。先後在鄒平、荷澤建立實驗縣，後來又在山東西部的十多個縣建立「魯西實驗區」。這些實驗縣或實驗區受研究院管轄，從事鄉村建設實驗活動。計劃從一鄉一縣的實驗擴大到全省乃至全國。在實驗區和實驗縣裡，舉辦了「鄉農學校」，對鄉民進行教育，以國民黨黨義和國民政府法令為教材，進行武裝自衛和自治能力的訓練培養。建立鄉村自衛武裝，設立多種農業合作社。建立了以鄉農學校為核心的鄉村基層組織，形成村學、鄉學、縣政府、鄉村建設研究院等幾級組織。先後開辦了許多鄉農學校，創辦了一些農牧試驗場，培養了一千多名鄉村工作人員，訓練了十幾萬鄉村武裝人員。1937 年日本占領山東後停止這一活動。

在鄉村建設思想的指導下，1929 年起，在晏陽初的主持下，在河北定縣進行了全面的鄉村建設實驗。1930 年，晏陽初等人創辦了定縣平民教育實驗區。1932 年，實驗區被國民政府命名為「河北縣政建設研究院」。河北縣政建設研究院隸屬於國民黨政府，由晏陽初任院長。縣以下的一切公務人員都是研究院的職員。他們辦平民學校，培養鄉村建設人才，訓練農民自治能力；在各村先後開辦大批識字班，培養了許多學生；進行農業技術改良，興辦農牧改良實驗農場，使農產品獲得較大的增產；在全縣建立村區縣三級衛生保健系統。抗日戰爭發生以後，這一鄉村建設實驗由於日本的占領而中止。

其他一些地方也先後舉行了鄉村建設活動。從清末民初的時候開始，米迪剛等人在河北定縣翟城村興辦村治，借鑑日本的鄉村自治經驗，系統地進行鄉村自治。他們興辦學校，進行鄉村改造，以村中公有財產作經費舉辦文教福利事業，同時進行政治方面的建設，並得到地方政府的支持。1926年，中華職業教育促進社聯合中華教育促進會、中華平民教育促進會、東南大學農科，共同試辦劃區改進農村的工作，從鄉村教育入手進行鄉村改造工作。到1934年，先後在江蘇的一些農村設立「改進區」。區內設小學，由小學校長負責全區的教育和其他社會事業，並在區內興辦自治、經濟建設、治安等工作。1932年，江蘇省立教育學院在江蘇一些地方從事鄉村建設，包括鄉村自衛、建立合作社等經濟組織、修路建橋造林、農業改良、鄉村教育、鄉村自治等。1933年在鄒平、1934年在定縣、1936年在無錫，鄉村建設的主張者們三次召開全國鄉村工作討論會，交流鄉村建設的經驗。

抗日戰爭發生以後，對日矛盾成為人們關注的中心，一部分人轉而忙於抗日活動，加上許多地區被日本占領，其中包括進行鄉村建設實驗的主要區域，鄉村建設實踐的失去必要的客觀環境，於是鄉村建設活動基本中止，從事鄉村建設的人大部分撤離實驗地區。抗日戰爭期間，只有一些個別的鄉村建設活動。如1940s在重慶附近設立中國鄉村建設學院，以晏陽初為院長。抗戰結束後一些人再次開展鄉村建設運動，但規模較小。中國的鄉村建設運動遠遠沒有達到人們所期望的再造新社會的目標，但通過辦學校等活動，傳播了一些科學文化知識和農業生產技術，在一定程度上改善了一些農民的生活和提高了他們的文化素質。

鄉村建設思想也一定程度上影響到政府的政策。一定程度上是在鄉村建設思想的影響下，國民黨政府採取了一些鄉村建設的舉措。例如，1932年全國第二次內政會議決定在全國進行

縣政改革實驗，在各省建立縣政建設實驗區，會後河北省政府設立河北縣政建設研究院，並指定定縣為縣政建設區，計劃將來逐漸到全省各縣。

　　鄉村建設思想的社會改造方案是不切實際的。世界各國的歷史以及後來的中國歷史都證明，以城市帶動鄉村，實現整個社會的工業化和民主化，是比較切合實際的方式。落後國家吸收外國的先進的經濟方式和技術，如資本主義企業、機器生產，發展城市，以城市的發展帶動鄉村，是比較有效的社會進步的途徑。而通過農村的發展來推動城市的發展，是效果比較慢的辦法。鄉村建設思想主張以鄉村帶領城市，以實現中國整個社會的進步，這種設想並不符合近代中國社會發展的實際情況。

第參編　怎樣建設社會主義

第十章　新民主主義社會論

　　紅軍戰爭時期，出現關於新民主主義社會的思想，即新民主主義社會論，它是關於什麼是新民主主義社會、怎樣建設新民主主義社會的思想。這一思想是在新民主主義革命論的產生和發展的基礎上出現的，伴隨及稍晚於新民主主義革命論的出現和發展而出現和發展。當人們探索新民主主義革命的前途問題時，必然會附帶思考關於新民主主義社會的各個問題，從而產生了關於新民主主義社會的思想。這一思想認為，新民主主義革命的前途是新民主主義社會，革命的結果，就是新民主主義社會的建立。此後關於新民主主義社會的思想逐漸豐富和完善，1940 年發表的〈新民主主義論〉，已經對新民主主義社會論進行了較詳盡的闡述。此後又有進一步的補充，1949 年發表的〈論人民民主專政〉，標誌著成熟的思想體系的最終完成。

　　伴隨著新民主主義革命論的傳播，新民主主義社會論也逐漸傳播，其傳播過程稍滯後於新民主主義革命論的傳播。新民主主義社會論在紅軍戰爭時期出現。起初，只有中共黨內個別人持有這種思想，之後逐漸擴大範圍，贊同者逐漸增多，為中共黨內人員所普遍接受。建國前夕，隨著中共革命戰爭的勝利，中共影響力和信服力進一步增強，作為中共所宣導的思想，新民主主義社會論的傳播越出中共黨內，擴展到黨外，範圍逐漸擴大，獲得了社會各界一些人士的接受。建國初期，隨著中共

政權統治全國以及擁有巨大威望，加之中共政權強大的宣傳和輿論控制能力，新民主主義社會論被整個社會廣泛接受，為社會各界的許多人所普遍認同，成為社會廣泛認同的思想。1952年起，隨著國際國內形勢的變化，出現了立即進行社會主義改造的思想，認為不應再繼續發展新民主主義社會，而應當立即進行社會主義改造並進入社會主義，從現在就開始直接向社會主義社會過渡。這一思想影響迅速擴大，並且成為中共官方的指導思想。越來越多人的接受了這種社會主義改造思想，從而放棄了鞏固、建設、發展新民主主義社會的觀點，實際上是放棄了新民主主義論。1953年起的社會主義改造運動的強行推進，又使新民主主義社會論成為無法實現的思想主張，失去其存在的價值，於是更多人的先後放棄了它。由此，新民主主義社會論基本消退。

（一）新民主主義社會的特徵

新民主主義社會論認為，新民主主義社會處於半殖半封建社會之後，社會主義社會之前，是半殖民地半封建社會終結後和社會主義社會建立前的一個過渡階段，它是向社會主義社會過渡的社會形態。中國的新民主主革命的結果是新民主主義社會，新民主主義革命勝利以後所建立的社會是新民主主義社會。1949年中華人民共和國成立，建立了無產階級領導的各民主階級聯合專政的政治制度，標誌著中國結束半殖半封社會，進入新民主主義社會。

新民主主義社會既不同於歐美式的、資產階級專政的資本主義社會，也不同於蘇聯式的、無產階級專政的社會主義社會。新民主主義社會的性質，不是社會主義的，也不是舊式資本主義的。它既不是社會主義社會，也不是舊式資本主義社會，而是區別於舊式資本主義和社會主義的第三種社會形態。新民主主義社會也可以稱為新資本主義社會，它是資本主義性質的，

但不是舊式的資本主義性質，而是新式的資本主義性質。它與資本主義處於同一階段，而在中國取代資本主義。新民主主義社會是相對獨立的社會形態，有自身的規定性，具有自己特有的政治、經濟、文化因素。

新民主主義社會是半殖半封建社會和社會主義社會之間的過渡階段，因而它具有過渡性。這種過渡性表現在，新民主主義社會中，既存在資本主義即民主主義因素，又存在社會主義因素，社會主義因素和資本主義因素相結合，具有半社會主義半資本主義的性質。新民主主義的政治、經濟、文化都由於工人階級的領導而具有社會主義的因素。無產階級（以共產黨為代表）的領導權並且政治勢力不斷增長，國營經濟存在並處於主導地位，這些都是社會主義的因素。資產階級的存在和參與政權，資本主義經濟的存在和發展，這些都是資本主義的因素。其中社會主義因素在經濟上、政治上、文化上都處於領導地位，是起決定作用的因素。新民主主義社會中的社會主義因素的將不斷增長並獲得最後勝利，而其中的資本主義因素的發展趨勢是不斷減弱並最終消亡。資本主義經濟會有相當程度的發展，但社會主義因素也會發展，會不斷增多，並且社會主義因素發展得更快，並在條件成熟時取代資本主義因素，進入社會主義社會。毛澤東在 1948 年的中共中央政治會議上說：「新民主主義社會中有社會主義的因素，在政治、經濟、文化各方面都是這樣，並且是領導的因素。」

新民主主義社會論認為，新民主主義社會是中國必然要經歷的社會階段。中國在新民主主義革命勝利以後，只可能建立新民主主義社會，而不可能建立其他性質的社會。一方面，中國民族資產階級很軟弱，同時中國已經出現了強大有力的無產階級，所以中國不可能建立一個資產階級民主的資本主義社會。鴉片戰爭以來的歷史經驗也已經證明，中國不能建立資本主義社會。另一方面，中國社會是經濟極為落後的封建社會，

完全不具備進行社會主義革命和進入社會主義社會的經濟條件。這一實際狀況決定了民主革命完成和封建社會結束以後，必須經過新民主主義社會的過渡，社會經濟在新民主主義社會中有了一定程度的發展以後，才能實現社會主義社會。不經過新民主主義經濟的發展，在半殖民地半封建社會的基礎上直接建立起社會主義社會，是不可能的。所以中國新民主主義革命勝利以後，不可能立即發生社會主義革命，建立社會主義社會。歐美式的資本主義社會已經過時了，而蘇聯式的社會主義社會在一定的歷史時期中還不適合於中國這樣的殖民地半殖民地國家。在中國這樣的殖民地半殖民地國家，在一定歷史時期中，只能採取社會主義和舊式資本主義之外的第三種形式的社會形態，即新民主主義社會。新民主主義社會是一切殖民地半殖民地國家在資產階級民主革命後必然經歷的社會形式。毛澤東在中共七大的報告〈論聯合政府〉中說：「只有經過民主主義，才能達到社會主義，這是馬克思主義的天經地義。」

新民主主義論認為，中國的新民主主義社會將會經歷一個較長的時期。一般認為，整個新民主主義階段，估計至少十年到十五年，多則二十年到三十年。在這以後才可以向社會主義過渡。中國的工業生產很少，遠遠沒有實現經濟的工業化，而工業化是社會主義所必需的基礎條件，社會主義是工業化的結果。需要在新民主主義社會中發展工業，實現工業化，而這需要一個較長的時間。劉少奇在政協第一屆全體會議上的講話中說：「要在中國採取相當嚴重的社會主義的步驟，還是相當長久的將來的事情。」劉少奇在 1949 年政協會議上的講話中說：「中國將來的前途，是要走到社會主義和共產主義去的，但這是很久很久以後考慮的事情。」劉少奇 1951 年在一次講話中說：「現在有人講社會主義，我說這是講早了，至少要早十年。」、「十年之內，建設社會主義是講不到的，十年之後，也還要看實際情況。」由於新民主主義社會具有長期性，所以在新民主主義社會中，黨和政府不能過早地推行社會主義，

而應當致力於鞏固和建設新民主主義。在中國採取社會主義步驟，還是相當長久的將來的事情，還需要經過許多過程，經過相當長的一段時間，才能實行私人資本國有化。過早地採取社會主義的步驟，會使新民主主義政權失敗。劉少奇在 1951 年的一次會議講話中說：「中國共產黨現在是為鞏固新民主主義制度而鬥爭。」劉少奇在 1951 年所寫的〈共產黨員標準的八項條件〉（原題為〈關於整頓黨的基層組織的決議〉）手稿中寫道：「中國共產黨的最終目的，是要在中國實現共產主義制度。它現在為鞏固新民主主義制度而鬥爭。」

新民主主義社會論認為，新民主主義社會的前途極可能是社會主義社會。經過新民主主義社會的發展階段以後，到新民主主義社會結束時，中國將面臨兩種前途，一個繼續向資本主義方向發展，走向帝國主義，一個是轉變方向，走向是社會主義。中國社會不是走到社會主義，就是走到帝國主義。這時，中國極有可能避免資本主義前途，實現社會主義的前途。因為在新民主主義社會中，社會主義因素必將不斷增長，非社會主義的因素必將不斷減少乃至消失。生產力方面，將會有經濟的發展和國家的工業化，而工業化將導致社會主義，社會主義是國家工業化的結果。生產關係方面，國營經濟會不斷增長，比重不斷擴大，占據經濟中的優勢地位。政治制度方面，無產階級的領導、工農聯盟、人民民主專政權都會日益鞏固。新民主主義社會裡有這些社會主義因素，故極有可能向社會主義轉變，進入社會主義社會。我們也應當盡力爭取社會主義這一前途。

（二）新民主主義社會的構成

關於經濟制度，新民主主義社會論認為，新民主主義社會實行生產資料多種所有制並存、多種經濟形式並存的經濟制度。在新民主主義社會，一共有五種經濟形式共同存在，即國

營經濟、個體經濟、私人資本主義經濟、合作社經濟、國家資本主義經濟，五種經濟成分合在一起，共同構成新民主主義經濟。其中，國營經濟是國家占有生產資料，是社會主義性質的。個體經濟是個體農民或個體手工業者占有生產資料，自己從事生產勞動，它是非社會主義性質的。私人資本主義經濟是資本家占有生產資料，僱傭工人進行生產勞動，它也是非社會主義性質的。合作社經濟是個體經濟向社會主義經濟轉變的一種過渡性形態，在一定程度上帶有社會主義性質，是半社會主義性質的。國家資本主義經濟是國家與私人合作的經濟，即國家在資本主義企業中參與經營管理或參股，將私人資本置於國家的管理和監督之下，它是私人資本主義經濟向社會主義經濟轉變的一種過渡性形態，它也是半社會主義性質的。其中國營經濟在各種社會經濟成分中處於領導地位，起決定作用。新民主主義經濟既有資本主義成分，又有社會主義成分，是一種過渡性質的經濟。國營經濟是新民主主義社會中經濟方面的社會主義因素，私人資本主義經濟和個體經濟是非社會主義因素。

關於階級構成，新民主主義社會論認為，在新民主主義社會中，無產階級、農民階級、城市小資產階級、民族資產階級是四個基本階級。無產階級是其中的領導力量。民族資產階級在國家政權中不占主要地位，但並不是說要立即將它消滅，它還有很大的重要性。中國的現代工業很落後，在整個經濟體系中所占的比重還很小，需要利用資本主義發展經濟，需要民族資產階級參與發展經濟。另外，無產階級也需要聯合民族資產階級共同應付帝國主義。這幾個階級之間，自然是有矛盾的，各有一些不同的要求。但這種矛盾，這種不同的要求，在整個新民主主義階段，不會超過共同要求之上。這種矛盾和這種不同要求，可以獲得調節。在調節之下，這些階級可以共同完成新民主主義國家的建設。

關於政權性質，新民主主義社會論認為，在新民主主義社

會中，政權是工人階級（經過共產黨）領導的、以工農聯盟為基礎的、包括城市小資產階級和民族資產階級在內的各革命階級聯合的專政，即人民民主專政，這一聯合政權中應當包括共產黨的代表，以及其他各黨派和無黨派代表。新民主主義社會中，人民包括工人階級、農民階級、城市小資產階級、民族資產階級。人民民主專政的基礎是工人階級、農民階級、小資產階級的聯盟，而主要是工人階級和農民階級的聯盟，因為這兩個階級占了中國人口的百分之八十到九十，推翻帝國主義和封建主義，主要是這兩個階級的力量，由新民主主義到社會主義，也主要依靠這兩個階級的聯盟。人民民主專政的領導者是工人階級。人民民主專政需要工人階級的領導，因為工人階級最有遠見，大公無私，最富於革命的徹底性。整個革命歷史證明，沒有工人階級的領導，革命就要失敗，有了工人階級的領導，革命就勝利了。民族資產階級有很大的重要性，參與政權，但它的社會經濟地位決定了它具有軟弱性，缺乏遠見，缺乏勇氣，因此它既不能擔任國家政權領導者，也不能在國家政權中占主要地位。新民主主義社會的政治制度與以往的舊的資本主義國家不同，不是由資產階級一階級專政，而是由無產階級領導的多階級聯合專政。也不同於無產階級專政的社會主義國家，因為它的階級基礎裡還有小資產階級和民族資產階級。

人民民主專政的功能是，一方面對地主階級和官僚資產階級進行專政，鎮壓地主階級和官僚資產階級，限制或剝奪其自由權利，一方面對人民內部實行民主，人民有選舉言論集會結社等自由權利。對人民內部的民主方面和對反動派的專政方面互相結合起來，就是人民民主專政。民主和專政是相輔相成的。只有在人民內部實行充分的民主，才能有效地組織人民對反動派實行專政。如果不對人民實行民主，這個政權沒有廣泛的群眾基礎，也就不可能對敵人實行有效的專政。只有對反動派實行專政，才能保證人民的民主權利。如果沒有一個對敵人的專政，敵人就會對這個政權進行破壞，就不能給人民群眾一個好

的民主。在新民主主義階段，由於帝國主義還存在，反動階級還存在，因此必須對敵人實行專政。只有到了共產主義社會，國家消失，專政的職能也就消失了。毛澤東在 1949 年發表的〈論人民民主專政〉中說：「這兩方面，對人民內部的民主方面和對反動派的專政方面，互相結合起來，就是人民民主專政。」

政權的具體構成形式，可以採取全國人民代表大會、省人民代表大會、縣人民代表大會、區人民代表大會、鄉人民代表大會的系統，並由各級人民代表大會選舉政府。政府以中共領導，並包括各黨派和無黨派代表人物在內。實行沒有男女、信仰、財產、教育等差別的普遍平等的選舉。

關於思想文化，新民主主義社會論認為，新民主主義社會實行馬克思主義指導下的新民主主義的文化，即民族的科學的大眾的文化。新民主主義文化具有民族性、科學性、大眾性的特點。民族性即具有中華民族特色；科學性即尊重客觀事實和真理；大眾性即為人民大眾服務，是人民大眾的文化，是由無產階級領導的大眾文化。

關於社會基本矛盾，新民主主義社會論認為，新民主主義社會中存在兩種基本矛盾。第一種是國內的，即工人階級和資產階級的矛盾。無產階級與資產階級這兩個階級在政治上存在矛盾和鬥爭，兩個階級在經濟領域內也存在矛盾和競爭，主要的鬥爭形式是限制和反限制的鬥爭。在新民主主義社會中，社會主義性質的經濟和資本主義性質的經濟，是兩種性質不同的經濟，它們之間除了合作之外，還處於相互對立的地位，雙方之間存在有矛盾，不可避免地要進行經濟競爭，這是無產階級與資產階級在經濟領域的矛盾和鬥爭。第二種是國外的，即中國和帝國主義國家的矛盾。1948 年中共中央政治局擴大會議上毛澤東說：「資產階級民主革命完成之後，中國內部的主要矛盾就是無產階級與資產階級的矛盾。」1949 年 6 月劉少奇在

〈關於新中國的經濟建設方針〉中說：「新民主主義經濟的內部，是存在著矛盾和鬥爭的，這就是社會主義因素和趨勢與資本主義的因素和趨勢之間的鬥爭，就是無產階級與資產階級的鬥爭。」1952 年毛澤東在〈工人階級與資產階級的矛盾〉一文說：「在打倒地主階級和官僚資產階級以後，中國內部的主要矛盾即是工人階級與民族資產階級的矛盾。」無產階級和資產階級之間的矛盾和鬥爭將決定中國將來的發展前途是社會主義還是資本主義。

關於工作中心，新民主主義社會論認為，在新民主主義社會中，黨和政府的工作中心是經濟建設。經濟建設是最重要的事情，在一切工作中，以經濟建設為中心，其他工作，都圍繞生產這一中心工作並為這個中心工作服務。其原因是，第一，新民主主義社會的主要任務是發展生產力，實現國家的工業化，使中國從農業國轉變為工業國，從而為過渡到社會主義創造必要的物質條件，這就要求以經濟建設為中心。第二，人民民主專政如果不能把經濟建設領導好，就不能得到人民的擁護，也失去了人民民主的性質，把經濟建設領導好，便會得到人民的擁護和支持。建國前夕劉少奇在一次會議上的講話中說：「只要第三次世界大戰不爆發，經濟建設的任務就不變。20 年甚至 30 年不爆發戰爭，我們的任務就一直是經濟建設。」建國初劉少奇說：「今後的中心問題是如何恢復與發展中國的經濟。」建國初劉少奇還說：「除開必要的國防外，一切工作和其他建設均配合經濟建設，一切以經濟建設為中心。」

（三）新民主主義社會的建設方針

新民主主義社會論認為，在新民主主義社會，應當大力建設新民主主義社會，同時為將來轉入社會主義準備條件，即促進新民主主義社會中社會主義因素的增長，並鼓勵非社會主義經濟向社會主義經濟方向發展，從而使整個社會向社會主義方

向發展。

關於經濟建設方針，新民主主義社會論認為，在新民主主義社會，應當大力發展經濟，實現工業化和農業的社會化。在新民主主義社會，應該加強國家對經濟工作的統一管理。調節國營經濟、合作社經濟、農民及手工業者的個體經濟、私人資本主義經濟、國家資本主義經濟這五種經濟成分，使各種經濟成分在具有社會主義性質的國營經濟領導下共同發展，以促進整個社會經濟的發展。對五種經濟成分都鼓勵發展，但又必須以發展國營經濟為主體。

應當逐步增加新民主主義經濟中社會主義經濟成分的比重，削弱非社會主義因素，確立和擴大社會主義經濟對非社會主義經濟的優勢。一是大力發展國營企業；二是引導個體經濟向集體化方向發展，發展農業和手工業合作社，幫助農民和手工業者在自願的原則下逐漸地組織合作社；三是逐步削弱私人資本主義經濟成分。這樣，就可以為將來建立社會主義經濟制度奠定基礎，有利於中國社會向社會主義方向發展，並且有利於發展生產力。

應當允許個體經濟（主要是個體農業和手工業）的存在和發展。在今天中國生產力水準還比較低的狀況下，個體農業、手工業經濟對提高生產力還有一定的積極作用。如果廢除個體農業、手工業經濟，會傷害個體經濟的積極性，對發展生產不利。一方面，應當允許並扶助個體農業、手工業經濟，另一方面，應當逐步引導個體的農業經濟和手工業經濟向合作社方向、集體化方向發展，以便為未來向社會主義過渡準備條件。

應當允許私人資本主義經濟（主要是資本主義工商業）的存在和發展。第一，新民主主義社會本質上仍是一種民主主義社會，是新式的民主主義社會，也就是新式的資本主義社會，資本主義社會中，自然應當存在資本主義，應當利用和發展資

本主義，資本主義也一定會有很大發展。第二，私人資本主義經濟具有進步性，在新民主主義社會中，私營資本主義經濟的發展是進步的。以資本主義代替以往的帝國主義和封建主義，這是一個進步，而且也是一個不可避免的過程。資本主義也是比小農經濟更為先進的生產關係。第三，在新民主主義社會中，私人資本主義經濟的發展有利於人民的生活，資本主義能夠使工人有工作有收入，提高人民生活水準。第四，資本主義有利於促進生產力的發展。中國經濟落後的現實狀況，決定了必須允許私人資本主義經濟的存在，利用它來發展經濟。由於經濟還十分落後，在新民主主義時期必須逐步發展經濟，提高生產力，特別是發展工業，實現工業化，使中國從農業國變為工業國，為向社會主義轉變奠定物質基礎，然後才能進入社會主義。而私人資本主義是對經濟發展是有積極作用的，因此新民主主義社會中需要盡可能利用私人資本主義工商業，充分發揮其積極作用，以利於經濟的發展。如果廢除私人資本主義工商業，在中國經濟落後的情況下，只會傷害私人資本主義經濟的積極性，對發展生產不利。毛澤東在〈論聯合政府〉中說：「中國不是多了一個本國的資本主義，相反地，我們的資本主義是太少了。」對私人資本主義經濟的具體政策是，一方面，應當允許私人資本主義工商業在較長時期內存在和發展；另一方面，應當對其進行必要的節制，不能讓私人資本主義操縱國民經濟，也不能讓它無限地發展；同時，還應當鼓勵私人資本主義向社會主義方向發展，向國營經濟轉變。

關於對民族資產階級的政策，新民主主義社會論認為，在新民主主義社會，應允許資產階級存在。新民主主義社會與社會主義社會的不同之一是，社會主義社會中不存在資本家，而新民主主義社會中存在資本家。在社會主義社會中，不應當允許資本家存在，而在新民主主義社會中，應當容許資本家存在。民族資產階級在新民主主義社會有很大的重要性，發展生產需要利用資產階級，必須利用資本主義因素以發展經濟。對民族

資產階級應當實行「既團結又鬥爭」、「鬥爭為了團結」的方針。一方面，民族資產階級有積極性的一面，團結民族資產階級是重要的和必要的，因此必須爭取民族資產階級的合作，團結民族資產階級，以達到聯合它共同發展經濟的目的。另一方面，民族資產階級又有消極性的一面，因此在必要的時候，還要有鬥爭，而這種鬥爭，又是以團結為目的的。在〈論人民民主專政〉中毛澤東說：「我們的方針是節制資本主義，而不是消滅資本主義。」毛澤東在 1950 年曾說：「對民族資產階級是有鬥爭的，但必須團結它，是採取既團結又鬥爭的政策，以達到團結它共同發展經濟之目的。」1950 年中共七屆三中全會上毛澤東的報告〈不要四面出擊〉中說：「要在工人階級領導下，以工農聯盟為基礎，把小資產階級、民族資產階級團結起來。民族資產階級將來是要消滅的，但是現在要把他們團結在我們身邊，不要把他們推開。我們一方面要同他們作鬥爭，另一方面要團結他們。」

關於政治建設方針，新民主主義社會論認為，應當鞏固和加強無產階級領導的以工農聯盟為基礎的人民民主專政的政權。新民主主義的政權建設與新民主主義經濟的發展和國家的工業化有著密不可分的關係。沒有新民主主義政權的發展，就不能保障新民主主義經濟的發展和國家的工業化。同樣，新民主主義經濟的發展和國家的工業化，又要大大地加強和鞏固新民主主義政權的基礎。

應當在允許其他黨派參政的同時，加強中共的領導地位。堅持和加強中共中央對中央人民政府的領導，以及各級黨委對地方政府機關的領導。各級政府都應貫徹黨的路線和政策，幹部任免等重大事務的決策應由黨做出，中央和地方各級黨委的有關政府工作的決定必須保證執行。在全國各方面工作中，黨是領導一切的。毛澤東在 1953 年 9 月〈批評梁漱溟的反動思想〉中說：「我們是堅持無產階級對於一切問題的領導權。工

人，農民，工商業者，各民族，各民主黨派，各民眾團體，工業，農業，政治，軍事，總之一切。」政府工作中一切主要和重要的方針、政策、重大事項，均須先請示黨委，經黨委討論決定或批准後才可以執行。政府各部門對黨委的決議和指示的執行情況及工作中的重大問題，均須定期地向黨委報告和請示，以便取得黨委的經常和直接的領導。毛澤東 1953 年曾在一次會議的講話中說：「一切主要的和重要的問題，都要先由黨委討論決定，再由政府執行。」

同時也應當防止以黨代政，不能由黨代替政府的工作。黨委應主要掌握全面工作方針政策的指導，凡屬政府日常的行政工作應一律由政府部門辦理，屬於政府職能的工作，應由政府去進行，黨不應包辦這些具體的工作。行政命令應由政權機構發布，不應像以往的戰爭年代那樣以黨的名義發布，應當改變以黨的名義下達命令的習慣。黨領導著國家政權，但這不是說黨直接管理國家事務，黨政之間不是隸屬的關係，黨對政府機關的領導，是通過黨的路線、方針、政策，以及在政權機關中由擔任公職的黨員的工作來實現的，不應把黨的機關與國家機關的職能混同。如果把黨對國家的領導作用看作是直接執掌政權，管理國家，實際上就否定了國家政權機關的職權，這是對執政黨地位的錯誤理解。周恩來 1950 年在一次會議講話中說：「一切號令應該經政權機構發出。」、「黨政有聯繫也有區別。黨的方針、政策要組織實施，必須通過政府。」董必武 1951 年在一次講話中說：「黨領導著國家政權。但這決不是說黨直接管理國家事務。」、「黨是經過在政權機關中的黨員的工作，使政權機關接受黨的政策，來實現領導的。」、「黨無論在什麼情況下，不應把黨的機關的職能和國家機關的職能混同起來。黨不能因領導政權機關就包辦代替政權機關的工作，也不能因領導政權機關而取消黨本身組織的職能。」1950 鄧小平在一次會議講話中說：「只要黨員正確地執行政策，就體現了黨的領導。」

此外，應當加強中共自身的建設。要加強黨的紀律，整頓黨的作風，純潔黨的組織，加強黨的思想建設，消除貪汙、浪費、官僚主義，提高黨員的素質。中共還應當與其他黨派合作。新民主主義社會實行四個階級的聯盟，這些階級之間雖然有矛盾，但還是能夠合作，共同建設新民主主義社會的，所以中共應當實行同黨外民主人士長期合作的政策。

關於文化建設方針，新民主主義社會論認為，應當堅持並發展新民主主義的思想文化，同時應當注重發展其中的社會主義性質的思想文化，加強馬克思主義在思想文化中的指導作用。

（四）幾點分析

馬克思和列寧的基本觀點成為新民主主義社會論的理論基礎和思想來源。馬克思認為，歷史的發展先後經歷原始社會、奴隸社會、封建社會、資本主義社會、共產主義社會五種社會形態。這一規律普遍適用於所有的國家和民族。但在一定條件下，個別國家可能是跳躍式的社會發展，不經歷某個階段，躍過某個階段而直接進入下一階段。在一定條件下，個別經濟落後的非資本主義國家可以不經過資本主義階段而直接進入社會主義階段。新民主主義社會論是在吸收了這些思想的基礎上而產生的。在吸收馬列的這些思想的基礎上，人們認為中國在封建社會之後，可以不經過資本主義社會，而只須經過一個新民主主義社會的過渡，即可以進入社會主義。

馬克思還認為，在一定條件下，個別經濟落後的非資本主義國家可以超越資本主義階段而直接進入社會主義階段，但是必須吸收資本主義的一切有益的進步成果，才能向社會主義過渡。列寧認為，落後的非資本主義國家不可能直接進入社會主義，而應當有一個過渡時期。在這一時期中，應當允許多種

經濟成分存在，允許資本主義經濟的存在，充分利用資本主義作為提高生產力的手段，迅速提高生產力，為進入社會主義準備條件，然後進入社會主義，生產力提高了，才能為將來進入社會主義提供物質條件，才可能真正進入社會主義。新民主主義社會論是在吸收了這些思想的基礎上而產生的。在吸收這些思想的基礎上，人們認為不能從封建社會直接進入社會主義社會，必須經過一個新民主主義社會的過渡，大力發展生產力，完成發達國家在資本主義社會中完成的生產力提高和工業化，然後才能進入社會主義。

中國社會經濟比較落後，生產力水準較低，大工業比重小，小農經濟為主，這樣的現實狀況促使人們產生一種比較普遍的觀點，即中國還不具備民主革命後立即進入社會主義的條件，還需要經過較長時間的準備。

在民國時期，中國社會各界反對進入社會主義的人很多，反對立即進入社會主義的人更多。正是由於反對的人很多，立即實行社會主義則阻力很大，可行性較小。這種形勢使共產主義者們認識到，立即進入社會主義是不現實的。於是他們感到，在完成資產階級民主主義革命以後，在進入社會主義社會之前，應當有一個過渡性的社會，而不應企圖立即進入社會主義社會。

中共根據地的建設，是按照新民主主義社會的模式來進行的，根據地建設的政策和建設的經驗，例如各階級共同參與政府機構的政策和經驗，又如多種所有制經濟共存的政策和經驗，證明了新民主主義這一社會制度的優點和可行性。因而，這些成功的經歷和經驗，從實踐上為新民主主義社會論提供了論證，證明了它的合理性，增強了新民主主義社會論的信服力，從而使之獲得更多的贊同。這些經歷和經驗，也為新民主主義社會論具體內容的形成和發展，提供了實踐上的借鑑材料。

建國初期，中共政權在民眾心目中具有很高的權威性，人們比較易於相信中共的官方思想。當中共官方採取某一思想為指導思想時，人們往往傾向於認為它是正確的。同時，中共有強大的宣傳教育能力，中共對某一思想的宣傳，能夠促使這一思想更迅速地獲得廣泛的接受。因而，在建國初期，中共所宣導的新民主主義社會論迅速獲得中國社會的廣泛認可。

　　新民主主義社會論作為中共的指導思想，決定了中共控制的根據地的政治制度和方針政策，建國以後，又決定了建國初期的政治制度和方針政策。初期共和國的政治制度是基本依照這一思想而建置的。1949 年中國人民政治協商會議通過的具有憲法性質的〈共同綱領〉，規定了基本的國家制度和國家基本的方針政策，而〈共同綱領〉中的內容又基本上是依據新民主主義社會論而制定的。例如〈共同綱領〉中規定：「中華人民共和國為新民主主義即人民民主主義的國家，實行工人階級領導的，以工農聯盟為基礎的，團結各民主階級和國內各民族的人民民主專政。」、「中華人民共和國的國家政權屬於人民。人民行使國家政權的機關為各級人民代表大會和各級人民政府。各級人民代表大會由人民用普選方法產生之。各級人民代表大會選舉各級人民政府。」、「人民代表大會向人民負責並報告工作。人民政府委員會向人民代表大會負責並報告工作。」這些規定完全是依照新民主主義論來制定的。新民主主義社會論對建國初期黨和政府的方針、政策、措施也產生了很大影響。例如，中共所進行的抗美援朝、土地改革、沒收官僚資本企業、鎮壓反革命等活動，都是為了建設和鞏固新民主主義制度。

　　新民主主義社會論與新民主主義革命論是一對姊妹思想，兩者內容互補，觀點一致。新民主主義社會論的主題，與新民主主義革命論的主題，有密切的邏輯關係。新民主主義革命論的主題是，如何在中國的封建社會中進行新民主主義革命，從而建立新民主主義社會。新民主主義社會論的主題是，什麼是

新民主主義社會和怎樣建設新民主主義社會。這是兩個前後相連的主題。新民主主義革命論是關於新民主主義革命的性質、主體、領導者、對象、任務、結果的思想。新民主主義革命論認為，革命的目標和結果是建立新民主主義社會，先進行新民主主義革命，然後進行新民主主義社會建設。而新民主主義社會論就是關於新民主主義社會的性質、結構、建設方針的思想。新民主主義社會論與新民主主義革命論，是相互配套的兩種思想，有一致的邏輯關係。新民主主義社會論是新民主主義革命論的延續、進一步發展，是在前者的基礎上進一步發展、推論而來。因而，新民主主義革命論和新民主主義社會論具有許多共同觀點。例如，認為中國社會是封建社會，應當在封建社會中進行新民主主義革命，建立新民主主義社會，經過一個時期的新民主主義社會的發展以後，進行社會主義改造，建立社會主義社會。

第十一章　社會主義改造論

　　新民主主義社會論出現後不久，社會主義改造論也隨之出現。社會主義改造論主張在中國的新民主主義社會中進行社會主義革命，使中國社會由新民主主義社會轉變為社會主義社會，因為這一社會主義革命將以和平方式進行，所以也可以稱之為「社會主義改造」，或者稱之為「向社會主義過渡」。先後出現了兩種關於社會主義改造的思想。第一種社會主義改造論主張，在新民主主義社會建立以後，經過一個長期的新民主主義社會階段，在很久以後的未來再進行社會主義改造。我們把種改造論稱之為「未來改造論」。第二種社會主義改造論主張，在新民主主義社會建立的時候就開始進行社會主義改造。我們把這種改造論稱之為「立即改造論」。

（一）未來改造論

　　紅軍戰爭期間，一些共產主義者在思考新民主主義革命的同時，在探討新民主主義革命的前途時，相應地也對革命以後的新民主主義社會以及新民主主義社會以後的社會主義革命進行了一些簡要的探索，形成關於社會主義革命即社會主義改造的零星的思想。認為中國的新民主主義革命勝利以後，建立民主主義社會，經過新民主主義社會的發展時期以後，進行社會主義改造，向社會主義社會過渡。抗日戰爭和解放戰爭期間，

由於這是當時並不急迫的未來的事情，一直沒有深入探索，思想內容比較簡略。在此期間，共產主義者們探索的重點一直是新民主主義革命的問題，其次是新民主主義社會的問題，對未來的尚不急迫的社會主義革命的問題，只是在探討新民主主義革命和新民主主義社會的問題時，有簡單的附帶的考慮。所以只產生了初步的一些觀點，形成簡略的思想。建國前夕，隨著戰爭勝利形勢的明朗化，新民主主義社會的建立即將實現，實行社會主義革命、向社會主義過渡的問題離現實的距離更近一些，成為下一步即將面臨的事情，在這種情況下，開始較多地思考社會主義革命、向社會主義過渡的問題，產生了更多的思想內容，形成了成熟的未來改造論的思想體系。

起初，未來改造論為中共黨內人士所普遍認同。建國前夕，在中共即將勝利的形勢下，一批黨外人士接受了中共的這一思想，這一思想的範圍大幅擴大。由於中共的高度的威望和強大的宣傳能力，作為中共指導思想的未來改造論為全國大多數人所接受。1952 年立即改造論提出以後，未來改造論主張者中的大部分人很快就先後接受立即改造論，從而放棄了未來改造論。在很多情況下，未來改造論和立即改造論這兩種思想出於同一主體，是同一個人思想發生變動，先後持有未來改造論和立即改造論，先是主張未來改造，之後思想發生變動，改為主張立即改造。

未來改造論認為，中國將來必然是要進入社會主義社會的，社會主義革命即社會主義改造是必然會發生的。新民主主義革命之後必將建立新民主主義社會，新民主主義社會之後必定要進入社會主義社會。在新民主主義社會中（新民主主義社會末期）進行社會主義革命，向社會主義過渡並進入社會主義社會。經過民主主義到達社會主義，是一切無產階級領導的資產階級民主革命轉變為社會主義革命並進入社會主義社會的共同規律。1937 年抗日戰爭開始前夕毛澤東所作報告〈為爭取千百

萬群眾進入抗日民族統一戰線而鬥爭〉中說：「我們是革命轉變論者，主張民主革命轉變到社會主義方向去。」、「我們主張經過民主共和國的一切必要的階段，達於社會主義。」1939年毛澤東在〈五四運動〉一文中說：「首先為了實現資產階級民主主義的社會制度而鬥爭，然後再去實現社會主義的社會制度。」1939年毛澤東在《中國革命與中國共產黨》一書中說：「民主主義革命是社會主義革命的必要準備，社會主義革命是民主主義革命的必然趨勢。」

未來改造論認為，社會主義改造將會在很久以後才開始進行。在資產階級民主革命勝利，新民主主義社會建立以後，不應立即向社會主義過渡，而是要經過一個相對獨立的和相當長的新民主主義社會的發展階段，經過相當長時間的建設和發展，為社會主義打下堅實的經濟基礎和成熟的政治條件，然後才能開始向社會主義的過渡，實現社會主義社會。經過新民主主義階段中政治經濟文化特別是經濟的大幅發展以後，生產力發展到一定水準，中國有了強大的農業，有了強大的工業，實現了工業化，而且國營經濟壯大了，然後才能開始過渡，逐步實行資本主義私營工商業的國有化和個體農業的集體化，進入社會主義。提早消滅資本主義實行社會主義的主張，是錯誤的，是不適合中國的情況的。一般認為這個新民主主義社會的發展階段需要一二十年或二三十年的時間，即，從新民主主義社會建立起的一二十年以後，再開始向社會主義過渡。1937年毛澤東在報告〈論反對日本帝國主義的策略〉中說：「在將來，民主主義的革命必然要轉變為社會主義的革命。何時轉變，應以是否具備了轉變的條件為標準，時間會要相當地長。」1950年全國政協會議上毛澤東說：「在全國的經濟事業和文化事業大為興盛了以後，在全國人民考慮成熟並在大家同意了以後，就可以從容地和妥善地走進社會主義新時期。」

未來改造論認為，社會主義改造是可能通過和平方式進行

的。中國從半殖半封社會到新民主主義社會，必須經過暴力革命，但是將來從新民主主義社會到社會主義社會，就可以通過和平途徑，不必經過暴力革命。新民主主義向社會主義過渡可以通過和平轉變來完成，不採取沒收方式，而是採取和平贖買的方式。1948 年政治局會議上劉少奇說：「和平轉變有極大可能性。」1952 年周恩來在同資本家代表人物談話時說：「將來用什麼方法進入社會主義，現在還不能說得很完整，但總的來說，就是和平轉變的道路。」、「和平轉變，是要經過一個相當長的時間，而且轉變很自然，水到渠成。如經過多種國家資本主義的方式，達到階級消滅，個人愉快。」

（二）立即改造論概述

約 1952 年，由於建國以來國民經濟恢復等工作進行比較順利，這使人們對社會進步的過程，對中共的革命事業的順利進行，產生了較強信心。於是，在進入社會主義的問題上，產生了與未來改造論不同的想法，主張目前就開始進行社會主義改造，立即向社會主義過渡，從而形成「立即改造論」。在 1953 至 1956 年的社會主義改造運動期間，即所謂過渡時期，在社會主義改造運動的實際過程中，人們繼續探討一些關於社會主義改造的具體問題，如社會主義改造的必要性、時間和步驟等問題，立即改造論的具體內容有所補充，並形成了一套豐富完整的思想體系。

1952 年左右，先是毛澤東等個別人產生立即向社會主義過渡的思想，得到中共其他領導人的贊同。之後，在中共官方的宣導下，越來越多的人接受這一思想。1853 至 1856 年間，中共官方繼續大力宣導這一思想，並推行社會主義改造運動。改造運動的迅速且勢不可擋的推行，使社會主義改造在事實上成為不可避免，使新民主主義社會論事實上已失去可行性。在這種情況下，更多人轉而接受立即改造論，立即改造論很快在社

會上得到廣泛認同。1956 年社會主義改造運動完成以後，人們普遍認為中國已經進入社會主義社會，社會主義改造已勝利完成，這一思想已經成功實現，於是中止這一思想，轉而關注和探討如何建設社會主義的問題，立即改造論在已經成功實行的情況下自然消退。這一思想是在被認為已經成功實現的基礎上自然消退的，這一點與反清革命思想、新民主主義革命論相同，它們都是得在以政治上成功推行，並在成功實現的基礎上自行中止。

立即改造論認為，從中華人民共和國成立起，中國已經處於新民主主義社會，應當在新民主主義社會中進行社會主義革命，革命的結果是建立社會主義制度。他們把這個社會主義革命稱之「社會主義改造」或向社會主義「過渡」，把進行這個革命的時期稱為「過渡時期」。

立即改造論認為，立即進行社會主義改造是必要的。在新民主主義社會中，既有社會主義因素，也有資本主義因素。特別是在經濟領域內，既有社會主義的生產關係，又有資本主義的生產關係。這兩種相反的生產關係，在一個國家裡不可能互不干擾地平等發展。中國不變成社會主義國家，就要變成資本主義國家，不發生變化是不可能的。如果允許資本主義因素進一步發展，就會威脅到中共和工人階級的領導地位，中國的前途就可能向資本主義發展，那樣的話，中共領導下經過巨大犧牲才獲得的革命的成果就可能喪失。為確保中國的社會主義方向，應當進行社會主義改造，立即向社會主義過渡。變成資本主義國家是行不通的，所以只有走社會主義道路，這是中國歷史發展的必然規律。

立即改造論認為，社會主義革命的主要內容是改變生產力、經濟制度、政治制度、思想文化。第一，發展經濟，提高生產力，使生產力達到社會主義社會所要求的較高水準，特別是要實現工業化，使中國從農業國變為工業國，逐步實現國家的社

會主義工業化。第二，進行經濟制度即生產關係的改造，變新民主主義的經濟制度為社會主義的經濟制度。生產關係改造的核心內容是生產資料所有制的改造，變生產資料私有制為社會主義性質的生產資料公有制。第三，進行政治制度的改造，變新民主主義的政治制度為社會主義的政治制度。其核心內容是，將各階級的聯合專政的政權轉變為無產階級專政的政權，通過社會主義改造，消滅資產階級，使政權性質發生和平轉變，形成無產階級政權。第四，進行思想教育，使人們具備共產主義思想，變新民主主義的思想文化為社會主義的思想文化。

立即改造論認為，社會主義改造的各項內容中，最主要的和最核心的部分，是經濟制度即生產關係的改造。應當逐步地改變生產關係，變非社會主義性質的生產關係為社會主義性質的生產關係。而生產關係改造的核心內容是生產資料所有制的改造。應當取消新民主主義性質的多種生產資料所有制並存的制度，建立社會主義性質的生產資料完全公有的制度。目前中國社會存在著多種生產資料所有制。一是國家所有制即全民所有制，二是合作社所有制即集體所有制，三是個體勞動者私有的所有制，四是資本家私有的所有制。在多種所有制之下，存在著多種經濟形式，即國營經濟、合作社經濟、個體農業手工業經濟、私營資本主義工商業經濟。其中全民所有制和集體所有制是社會主義性質的，個體所有制和資本家所有制是非社會主義性質的。應當擴大社會主義的經濟成分，即全民有制和集體所有制的經濟成分，同時逐步消除非社會主義的經濟成分，即個體所有制和資本主義所有制的經濟成分。一方面，對資本主義經濟即資本主義私營工商業進行生產資料的社會主義改造，取消生產資料的私人資本主義所有制，將其改變為國家全民所有制，資本家占有的生產資料收歸國家。即，將資本主義的生產資料私有制改變為社會主義性質的公有制。另一方面，對個體經濟即個體農業和手工業進行生產資料的社會主義改造，取消農業和手工業的個體所有制，將其改變為集體所有制，

農民和手工業者占有的生產資料歸於集體所有。即，將個體的生產資料私有制改變為社會主義性質的公有制。在這一改造過程中，社會主義的成分逐步加大，非社會主義的成分逐漸減少，最後社會主義的成分完全取代非社會主義的成分。生產關係改造的結果是，使生產資料公有制成為中國唯一的生產資料所有制，使社會主義的生產關係成為中國唯一的生產關係。毛澤東在 1957 年〈堅定地相信群眾的大多數〉中說：「要破資本主義所有制，使它變為社會主義全民所有制，要破個體所有制，使它變為社會主義集體所有制。」生產關係改造還包括計劃經濟和按勞分配。在公有制的基礎上，實行計劃經濟，按照國家制定的計劃進行生產，實行按勞分配，按照勞動者付出的勞動數量給予報酬。

關於社會主義改造的起始時間，立即改造論主張，從現在起，更準確地說從建國起，就應當開始逐步從新民主主義向社會主義過渡。用十到十五年的時間或更長的時間基本完成向社會主義的過渡，實現社會主義。1952 年 9 月中央書記處會議上毛澤東說：「從現在起要用 10 到 15 年的時間，隨著社會義因素的不斷增加，一步一步地逐漸由新民主主義社會過渡到社會主義社會。」1952 年 9 月的中央書記處會議上毛澤東說：「十年到十五年基本上完成社會主義，不是十年以後才過渡到社會主義。」1954 年毛澤東在中央人民政府的一次會議上說：「要建成一個社會主義國家，需要多長時間？大概是三個五年計劃左右。」

中共依據立即改造論制定了關於向社會主義過渡的總路線。這一總路線概括了立即改造論的核心內容。1953 年 6 月毛澤東在中央政治局會議上的講話提出過渡時期總路線：「黨在過渡時期的總路線和總任務，是要在十年到十五年或者更多一些時間內，基本上完成國家工業化和對農業、手工業、資本主義工商業的社會主義改造。這條路線是照耀我們各項工作的

燈塔。」1953 年 8 月毛澤東所寫的〈黨在過渡時期的總路線〉中完整地表達了這一思想：「從中華人民共和國成立，到社會主義改造基本完成，這是一個過渡時期。黨在這個過渡時期的總路線和總任務，是要在一個相當長的時期內，逐步實現國家的社會主義工業化，並逐步實現國家對農業、對手工業和對資本主義工商業的社會主義改造。這條總路線是照耀我們各項工作的燈塔，各項工作離開它，就要犯右傾或左傾的錯誤。」1953 年 12 月中共中央發表的〈為動員一切力量把我國建設成為一個偉大的社會主義國家而鬥爭〉一文再次表述了過渡時期總路線：「從中華人民共和國成立，到社會主義改造基本完成，這是一個過渡時期。黨在這個過渡時期的總路線和總任務，是要在一個相當長的時期內，逐步實現國家的社會主義工業化，並逐步實現國家對農業、手工業和對資本主義工商業的社會主義改造。」1954 年第一屆全國人大把黨的過渡時期的總路線作為全國人民的總任務寫入憲法。

過渡時期總路線通常被稱為「一化三改」或「一體兩翼」。「一化」指逐步實現國家的社會主義工業化，這也是主體。「三改」指逐步實現對農業、手工業的社會主義改造，逐步實現對資本主義工商業的社會主義改造，這是兩翼。「一化」與「三改」之間，即「一體」與「兩翼」之間，關係密切，不可分割。它們互相聯繫，互相制約，互相促進，經濟建設和生產關係改造同時並舉，體現了發展生產力和變革生產關係的有機統一。

（三）對個體經濟的改造

立即改造論認為，必須對個體農業進行社會主義改造。因為，第一，在中國的新民主主義社會中，農業生產是小農經濟，是分散的個體經濟，以家庭為生產單位。小農個體生產的農業經濟採用落後的工具和耕作方法，抵禦各種自然災害的能力有限，也不利於興修水利、使用新型農具、施用化肥、科學耕作

等技術的推廣應用，從而生產的產量增長有限，無法使生產得到迅速發展。第二，工業化需要城市人口的增加和工業原料的增多。小農經濟增長有限，所提供的糧食、棉花、工業原料等產品不能滿足城市工業發展的需要，無法為工業提供充足的糧食和原料從而影響工業化的實現。同時，在小農經濟的條件下，生產增長有限，也不能使農民富裕。只有進行農業合作化大生產才能提高農業的生產力，支持國家的工業化，並使農民富裕。

對個體農業進行社會主義改造的方法是，將農民組織起來，發展農業生產合作社，使農業由小規模生產的個體經濟，變成大規模生產的合作經濟。第一步，主要是發展農業生產互助組，由幾戶或十幾戶農民自願組成，土地牲畜等生產資料仍屬個人所有，在生產方面組織起來互相幫助，是具有社會主義萌芽性質的經濟組織。第二步，建立初級社，在這些互助組的基礎上，由農民組織初級農業生產合作社，其特點是土地入股和統一經營，人們集體勞動，初級社是有更多社會主義因素的，具有半社會主義性質。第三步，將初級社發展為高級社，在這些合作社的基礎上，由農民進一步聯合，組織大型的農業生產合作社，生產資料集體公有，是完全社會主義性質的經濟組織。三個步驟應當逐步進行，由互助組到合作社再到高級合作社，逐步地實現對個體農業的社會主義改造。推行農業合作化的原則是自願互利、典型示範、國家幫助。應當由農民自願參加，不應採用強迫命令的手段。應當通過典型示範對農民進行引導、說服、教育，用合作化的優越性來吸引農民自願參加。應當由國家在財力上和物力上給予支持和幫助。農業合作化的方針是「積極領導、穩步推進」。對個體農業進行社會主義改造的結果，就是把個體所有制改造成社會主義集體所有制。

立即改造論認為，必須對個體手工業進行社會主義改造。因為手工業和小農經濟一樣，是分散的經濟，以家庭為單位進行生產。個體手工業資金短缺，規模小，工具簡單落後，技術

低，生產能力低，因而產品數量少，產品品質低且成本高，很難滿足國家的人民的需要。而且，個體手工業建立在生產資料私有制基礎之上，具有不穩定性，如果任其自由發展，會走上資本主義道路。這樣，少部分手工業者成為資本家，而大多數貧窮破產。

對手工業的社會主義改造也應當分三個步驟來進行。第一步是舉辦手工業供銷小組，由國營商業供給原料，包銷產品，它沒有改變生產資料私有制，但已經把個體手工業者組織起來，具有社會主義萌芽性質。第二步是在供銷小組合併的基礎上舉辦手工業供銷合作社，統一供銷，生產資料部分公有，生產由各戶分散獨立進行，具有半社會主義性質。第三步是建立手工業生產合作社，生產資料全部歸集體所有，統一經營，集體勞動，按勞分配，是社會主義性質的經濟組織。改造過程中，採用說服教育、典型示範、國家幫助的方法，引導手工業者自願參加手工業合作社。手工業合作化的方針是「統籌兼顧，全面安排，積極領導，穩步前進」，原則是自願互利。對個體手工業進行社會主義改造的結果是，手工業的私有制改變為社會主義的集體所有制。

（四）對資本主義經濟的改造

社會主義改造論認為，對民族資產階級的私營資本主義進行社會主義改造是必要的。從理論上來說，資產階級具有唯利有圖、投機取巧的本質，資本主義存在固有的盲目性、投機性的弱點，資本主義經濟本質上說是不利於生產力發展的。從實踐上來看，中國目前的資本主義工商業經濟中，已經表現出了許多弊端，如投機、哄抬物價、囤積居奇和行賄、偷稅漏稅、盜騙國家財產、偷減料、盜竊國家經濟情報等。所以，應當對資本主義工商業進行社會主義改造，以消除這些弊端。

對民族資產階級的資本進行社會主義改造，是有可能的。原因是人民手裡有強大的國家機器，不怕資產階級造反，同時國營企業在各種經濟成分中占據優勢地位，這是完成這一任務的物質方面的保證。

資本主義工商業的社會主義改造的基本途徑是國家資本主義。國家資本主義是以各種方式同國營社會主義經濟聯繫和合作的資本主義企業。國家資本主義是國家和私人合作的經濟，是處於人民政府管理下的，是受工人監督的，私人置於國家的管理和監督之下，具有一定的社會主義性質。應當通過國家資本主義的方式進行對資本主義私人工商業資本的社會主義改造，先把資本主義改造成為國家資本主義，再將國家資本主義改造成為社會主義，從而消除工商業中的生產資料資本主義私有制，實現工商業的公有化。毛澤東在 1953 年 9 月的談話〈改造資本主義工商業的必經之路〉中說：「國家資本主義是改造資本主義工商業和逐步完成社會主義過渡的必經之路。」、「經過國家資本主義完成對私營工商業的社會主義改造，是較健全的方針和辦法。」

國家資本主義有高級、中級、低級三種形式。低級的形式一般是指，原料主要由私人購買，由私人進行生產，國家收購其產品的大部分，私人保留一小部分自己銷售。中級的形式是指，原料由國家供給，產品由國家收購，由私人進行生產，私人不能到市場購買原料和銷售產品。中級形式即「加工訂貨」和「統購包銷」。高級的形式是指企業中有公股參加，公私共同管理，公方處於領導地位，私人所有制是被承認的，但受到限制。高級形式即「公私合營」。要從低級的國家資本主義，到中級的國家資本主義，再到高級的國家資本主義，這樣逐步地進行改造。1953 年 6 月〈關於中華人民共和國憲法草案〉中毛澤東說：「國家資本主義不是只有公私合營一種形式，而是有各種形式。」、「逐步實行各種形式的國家資本主義，以

達到社會主義全民所有制。」

改造應當經過三個具體步驟來進行。第一步，實行低級形式和中級形式的國家資本主義。企業仍由資本家經營，國家通過計劃訂貨，委託加工，統購包銷，委託經銷，委託代銷等方式，使私人資本主義企業與社會主義國營經濟發生聯繫，因而具有某些社會主義因素。第二步，在某些個別企業中實行國家資本主義的高級形式，即公私合營。個別企業的公私合營是半社會主義性質的。企業中兩種所有制並存，國家向企業投入一定資金入股，從而使這些企業成為國家與資本家共同所有，國家派幹部進入企業參與管理，並處於領導地位，給予資本家一定的股息。第三步，在全行業實行公私合營。

資本主義私營工商業國家資本主義化的過程，即從低級的國家資本主義形式向高級的國家資本主義形式發展的過程，也就是逐漸改造其生產關係和逐步走向社會主義的過程。到了高級形式的公私合營，就基本上實現了社會主義的生產關係。

（五）其他內容

立即改造論認為，應當在進行生產資料的社會主義改造的同時，發展生產力，實現國家的工業化。社會主義必須是建立在高度發達的生產力的基礎之上，即建立在社會生產工業化的基礎之上。一般情況下，應當先發展工業，實現社會生產的工業化，然後再進行社會主義革命，進入社會主義社會。但在落後國家裡，無產階級取得政權以後，運用政權的力量，可以立即進行社會主義革命，在社會主義工業化的同時，進行社會主義改造，直接過渡到社會主義。社會主義工業化和社會主義改造是同時進行的。社會主義工業化和社會主義改造是過渡時期的兩項主要任務。兩者應當同時進行，兩者也是互相聯繫、互為促進的關係。社會主義工業化為社會主義生產資料改造提供

物質基礎，社會主義改造則為工業的發展提供支持。

立即改造論認為，應當在生產資料的社會主義改造的同時，建立無產階級政權。由於中國是從新民主主義過渡到社會主義的，工人階級已經掌握了人民民主專政的領導權，所以就不存在以武力破壞舊政權、建立新政權的問題。隨著資產階級的消失，原來的無產階級領導的、工農聯盟為基礎的、幾個階級聯合的政權，自然就和平地轉變為無產階級領導的、工農聯盟為基礎的無產階級政權。國家政權仍然稱人民民主專政，但性質已經發生變化，由新民主主義性質的聯合政權轉變為社會主義性質的無產階級專政。同時，隨著生產關係的轉變，思想文化也自然地從多階級聯合性質的新民主主義思想文化轉變為無產階級性質的社會主義思想文化。

立即改造論認為，在對資本主義工商業改造的同時，應當對資本家個人進行改造。既要改造資本主義企業，又要改造資本家個人，將資本主義工商業者改造成為社會主義勞動者。改造有兩層含義，一是把資本主義私有制改造成為社會主義公有制，二是把資本家改造成為自食其力的勞動者。對資本家，在經濟上要和平贖買，在政治上要仍然給予選舉權並給予適當安排，在工作上要量才使用並適當照顧，在思想上要進行社會主義的教育。周恩來在 1954 年第一屆全國人民代表大會上所做的〈政府工作報告〉中提到，在對資本主義工商業的改造過程中，必須把對企業的改造和對人的改造結合起來。劉少奇 1955 年在一次關於資本主義工商業改造的會議上的講話中，肯定了變資本家為勞動者、工人、國家經濟機關工作人員的可能性和重要性。陳雲在這次會議的報告中主張，要給資本家安置工作。陳雲 1956 年時曾說，要合理安排工商業者，他們絕大部分是懂技術的，有業務經驗的，他們的技術和業務經驗，對人民，對國家，對社會主義建設有很有用的，要把資本家改造成為勞動者和社會主義企業的幹部。

立即改造論認為，應當通過和平的方式進行社會主義改造，消滅資本主義，向社會主義過渡。新民主主義社會是可以和平地轉變為社會主義社會的。在政治制度方面，因為人民民主專政中堅持了工人階級的領導，進行社會主義革命時，中國無產階級不存在再次奪取政權的任務。在生產關係方面，由於資產階級和中共新民主主義革命時期有著長期的合作和統一戰線關係，具有擁護中共的積極的一方面，因此在新民主主義革命勝利以後，在已經建立起比較強大的國有經濟的情況下，可以對資本主義工商業進行和平方式的改造。中國社會主義革命的完成，不是經過推翻現存政權和建立新政權來實現，而是在已有的人民民主專政的政權的領導下和平地進行的。這個「社會主義革命」是以和平方式進行的，所以更準確地說是「向社會主義過渡」。

立即改造論認為，應當穩步地逐漸地進行社會主義改造，採用逐步過渡的方式完成從新民主主義社會向社會主義社會的轉變。1953 年 6 月〈批判離開總路線的右傾觀點〉中毛澤東說：「我們提出逐步過渡到社會主義，這比較好。所謂逐步者，共分十五年，一年又有十二個月。走得太快，左了；不走，右了。要反左反右，逐步過渡，最後全部渡完。」主張用一個較長時間逐步過渡到社會主義。

立即改造論認為，在過渡時期，社會的基本矛盾是無產階級同資產階級、社會主義和資本主義的矛盾。在過渡期間，工人階級和資產階級的矛盾是尖銳的。1953 年夏毛澤東說，過渡時期工人階級和資產階級的矛盾，是「對抗性的矛盾」。1953 年中央發布的一個文件中說：「在過渡時期中，工人階級和資產階級間的矛盾是國內關係上的主要矛盾，工人階級和資產階級間的鬥爭是誰戰勝誰的鬥爭。」、「鬥爭的性質是十分激烈和十分尖銳的，因為要在這個鬥爭中消滅資本主義和資產階級，而任何沒落的剝削階級都不會自行退出歷史舞臺的。」鄧

小平 1955 年在一次講話中說：「隨著新民主主義革命階段轉入社會主義革命階段，階級鬥爭不但不會和緩，而只會更加複雜，更加尖銳。」過渡時期工人階級和農民階級也是有矛盾的。農民在民主革命中和社會主義建設中都是工人階級可靠的同盟軍，這是中國農民的主要的基本的一面，但由於農民的小農經濟是建立在生產資料私有制上的，所以農民有自發的資本主義的傾向，這是農民落後的一面。要實現農業的社會主義改造，必須加強工人階級的領導，通過經濟工作和政治工作克服農民的資本主義傾向。

（六）幾點分析

馬克思和列寧的觀點對立即改造論的內容產生了一定影響。在生產資料所有制變革的方式問題上，馬克思曾提出，無產階級政權建立後，用對資產階級實行和平贖買的方式實現所有制的變革。列寧也曾提出過對資產階級進行和平贖買的主張。馬克思主張，社會主義革命中，在可能的情況下可以進行贖買。馬克思認為，無產階級政權建立以後，消滅資本主義私有制，將生產資料收歸公有，有兩種方法，一是無償沒收資本家的生產資料，二是贖買。列寧在俄國革命以後對改變產生資料所有制問題，也提出兩種辦法，即無償剝奪和贖買。在吸收馬克思和列寧思想的基礎上，毛澤東等人認為中國應使用贖買的辦法，認為在中國進行社會主義革命可以通過贖買的方式進行，從而和平地進行。

建國初的幾年中，各方面工作順利進行，經濟恢復和發展比較順利，工農業生產增長迅速，文化教育事業也有較大發展，三反、五反、抗美戰爭都取得成功，人民民主專政的政權也獲得鞏固。這一狀況起到了鼓舞作用，鼓舞了人們的信心，使一些共產主義者的思想傾向於樂觀，產生樂觀情緒，對未來產生較強的信心，高估未來社會發展的速度，認為進行改造的條件

已經具備，開始進行改造以後必然會順利進行並得以成功。於是，人們急於早日進入社會主義，實現社會進步，產生立即開始社會主義改造的思想。

蘇聯的社會主義改造的經歷為中國的立即改造論提供了示範作用和借鑑經驗。一方面，蘇聯已經形成成熟的向社會主義過渡的理論，並且未經類似新民主主義的階段而直接向社會主義過渡並取得成功，進入社會主義社會。蘇聯在世界上國力強大，具有較高國際地位。這種情況使蘇聯的向社會主義過渡的理論和經歷，都對中國人具有較強的權威性，相信蘇聯理論和經驗的正確性，從而促使中國人贊同在中國模仿蘇聯的經歷，立即進行社會主義改造。同時，蘇聯的社會主義改造的成功實現，蘇聯社會主義建設的順利進行，對中國人起到鼓舞作用，促使中國人認為中國的社會主義改造也一樣能夠順利成功，從而產生或接受立即改造的主張。另一方面，蘇聯的建設社會主義的理論、建設社會主義的實際經歷、蘇聯的社會主義模式，也對中國產生了重大影響，成為中國共產主義者吸收、借鑑、模仿的對象。中國的立即改造論對蘇聯的理論和經驗進行了許多吸收和仿效，關於過渡的方式、所需時間、目標等問題，都對蘇聯的這些經驗和理論有所借鑑。

蘇聯的意見和對蘇聯的依賴，也是促使一些人接受立即改造論的因素之一。蘇聯主張中國應當仿照蘇聯的經驗，直接過渡，在新民主主義革命之後立即進行社會主義革命，進入社會主義，而不是發展新民主主義社會。蘇聯認為，中國實行新民主主義，給予資產階級過多的自由，這就使中國面臨嚴重的資產階級復辟的危險。蘇聯擔心中國復辟資本主義，從而脫離蘇聯為首的社會主義陣營。當時的中國需要外國的經濟援助，而當時資本主義國家都不可能幫助中國，能夠援助中國的強國只有蘇聯，另外，美國為首的歐美日本等國家孤立和敵視中國，中國在國際關係上也需要蘇聯對中國的支持。如果實行直接過

渡，可以獲得蘇聯的贊成和援助，還可以早日進入社會主義社會，從而早日正式加入到蘇聯為首的社會主義陣營，並在諸多方面獲得這一陣營的支持和援助。中國共產主義者為了維護與蘇聯的友好關係，獲得蘇聯的援助和支持，考慮了實行直接和立即過渡的政策。立即改造雖然與初衷不符，但畢竟也是可行的方案和可接受的方案，人們經過考慮之後認為立即過渡也是可行的。於是接受了蘇聯的意見，贊成立即改造的主張，從而形成直接和立即過渡的思想。

另外，建國後不久，中國就已經具備了向社會主義過渡的一些客觀條件。建國初的幾年中，國家政權得以鞏固。經濟增長較快，工業比重迅速上升。社會主義和半社會主義性質的經濟增長迅速，比重不斷增大，並占據優勢。一些地方的互助運動發展到一定程度，互助組已經建立起來，農業和手工業的互助合作社發展到一定規模，相當一部分農民和手工業者參加到社會主義性質的合作社中，有進一步發展到合作社的趨勢。建國以後，由於沒收了大量外資企業和官僚資本企業為國有，加上建國初的發展，國營經濟比例迅速增大，遠遠超過私營資本主義經濟。社會主義性質的國營企業已經具有一定規模，大於私營企業，取得優勢地位，社會主義已經成為社會經濟的主體。因此，在政治制度、經濟制度、生產力水準等幾個方面，中國社會已經具備了一定的向社會主義社會過渡的條件。這種情況促使人們認為，目前是已經具備了社會主義改造的客觀基礎的，是可以開始向社會主義過渡的。同時，社會主義性質的合作社的出現，以及社會主義性質的國營經濟占據優勢地位，還促使人們產生一種觀點，即社會發展應當不斷前進而不是後退，在這種情況下當然應該進一步向更高級的合作社發展，而不應當後退並返回到合作社和國營經濟大幅發展以前的狀態，認為社會發展的客觀形勢要求立即向社會主義過渡。

立即改造論在政治上產生了巨大影響。1953 到 1956 年間，

立即改造論成為中共的指導思想，決定了這一時期中共的方針和政策。1953 年 12 月中央發布〈關於黨在過渡時期總路線的學習和宣傳提綱〉。1954 年七屆四中全會上正式批准了總路線。1954 年總路線寫入憲法。立即改造論促進了社會主義改造運動的進行，正是在這一思想的指導下開展了改造運動。中共開展了農業和手工業的合作化運動，並進行了對私營資本主義工商業的公有制改造，到 1956 年，這一改造運動基本完成。立即改造論也決定了社會主義改造運動中具體的內容和方式。在中共領導的對農業的改造過程中，先建立農村生產互助組，再建立農業生產合作社，最後由初級社發展到高級社。在對手工業的改造中，先建立手工業生產小組，再建立手工業供銷合作社，最後建立手工業生產合作社。在對資本主義工商業的改造中，先實行以加工訂貨為主的初級國家資本主義形式，再發展公私合營這一高級形式的國家資本主義，先是對中小企業改組合併，最後發展為全行業的公私合營。這些方式都是遵循了社會主義改造論的基本思想而進行的。

新民主主義社會論的主題是，什麼是新民主主義社會和怎樣建設新民主主義社會。社會主義改造論的主題是，怎樣從新民主主義社會轉變到社會主義社會。這是兩個前後相連的主題。社會主義改造論與新民主主義社會論，是相互配套的兩種思想，有一致的邏輯關係。社會主義改造論是新民主主義社會論的延續、進一步發展，在前者的基礎上進一步發展、推論而來。社會主義改造論與新民主主義社會論之間的關係，類似於新民主主義社會論與新民主主義革命論之間的關係。新民主主義革命論、新民主主義社會論、社會主義改造論，這三者之間都是相互配套的思想，有一致的邏輯關係。

在改造開始的時間問題上，未來改造論與新民主主義社會論的觀點一致，而立即改造論與新民主主義社會論的觀點不同。新民主主義社會論和未來改造論者主張，經過一個相當長

的新民主主義建設階段，經過穩定而長期的新民主主義社會的發展，全面建設新民主主義社會，其中包括資本主義的發展，然後再進行社會主義改造，從新民主主義社會向社會主義社會過渡。而立即改造論則主張，新民主主義社會開始之日，就是向社會主義過渡的開始之日，整個新民主主義社會本身就是一個進行社會主義改造和向社會主義轉變的歷史階段，在整個新民主主義社會期間，應當一直進行社會主義改造。新民主主義社會論和未來改造論主張，在新民主主義社會的末尾進行社會主義改造，立即改造論則主張，在新民主主義的開端即開始進行社會主義改造。新民主主義社會論和未來改造論認為，社會主義改造是突變性的、短時間的，是一個歷史事件，立即改造論則認為，社會主義革命是漸變性的、長時間的，是一個歷史階段。新民主主義社會論和未來改造論認為，新民主主義社會是一個具有明確的獨立性的社會形態，立即改造論則認為，新民主主義社會只是從封建社會轉入社會主義社會的一個過渡性階段。新民主主義社會論和未來改造論主張先實現國家的工業化，然後再進行社會主義改造。立即改造論則主張社會主義工業化與對農業手工業和資本主義工商業的社會主義改造同步進行。在這些問題上，立即改造論對新民主主義社會論和未來改造論的觀點加以改動，也可以說是對新民主主義社會論和未來改造論的一種修正式的發展。

第十二章　社會主義躍進論

　　對於什麼是社會主義和如何建設社會主義的問題，中國共產主義者很早就有一些初步想法。但因為長期以來迫切需要解決的問題是如何進行新民主主義革命，而且普遍認為革命勝利後還將經歷一個長期的新民主主義社會，進入社會主義社會是很久以後的事情，如何建設社會主義的問題並不是急迫的問題。所以，如何建設社會主義的問題一直沒有成為人們關注的重點，幾乎沒有什麼深入探討，只是有一些簡單的觀點。社會主義改造運動期間，社會主義成為不遠的未來即將實現的現實，人們開始關注和探討什麼是社會主義社會和應當如何建設社會主義的問題，並對這一問題有了一些進一步的想法，於是社會主義躍進論開始形成。1956年左右，在社會主義改造即將成功、中國即將進入社會主義的形勢下，人們更多地探討什麼是社會主義社會和改造完成後應當如何建設社會主義的問題，並對這一問題有了更多的想法，於是社會主義躍進論獲得了更加豐富的內容。1956年社會主義改造基本完成以後，一種普遍的觀點是，中國已經進入社會主義社會，以後應當展開對社會主義的建設。於是，人們對什麼是社會主義社會、如何建設社會主義社會的問題進行更多的理論探索，社會主義躍進論獲得了更加豐富的內容，並於此後不久完成了成熟的思想體系。這一思想的核心觀點是，在社會主義社會中，應當迅速提高生產力並儘快向共產主義過渡。

社會主義躍進論最初產生於一些中共領導人當中。由於這些領導人具有較高威望，中共政權也已經具有較高權威，加上中共政權的強大的宣傳能力並大力進行了宣傳活動，再加上中國人心目中久已存在使中國迅速富強的情結，因而，在社會主義改造完成以後不久，這一思想就為整個社會廣泛接受和贊同。迅速將中國建設成一個強大的社會主義國家，儘快進入共產主義，成為人們普遍的關注點，也成為中共的工作中心。不久，由於國內外反共反社會主義活動的繼續存在，以及共產主義者內部在一些具體問題上的意見分歧，一些躍進論主張者改變社會主義應以發展生產力為中心的主張，轉而認為社會主義應以階級鬥爭、社會主義革命為中心，從而放棄躍進論並轉為主張繼續革命論。社會主義躍進論指導下進行的大躍進運動和人民公社運動失敗並造成許多不利後果，因此，在大躍進運動後期，許多躍進論的主張者認識到躍進論的不切實際，他們認為仍應當以經濟建設、發展生產力為工作中心，但不再主張迅速提高生產力和迅速進入共產主義，而是認為社會主義建設需要一個長期的過程，從而先後放棄了躍進論，轉而主張穩步進行社會主義建設，躍進論於是消退下去。

（一）社會性質和結構

社會主義躍進論認為，社會主義社會應當具備以下幾項要素。在生產力方面，具有較高水準的生產力，實現了生產的工業化。生產關係即經濟制度方面，實行生產資料的公有制，並在公有制基礎上實行按勞分配和計劃經濟。在政治制度方面，是無產階級專政為核心的政治制度。在思想文化方面，是共產主義指導下的思想文化。在階級構成方面，主要包括兩個階級，即工人階級和集體勞動的農民階級。

社會主義躍進論認為，1956 年農業手工業和資本主義工商業的社會主義改造完成以後，中國社會成為社會主義社會。在

生產力方面，工業化已經基本完成。在生產關係方面，生產資料私有制已經被消滅，建立了單一的生產資料公有制結構，社會主義公有制經濟占絕對優勢和統治地位，成為整個社會經濟的主體，個體的、私營的所有制經濟，即使仍然少量存在也是暫時的，同時又實行了按照國家的計劃進行生產的計劃經濟模式，以及關於勞動者報酬的按勞分配制度。社會主義經濟制度已經基本建立。在政治制度方面，中國的國家政權是以工人階級領導的、工農聯盟為基礎的人民民主專政，即無產階級專政。在階級構成方面，社會上主要存在三個階級，即工人階級、農民階級、知識分子。封建地主階級和官僚買辦資產階級已經基本被消滅。民族資產階級已經處在由剝削者變為勞動者的轉變過程。隨著生產資料私有制改造的完成和資產階級的消滅，無產階級由失去生產資料的僱傭勞動者變為生產資料的主人，不再是原來意義上的「無產階級」，已經轉變為「工人階級」。經過社會主義改造以後，個體的農民和手工業者參加了合作，在生產資料集體所有制的基礎上，原來的個體農民和手工業者轉變成為社會主義的集體勞動者。知識分子的絕大多數已經成為工人階級的一部分。建國後培養的知識分子占知識分子隊伍的 90% 以上，他們無疑是工人階級的知識分子。經歷過舊社會的知識分子，建國以來經過黨的教育和改造，世界觀已經發生了根本的變化，其大多數已經為社會主義服務，已經成為工人階級的知識分子，已經是工人階級的一部分。1956 年 9 月中共八大的劉少奇所做政治報告中說：「我國社會主義和資本主義誰戰勝誰的問題，現在已經解決了。」1956 年 9 月中共八大的決議中說：「社會主義的社會制度在我國已經基本上建立起來了。」陳雲在 1956 年曾說：「我們國家對私營工商業、手工業、私營運輸業的社會主義改造，已經獲得偉大的勝利。這是社會主義的勝利。」

關於中國社會主義社會的基本矛盾，社會主義躍進論認為，社會主義社會中是存在矛盾的。矛盾是普遍存在的，社會主義

社會也仍然存在著矛盾，正是這些矛盾推動著社會主義社會不斷地向前發展。《人民日報》1956年的一篇文章說：「否認矛盾存在，就是否認辯證法。各個社會的矛盾性質不同，解決矛盾的方式不同，但是社會的發展總是在不斷的矛盾中進行的。」

生產關係與生產力之間的矛盾，上層建築與經濟基礎之間的矛盾，是人類社會的基本矛盾。社會主義社會的基本矛盾，也仍然是這兩對矛盾。作為社會主義社會的基本矛盾，生產關係與生產力之間的矛盾，上層建築與經濟基礎之間的矛盾，是推動社會主義社會不斷向前發展的根本動力。在這兩對社會基本矛盾中，生產力與生產關係的矛盾居於主導地位。社會主義社會的基本矛盾，表現在社會生活的各個方面，並且貫穿於社會主義社會的始終。《人民日報》1956年的一篇文章說：「社會主義社會的發展也是在生產力和生產關係的矛盾中進行著的。」1957年毛澤東的〈關於正確處理人民內部矛盾的問題〉中說：「在社會主義社會中，基本的矛盾仍然是生產關係和生產力之間的矛盾，上層建築和經濟基礎之間的矛盾。」在社會主義社會中，生產關係與生產力的關係，上層建築與經濟基礎的關係，在主要方面是相適應的，同時也存在不相適應的一面。社會主義生產關係與生產力的發展基本上是相適應的，但生產關係又還很不完善，這些不完善的方面與生產力的發展又是相矛盾的，生產關係和生產力發展是既相適應又相矛盾的。同樣，上層建築和經濟基礎也是即相適應又相矛盾的。

在社會主義社會中，社會的基本矛盾具體表現為生產力與它所不能滿足的人民需要之間的矛盾，也就是經濟文化不能滿足人民需要的這一狀況，與人民對經濟文化的需要之間的矛盾。這一矛盾的實質，是先進的社會主義制度同落後的社會生產力之間的矛盾。1956年八大決議說：「我們國內的主要矛盾，已經是人民對於建立先進的工業國的要求同落後的農業國的現實之間的矛盾，已經是人民對於經濟文化迅速發展的需要同當

前經濟文化不能滿足人民需要的狀況之間的矛盾。這一矛盾的實質，在我國社會主義制度已經建立起來的情況下，也就是先進的社會主義制度同落後的社會生產力之間的矛盾。」

社會主義躍進論認為，生產力與生產關係的矛盾、經濟基礎與上層建築的矛盾，在私有制的社會裡，這兩個矛盾在人與人的關係上具體表現為階級矛盾，在公有制的社會主義社會裡，在人與人的關係上則具體表現為人民內部矛盾。資本主義社會的基本矛盾表現為劇烈的階級鬥爭，是對抗性的矛盾。社會主義社會的基本矛盾則與資本主義社會的基本矛盾相反，社會主義社會的基本矛盾，即社會主義社會中生產關係與生產力的矛盾、上層建築與經濟基礎的矛盾，是非對抗性的矛盾，而不是對抗性的矛盾。社會主義社會解決基本矛盾的方式，一方面是通過發展社會生產力，另一方面是通過社會主義制度本身的調節，使其不斷地得到解決。資本主義社會本身無法根本解決自身基本矛盾，社會主義社會則不同，由於社會主義社會的基本矛盾不是對抗性的，所以它可以通過社會主義制度本身而不斷地得到解決，可以依靠社會主義自身的力量，通過對生產關係與生產力、上層建築與經濟基礎不相適應的方面進行調整而得到解決。

所以，中國的社會主義社會中存在兩類不同性質的具體矛盾，一類是敵我之間的矛盾，另一類是人民內部的矛盾。敵我矛盾指存在著根本利害衝突的敵對階級之間的矛盾和鬥爭，是對抗性的矛盾，是根本利害衝突的矛盾。敵人具體來說包括帝國主義、封建主義、官僚資本主義，以及盜竊犯、殺人犯、詐騙犯等犯罪分子。人民內部矛盾一般說來是在人民利益根本一致的基礎上的矛盾，是非對抗性的矛盾。在社會主義制度下，人民的根本利益是一致的，但人民內部也存在著各種矛盾，這些矛盾一般不會發展成為對抗性的矛盾。在社會主義時期，敵我矛盾已經比較少，而且會越來越少，人民內部矛盾則會比較

廣泛地存在。資產階級等剝削階級已經基本消滅，無產階級同資產階級之間的矛盾已經基本解決，階級鬥爭仍然會在一定範圍內長期存在，但大規模的階級鬥爭基本結束，無產階級和資產階級的矛盾已經不再是社會的主要矛盾。1956 年 9 月中共八大的決議中說：「我國的無產階級同資產階級之間的矛盾已經基本上解決。」

社會主義躍進論認為，中國進入社會主義社會後，黨和政府的工作中心和主要任務是經濟建設和發展生產力。社會基本矛盾是先進的社會主義制度同落後的社會生產力之間的矛盾，這決定了工作中心和主要任務是集中力量發展社會生產力，從而集中力量解決這個矛盾，將中國儘快地從落後的農業國變為先進的工業國。黨和政府的主要任務已經由解放生產力變為發展生產力，即主要任務不再是變更社會制度的政治革命，而是發展經濟。毛澤東在〈關於正確處理人民內部矛盾〉中說：「我們的根本任務已經由解放生產力變為在新的生產關係下面保護和發展生產力。」另外，以經濟建設為中心，才能使生產力迅速提高，社會主義才能夠迅速成長和發展，向共產主義過渡。

（二）政治建設方針

社會主義躍進論認為，在社會主義建設時期必須正確處理兩類不同性質的矛盾。進入社會主義時期以後，社會基本矛盾大量地表現為人民內部矛盾，我們將面臨的是大量的人民內部矛盾，正確處理人民內部矛盾已經成為中國國家政治生活中的主題。人民內部矛盾包括工人階級內部的矛盾，農民階級內部的矛盾，知識分子內部的矛盾，工農兩個階級之間的矛盾，工人、農民同知識分子之間的矛盾，工人階級等勞動人民同民族資產階級之間的矛盾，民族資產階級內部的矛盾，等等。人民政府是真正代表人民利益的政府，是為人民服務的政府，但是它同人民群眾之間也有一定的矛盾。這種矛盾包括國家利益、

集體利益同個人利益之間的矛盾，民主同集中的矛盾，領導同被領導之間的矛盾，國家機關某些工作人員的官僚主義作風同群眾之間的矛盾。此外，在不同地區之間，不同部門之間，不同行業之間，不同民族之間，甚至不同年齡不同教養的人們之間都還有矛盾。可見，在人民內部存在著相當複雜的相互關係，有一個龐大的矛盾群。上述各項人民內部矛盾大體可以分為三種：一是社會主義勞動者之間的矛盾，包括工人、農民、知識分子內部及相互之間的矛盾。二是統一戰線中的矛盾，即工人階級等勞動人民同民族資產階級之間的矛盾。三是領導與群眾的矛盾。

對於兩類性質完全不同的矛盾，必須加以嚴格區分。不能把敵我矛盾當作人民內部矛盾，也不能把人民內部矛盾當作敵我矛盾。兩類性質不同的矛盾往往交織在一起，不易分清，所以區分時應十分慎重，認敵為友、認友為敵都是混淆了兩類不同性質的矛盾，都會給社會主義事業帶來嚴重危害。區分兩類矛盾的方法，首先必須認清什麼是人民，什麼是敵人。在現階段，即社會主義時期，一切贊成、擁護和參加社會主義建設事業的階級、階層、集團，都屬於人民的範圍，而一切反對、敵視和破壞社會主義建設的社會勢力和社會集團，都是人民的敵人。對這兩類不同的矛盾，因其性質不同，解決的方法也就不同，要採用專政和民主兩種不同方法。用專政的方法解決敵我矛盾，用民主的方法解決人民內部矛盾。毛澤東 1957 年的〈關於正確處理人民內部矛盾的問題〉中說：「解決敵我之間的和人民內部的這兩類不同性質的矛盾，採用專政和民主這樣兩種不同的方法。」

敵我矛盾，在通常情況下，只能用專政的方法去解決，否則就不能打倒、制服、改造敵人，就無法使矛盾得到解決並向有利於人民利益的方向轉化，就不能保障人民的民主、社會的安定和現代化建設事業的順利進行。專政的方法就是，不允許

敵人參與政治活動，強迫他們服從人民政府的法律，強迫他們從事勞動，並在勞動中改造成為新人。相反，人民內部矛盾則應當以民主的方法去解決，即討論的方法、批評的方法、說服教育的方法。毛澤東 1957 年的〈關於正確處理人民內部矛盾的問題〉中說：「凡屬於人民內部的爭論問題，只能用民主的方法去解決，只能用討論的方法、批評的方法、說服教育的方法去解決，而不能用強制的、壓服的方法去解決。」、「不是用強迫的方法，而是用民主的方法，就是說必須讓他們參與政治活動，不是強迫他們做這樣做那樣，而是用民主的方法向他們進行教育和說服的工作。」解決人民內部矛盾的具體途徑應是「團結——批評——團結」。第一個團結是處理人民內部矛盾的出發點，也就是說在黨內和人民內部要講團結，有了矛盾以後，只有從團結的願望出發，才能正確處理矛盾。批評是指對錯誤進行批評，批評要尊重事實，要注意方法，批評的同時還要進行自我批評。第二個團結是目的，即批評和自我批評所要達到的目的。只有這樣才能正確處理好人民內部各種矛盾。

社會主義躍進論認為，在社會主義建設時期應當加強執政黨建設。共產黨作為執政黨，是領導社會主義建設的核心力量，在全部國家工作中居於領導地位。黨的組織分布到全國每一個地方，黨員有很大的數目，而且多數黨員在各級國家機關、經濟組織、文化組織、人民團體中擔負一定的工作。共產黨的一舉一動都將對國家工作產生重大的影響。所以必須十分注意加強黨的組織工作和對黨員的教育工作，必須注意黨自身的建設。加強執政黨自身的建設，應當堅持黨的群眾路線，密切聯繫群眾和依靠群眾，應當堅持民主集中制這一黨的根本組織原則，應當鞏固黨的團結和統一，應當提高對黨員要求的標準。

社會主義躍進論認為，在社會主義建設時期應當處理好中共與各黨派之間的關係。一方面，各民主黨派應當與共產黨共同長期存在。應當團結黨內黨外的一切積極因素，建設社會主

義國家。要保留民主黨派，要調動民主黨派、資產階級的積極性，這對中共，對人民，對社會主義都是很有利的。另一方面，中共與各黨派應當互相監督，這對中共和對國家都是有益的。共產黨處於執政黨地位，在工作中不可能沒有缺點和錯誤，而這種缺點和錯誤對國家和人民會產生重大影響，因此，除了共產黨內部的自我批評和廣大人民的監督以外，還需要重視民主黨派和民主人士的監督。監督中共的主要是人民和黨員，但有了民主黨派的監督，對黨更為有益。毛澤東在 1956 年 4 月的〈論十大關係〉一文中說：「究竟是一個黨好，還是幾個黨好？現在看來，恐怕是幾個黨好。不但過去如此，而且將來也可以如此，就是長期共存，互相監督。」、「為什麼要讓民主黨派監督共產黨呢？這是因為一個黨同一個人一樣，耳邊很需要聽到不同的聲音。大家知道，主要監督共產黨的是勞動人民和黨員群眾。但是有了民主黨派，對我們更為有益。」劉少奇在 1956 年中共八大上所作的政治報告中說：「我們的黨是一個不為私利而全心全意為人民服務的政黨。但是我們現在還有缺點，將來也一定還有缺點，並且不可能沒有錯誤。我們當然首先要加強黨內的自我批評和依靠廣大勞動人民的監督來消除這些缺點和錯誤，同時我們也應當善於從各民主黨派和無黨派人士的監督和批評中得到幫助。」鄧小平在中共八大〈關於修改黨章的報告〉中論述民主黨派的監督的作用說：「能夠對於我們黨提供一種單靠黨員所不容易提供的監督，能夠發現我們工作中的一些我們所沒有發現的錯誤和缺點，能夠對於我們的工作作出有益的幫助。」1957 年鄧小平在西安幹部會上所作的報告中說：「有監督比沒有監督好，一部分人出主意不如大家出主意。共產黨總是從一個角度看問題，民主黨派就可以從另一個角度看問題，出主意。這樣，反映的問題更多，處理問題會更全面，對下決心會更有利，制定的方針政策會比較恰當，即使發生了問題也比較容易糾正。」

社會主義躍進論認為，在社會主義建設時期應當完善社會

主義民主和法制。中國的國家政權還不是完全健全的，還需要相當的時間逐步完善起來，還有一些不足，還必須進行一些改進。一方面，應當擴大民主。為擴大民主，必須實行黨對國家機關的領導和監督，人大對政府機關的監督，各級政府機關自下而上的監督和自上而下的監督，人民群眾和機關中的下級工作人員對國家機關的監督。劉少奇在八大政治報告中說：「目前在國家工作中的一個重要任務，是進一步擴大民主生活。」另一方面，應當建立健全的法制。一是要有法可依，二是要有法必依。應該建立完備的法律，一切國家機關都必須嚴格地遵守法律。對於違反法律的人，無論地位多高，功勞多大，都必須追究法律責任。而沒有違反法律的人，不應受到任何機關的侵犯。必須注重法制教育，使每一個人都明瞭並確信法制的原則，培養社會上的守法風氣。

（三）文化建設方針

社會主義躍進論認為，在文化建設方面應當實行「雙百」方針，即「百花齊放、百家爭鳴」的方針。在藝術問題上百花齊放，在學術問題上百家爭鳴。1957 年毛澤東所寫的〈關於正確處理人民內部矛盾的問題〉一文中說：「百花齊放、百家爭鳴的方針，是促進藝術發展和科學進步的方針，是促進我國的社會主義文化繁榮的方針。」1956 年毛澤東在一次國務會議上說：「現在春天來了嘛，一百種花都讓他開放，不要讓幾種花開放，還有幾種花不讓它開放，這就叫百花齊放。百家爭鳴是諸子百家，春秋戰國時代，二千年前那個時候 ，有許多學說，大家自由爭論，現在我們也需要這個。」

「雙百」方針的主要原則是，文學藝術上的不同形式和風格，可以自由發展，科學上的不同學派，可以自由爭論。提倡科學文化領域內的自由言論，任何人都可以談論學術和文化領域的不同意見，允許各種學術的共存。應當提倡文學藝術工作

和科學研究工作中有獨立思考的自由,有辯論的自由,有創作和批評的自由,有發表自己意見、堅持自己意見和保留自己意見的自由。毛澤東在 1956 年一次中央政治局會議上說:「百花齊放、百家爭鳴,我看這應該成為我們的方針。藝術問題上百花齊放,學術問題上百家爭鳴。講學術,這種學術可以,那種學術也可以,不要拿一種學術壓倒一切。你如果是真理,信的人勢必就會越多。」

中國要富強,除了必須鞏固人民的政權,發展經濟,發展教育事業,加強國防以外,還必須使文學藝術和科學工作得到繁榮和發展,缺少這一條是不行的。要使文學藝術和科學工作得到繁榮和發展,就必須採取百花齊放百家爭鳴的政策。如果沒有獨立思考,沒有自由討論,學術的發展就會停滯。1957 年毛澤東所寫的〈關於正確處理人民內部矛盾的問題〉一文中說:「藝術上不同的形式和風格可以自由發展,科學上不同的學派可以自由爭論。利用行政力量強制推行一種風格,一種學派,禁止另一種風格,另一種學派,我們認為會有害於藝術和科學的發展。藝術和科學中的是非問題,應當通過藝術界科學界的自由討論去解決,通過藝術和科學的實踐去解決,而不應當採取簡單的方法去解決。」

中國已經具備實行雙百方針的條件。社會主義改造的各方面都取得勝利,在以後幾年內中國將變為一個沒有剝削階級的國家;知識界的政治思想狀況已經有了根本的變化,並且正在發生更進一步的變化;國內還有階級鬥爭,但階級敵人已經大大削弱;全國人民政治上思想上的一致性大大增強,而且正在繼續增強之中。在這種情況下,文化思想戰線完全可以實行百花齊放百家爭鳴的方針。

應當正確認識和處理文藝科學工作與政治鬥爭的關係。在階級社會裡,文學藝術和科學工作都是為一定階級服務的。文學藝術和科學研究,雖然同政治鬥爭或階級鬥爭密切相關,但

它與政治終究不完全相同。政治鬥爭是階級鬥爭的直接表現形式，而文藝和科學既可以直接表現階級鬥爭，也可以比較曲折地反映階級鬥爭。認為文藝和科學與政治無關，可以為藝術而藝術，為科學而科學，這是一種錯誤的觀點。反之，把文藝和科學與政治完全等同起來的觀點，也是錯誤的。

雙百方針是人民內部的自由在文藝工作和科學工作領域中的表現。藝術批評和討論應該是說理的，批評和討論應當以研究工作為基礎，採取自由討論的方法，反對採取簡單的行政命令的方法。應當允許被批評者進行反批評，容許持有不同意見的少數和保留自己的意見。對於思想問題，用行政命令的方法來解決，是不會有效的。只有經過公開辯論，正確的思想才能克服錯誤的思想。

雙百方針是由中國的具體情況決定的，是與國家對迅速發展經濟和文化的迫切要求相適應的。雙百方針不是一個暫時性的方針，而是一個基本性的同時也是長期性的方針。

（四）經濟建設方針：躍進

社會主義躍進論認為，應當迅速提高經濟水準，迅速建設富強的社會主義國家。把中國從落後的農業國變為先進的工業國，使中國具備先進的科學和技術，改變經濟上和科學文化上的落後狀況，達到世界先進水準。

應當在較短的時間內，即大約在幾十年內，將中國建設成為一個又富又強的社會主義國家。當時蘇聯提出「十五年趕超美國」的戰略口號，計劃用十五年時間使工農業最重要的產品的產量超過美國。1957 年，借鑑蘇聯的方針，提出中國「十五年趕上或超過英國」的戰略目標，先用十五年趕上或超過英國，鋼鐵和其他重要工業產品產量超過英國，進一步再用二十年到三十年時間在經濟上趕上並超過美國。1957 年劉少奇在工會第

八次代表大會上提出，十五年後蘇聯工農業最重要產品的產量可能趕上或超過美國，中國應爭取在同一時期重要工業產品的產量趕上或超過英國。1958年《人民日報》元旦社論提出進一步趕超美國的目標，即在十五年趕超英國的基礎上，再進一步發展生產力，再用二十年到三十年時間經濟上趕上並且超過美國。

社會主義躍進論認為，社會主義的社會性質決定了中國必須達到趕超英美，社會主義是具有優越性的，而只有趕超了才能證明這一優越性。毛澤東在1956年8月的一篇文章中說：「這是一種責任。你有那麼多人，你有那麼一塊大地方，資源那麼豐富，又聽說搞了社會主義，據說是有優越性，結果你搞了五、六十年還不能超過美國，你像個什麼樣子呢？」

經濟建設速度必須要快。1955年底，毛澤東提出社會主義建設要多一點，快一點，好一點的思想。中央還提出「又多、又快、又好、又省」的建設方針。1956年《人民日報》元旦社論提出「又多又快又好又省」的口號。1958年八大二次會議通過社會主義建設總路線：「鼓足幹勁，力爭上游，多、快、好、省地建設社會主義。」雖然口號是四個字，但實際上快字才是其核心思想。《人民日報》社論〈力爭高速度〉這樣說：「用最高的速度來發展我國的社會生產力，實現國家工業化和農業現代化，是總路線的基本精神。」、「速度是總路線的靈魂。」

中國具備很多加快推進社會主義建設的有利條件：中國有六億多人口；利於解放和發展生產力的先進生產關係，即以生產資料公有制為基礎的社會主義的生產關係，已經建立起來；經過整風運動和反右鬥爭人們的生產積極性被空前激發；確立了有利於躍進的社會主義建設總路線。

出於迅速發展經濟的思想，人們提出「躍進」的口號。周恩來在1957年的全國人大報告中首先使用這一詞語，此後《人

民日報》社論中使用這一提法，隨後這一口號被廣泛使用。毛澤東十分讚賞這一口號。他認為該社論作者最早使用「躍進」一記，其「發明功不在禹下」，應將「第一號博士贈與發明這個偉大口號的那一位或幾位科學家」。在他看來，「躍進」這一概念準確地概括了以高速度為中心的社會主義建設總路線。

在迅速發展經濟的思想下，人們不斷提出越來越高的指標。由最初的「十五年趕超英國」和「再用二三十年趕超美國」，相繼縮短為「十年趕上英國，二十年趕超美國」，「七年趕上英國，十五年趕上美國」，「三年超過英國，十年超過美國」。這些不切實際的高指標被毛澤東稱為「一首抒情詩」。

（五）向共產主義過渡

社會主義躍進論主張，在大力發展經濟和提高生產力的同時，通過共產主義性質的「公社」建立和擴展，逐步進入共產主義社會。應當在已有的合作社的基礎上進一步聯合，逐步合併，形成比合作社更大規模的組織，即人民公社。逐步地把一個地區的工業、農業、商業、文化教育、民兵組成一個大公社，從而構成社會的基層單位。

社會主義躍進論認為，中國已經具備在農村發展人民公社的條件。第一，農業生產產量正在不斷地迅速地增長。第二，農民的政治覺悟正在不斷地迅速地提高。第三，中國已經有農村合作社的組織，農民已經全部組織在合作社之中，可以在合作社的基礎上建立人民公社。社會主義躍進論又認為，中國已經產生了在農村發展人民公社的要求。目前農業的迅速增長，要求經濟組織的相應改變，規模較小的合作社已經不能適應農業生產，只有建立更大規模的組織，即人民公社，才能使經濟組織與增長了的農業生產相適應，從而進一步加快經濟建設的速度。因此，人民公社的建立是必然的，開展人民公社運動、

廣泛建立人民公社也已經成為必要的措施。1958 年〈中共中央關於在農村建立人民公社的決議〉中說：「人民公社是形勢發展的必然趨勢。」

社會主義躍進論主張，公社的規模要大，一般以一個鄉為一個社，少數地方可以幾個鄉為一個社，有可能的以縣為單位組成一社，一個公社可以包括幾千戶甚至幾萬戶。每個公社辦成一個獨立的社會組織。公社應是包括農業、工業、交換、文化教育、政治事務的基層組織。每個公社都綜合經營，包括工農兵學商，農林牧副漁，從事一切生產、生活。1958 年〈中共中央關於在農村建立人民公社的決議〉中說：「建立農林牧副漁全面發展、工農商學兵互相結合的人民公社。」每個公社有自己的農業、工業，有自己的大學、中學、小學，有醫院，有科學研究機關，有商店和服務行業，有交通事業，有托兒所幼稚園敬老院，有公共食堂，有俱樂部。人民公社在組織上是政社合一，即政權組織與經濟組織合成一體，人民公社既是社會結構的基層單位，同時又是政權組織的基層單位。

社會主義躍進論認為，應當把公社建設成社會主義性質的新型組織，公社要具備更徹底的社會主義性質，在公社中逐步實行完全的公有制，資本主義制度的殘餘更徹底地清除。將一切財產交給公社，社員自己的自留地、私人牲畜先全部交出，轉為公社所有，社員私有的房屋、自養家禽、房屋附近的樹木，將來也逐步公有。

社會主義躍進論認為，應當通過人民公社的建立和發展，使中國社會從社會主義社會逐步向共產主義社會過渡。人民公社初期，還是社會主義性質的，還不是共產主義性質的，仍然是實行生產資料的集體所有制，還不是生產資料的全民所有制，仍然是實行按勞分配，是各盡所能按勞取酬，還不是按需分配，不是各盡所能各取所需。隨著人民公社的發展，公社中的集體所有制將會逐步向全民所有制過渡，同時逐步實行供給

制，使按勞分配向按需分配過渡。先實行糧食供給，按家庭人口多少免費供應糧食，建立公共食堂，吃飯不要錢。將來產品非常豐富時，可以吃飯、穿衣、住房子上都實行共產主義，衣食住行生老病死都由公社供給。人民公社進一步發展，若干鄉村公社圍繞著城市，聯合起來，又成為更大的共產主義公社。這樣發展下去，就可以進入共產主義社會。社會主義不是獨立的社會形態，是共產主義的低級階段，是一個過渡時期，是從資本主義向共產主義的過渡時期。在整個社會主義社會裡，應當一直進行向共產主義的過渡。人民公社是向共產主義過渡的基本途徑。1958 年〈中共中央關於在農村建立人民公社的決議〉中說：「我們應該積極地運用人民公社的形式，摸索出一條過渡到共產主義的具體途徑。」

社會主義躍進論認為，通過人民公社的建立可以迅速進入共產主義社會。1958 毛澤東所起草的〈中共中央關於在農村建立人民公社問題的決議〉中說：「人民公社將是建成社會主義和逐步向共產主義過渡的最好的組織形式，它將發展成為未來共產主義社會的基層單位。」、「看來，共產主義在我國的實現，已經不是什麼遙遠將來的事情了。」當時毛澤東、劉少奇認為，向共產主義的過渡大約從第三、四個五年計劃就可以開始了。毛澤東估計，部分地區經過一二年或二三年，大部分地區需要四五年的時間，就可以實現吃飯不要錢，經過十年左右，產品非常豐富，就可以吃飯穿衣住房上全部實行共產主義。各地有些人更為急於進入共產主義，確定的時間更短。山東莒縣定出大戰 200 天，向共產主義過渡的計劃。湖北當陽縣跑馬鄉的黨委書記於 1958 年 10 宣布，11 月 7 日為社會主義結束之日，11 月 8 日為共產主義開始之日。這個鄉認為除「老婆還是自己的」一條待保留請求上級外，生產資料、生活資料以至於連孩子都「不分你的我的了」。

（六）幾點分析

　　馬列原意、中共革命經歷、新中國建設經驗、蘇聯社會主義建設經驗都成為社會主義躍進論的影響因素。馬克思和列寧等共產主義經典作家的思想是社會主義躍進論的理論基礎，例如，關於社會主義社會的基本結構、主要矛盾等問題，都是吸收了馬列的基本思想。史達林時期蘇聯的理論對中國人也有一定的權威性，人們在探索社會主義建設問題時，也吸收了蘇聯這一時期關於社會主義建設的部分理論。

　　以往的革命戰爭中對國民黨鬥爭的順利和較快勝利，使毛澤東等共產黨人的自信心大為增強，對未來的預期大為樂觀化，這種心態促進了躍進論的形成和傳播。建國初期在中共領導下進行的一系列工作，如恢復經濟、鞏固政權、進行社會主義改造等，大都比較成功，比較順利，這一形勢使人們的信心進一步增強，從而提高目標，急於實現較快的社會進步和社會發展。特別是社會主義改造運動的順利進行和第一個五年計劃的順利並超額完成，使人們熱情高漲，急於求成，產生急於建設富強社會主義和進入共產主義的想法。

　　社會主義蘇聯的經濟迅速增長，促使中國的共產主義者對迅速提高中國的經濟產生強大的信心。而且，蘇聯提出迅速趕超美國、迅速提高生產力、迅速建成共產主義的思想和方針，並且推行這一方針，這對中國人有一定的示範和鼓動作用，促使中國共產主義者也採取類似政策，產生類似目標。在中國進入社會主義社會以前，蘇聯已經進入社會主義社會並進行了一段時間的社會主義建設，所以人們在探索社會主義建設問題時，參考和借鑑了蘇聯社會主義建設的一些經驗和教訓，並將其吸收進社會主義躍進論的內容之中。

　　中國人多年以來一直存在著強烈的使中國富強的願望，尋求國家的富強是長期以來中國人所一直關心的目標。從練兵自

強思想以來中國人當中普遍一直存在一種急於求成的心態、急進情緒，認為採取適當的方式即可以迅速地使國家富強和建立理想社會。這種一貫的急躁心態也是社會主義躍進論的影響因素之一，它對躍進論的產生、發展、傳播起到了促進作用。

英美等資本主義國家經濟發達，工農業水準高，社會富裕，只有中國的經濟建設速度勝過這些資本主義國家，才能顯示出中國社會主義制度的優越性，這就要求中國迅速提高生產力。這一形勢也成為躍進論的一種促進因素。另外，中共政權具有較強的對國民思想的控制能力和對思想的宣傳能力，這使得作為中共指導思想的躍進論得以在中國社會廣泛傳播。

社會主義躍進論一度成為中共的指導思想，在很大程度上影響到中共政權的工作方針。這一思想推動了大躍進運動和人民公社運動並在很大程度上影響到運動的內容。在迅速提高生產力的思想的指導下，中共開展了大躍進運動。在向共產主義過渡的思想的指導下，進行了建設公社的工作。1958 年 5 月，中共中央政治局在北戴河舉行的擴大會議通過了〈關於在農村建立人民公社問題的決議〉。此後各大報刊進行了建立人民公社的宣傳，廣大農村幾個月時間裡在全國實現了人民公社化。社會主義躍進論的部分內容也為後來的初級階段論所吸收，為後者提供了一些思想資源，如社會基本矛盾是生產力與人民需要之間的矛盾的觀點，又如應當以經濟建設為中心的觀點，都為初級階段論所繼承和吸收。

急於求成的心態是兩次鴉片戰爭以來中國人建設國家的普遍心態，急於求成的傾向在兩次鴉片戰爭以來的各個思想體系中普遍存在。存在這種心態和傾向是正常的，也是可以理解的。但是這種心態和傾向畢竟是理智不足的表現，實際上反而會造成一些不利後果。總的來看，包含這種傾向的思想，在實踐推行過程中往往產生不利的後果。近代中國思想上的這一特點及其實踐後果，證明了「欲速則不達」的道理。想要快速實現目

標，於是不切實際地採取相應的急進措施，結果走上一段曲折的路，使目標離我們反而更遠。但是，在很多情況下，如果不經過實踐來證明，人們很難認識到這種急躁心態的弊病。所以某種意義上說，這種今天看來很不明智的想法，在當時來看卻是難以避免的，甚至是不可能避免的，而且也是必須經歷的，只有經歷了這一思想，並且經歷了由這一思想所導致的實踐及其不利後果，人們的認識才能進一步發展。歷史往往需要有一些彎路，思想演進的歷史也是如此，人們的認識是在摸索過程中不斷提高的，經過一番曲折的探求經歷之後，才可能獲得更為合理的認識。

第十三章　繼續革命論

　　1957 年，因一些人對中共的工作和當時的社會主義制度的批評和反對，有人產生了繼續革命論，即無產階級專政條件下繼續進行社會主義革命的思想，以後逐漸發展和補充，文革初期（1967 年左右）最終形成完整的思想體系。這一思想認為，在社會主義制度建立以後，在無產階級專政的社會主義社會中，仍然存在著資產階級，存在著無產階級與資產階級之間的尖銳的階級鬥爭，資本主義還有復辟的可能，需要一直進行無產階級對資產階級進行鬥爭的無產階級革命，由無產階級與資產階級進行鬥爭，以徹底戰勝資產階級，鞏固社會主義制度。即，在無產階級政權已經建立和社會主義制度已經建立的條件下，仍然還需要進行一個階級推翻另一個階級的政治大革命。「文化大革命」是這種繼續革命的最重要的方式。

　　這一思想的形成經歷了一個逐漸遞進的過程，體現出明顯的階段性，經歷了幾個步驟。1957 年左右，這一思想初步形成，主要觀點是，社會主義社會已基本建立，但社會主義革命還沒有徹底完成，還需繼續進行社會主義革命，目前社會基本矛盾是工人階級和資產階級之間的矛盾，仍然存在階級鬥爭，無產階級革命仍然應當進行，應以階級鬥爭為工作中心，應時刻警惕階級敵人的進攻，並戰勝他們。1959 年左右，這一思想繼續發展，進一步認為階級鬥爭和社會主義革命不僅存在於社會

上，而且也存在於中共黨內。1962 年左右，這一思想繼續發展，進一步認為不僅目前階段，而且整個社會主義時期都一直存在階級鬥爭，應當一直進行社會主義革命。1963 年左右，這一思想繼續發展，進一步認為形勢已經比較嚴重，資產階級已經掌握一部分權力，應當主動向資產階級發動進攻，進行奪權鬥爭，奪回這些權力。1966 年左右，這一思想繼續發展，進一步認為形勢已經非常嚴重，資產階級已經掌握大部分權力，應當進行大規模奪權鬥爭，進行文化大革命，奪回這些權力。

最初只有毛澤東等少數人產生這種思想。由於毛澤東在歷史上的業績使他具有極高的個人威望，加上他的最高領袖的地位，人們對毛澤東的思想易於接受，此後幾年中，隨著毛澤東為首的中共主流勢力的宣導，贊同這種思想的人迅速增多，並且這種思想也成為中共的指導思想。文革初期，在中共的宣傳下，這一思想為全國相當多的人所接受。文革後期，隨著文革的政治實踐造成重大的不利後果，一些人先後懷疑甚至放棄繼續革命論。文革結束後，由於這時中共官方已經對繼續革命論持批評態度，特別是七十年代末開展了思想解放運動，對人們的思想觀念的轉變產生了較大影響，更多的主張者先後放棄這一思想。到改革開放初期，絕大多數主張者已先後放棄這一思想，只有很少數的人仍堅持，這一思想基本消退。

（一）階級鬥爭仍然存在

中共建立對全國的統治以後，國內外仍然存在一些反對中共的勢力，它們進行了反對中共的活動。在臺灣的國民黨進行戰爭準備，宣揚反攻大陸，國民黨所派出的一些特務也在大陸進行活動。在西藏發生了企圖製造分裂的叛亂。大陸內部也有一些人企圖推翻中共。美國等西方國家政府對這些反共活動採取支持態度，並且對社會主義國家實施和平演變的方針。這種形勢促使一些共產主義者對階級敵人產生警惕，高度重視對社

會主義的鞏固，重視階級鬥爭問題。

　　其他社會主義國家發生的一些政治波動也對中國共產主義者的思想產生了一定影響。1956 年，在東歐社會主義國家中發生了波茲南事件和匈牙利事件。波蘭的波茲南發生罷工和衝突，一些民眾對政府不滿，襲擊了黨政機關。匈牙利也發生了民眾反對共產黨的暴動，襲擊了黨政機關。1936 年蘇聯完成生產資料所有制的社會主義改造以後，蘇聯認為資產階級已經消滅，無產階級和資產階級的階級鬥爭已經不復存在。1956 年的蘇共二十大對史達林的專制進行了嚴厲的批評，蘇共二十大上赫魯雪夫報告中全盤否定了史達林，此後蘇聯背離史達林的路線方針，實行了新的內政政策和新的對華政策。由此中蘇兩黨意見分歧，兩國關係惡化，中蘇兩黨還進行了激烈的爭論。這些事件引起毛澤東等中國部分共產主義者的高度警惕，對他們的思想產生一定影響。他們認為，蘇聯目前的方針政策是反對社會主義的，是「修正主義」，蘇聯已經背叛馬克思主義、背叛社會主義，蘇聯正在變成資本主義國家。在世界共產主義運動史上，修正主義專指自稱馬克思主義但已經修改並違背馬克思主義的思想觀點。毛澤東等人認為，東歐國家社會主義事業出現問題，就是因為階級鬥爭沒有搞好，許多階級敵人沒有消滅掉。而忽視階級鬥爭，也是蘇聯社會主義建設中的一個重大教訓。蘇聯沒有解決好社會主義國家中無產階級與資產階級、社會主義道路與資本主義道路的鬥爭。正是因為蘇聯過早宣布階級已經消滅，不再進行階級鬥爭，階級鬥爭的問題沒有抓好，才使修正主義得以出現。他們擔心中國像蘇聯一樣，社會主義變質，中共變成修正主義，並思考了怎樣才能防止資本主義在中國復辟的危險、保證社會主義不變色的問題。他們認為，蘇聯、南斯拉夫、東歐的經驗都證明了，中國應當吸取蘇聯和東歐的教訓，重視階級鬥爭，防止資本主義復辟。

　　1956 年開始的整風運動中，中共請黨外人士對中共的缺

點和錯誤進行批評，於是一些黨外人士對中共和中共的工作提出大量的批評和建議。其中一些意見比較尖銳，對中共的工作提出比較嚴重的批評，表現出比較強烈的不滿，甚至有人主張實行選舉制、取消共產黨對政權的控制，甚至還有人主張推翻共產黨政權。這些違背社會主義制度和中共領導權的思想和言論，使毛澤東等部分共產主義者認為階級鬥爭仍然存在，認為這些人是資產階級右派，認為這是資產階級右派在向共產黨、向社會主義進攻，必須戰勝資產階級右派的這次進攻，社會主義才能建設成功。

於是，在這種國內外反對勢力活躍、蘇聯東歐社會主義國家出現波動、國內出現批評中共言論的形勢下，部分共產主義者產生階級鬥爭仍然存在、仍然應當繼續進行社會主義革命的思想，從而初步形成了繼續革命論。

這一階段的繼續革命論認為，1956 年社會主義改造完成以後，中國進入社會主義社會。中國社會主義社會的經濟制度是生產資料公有制、計劃經濟，政權是無產階級專政即人民民主專政，思想文化是共產主義思想指導下的無產階級思想文化（社會主義思想文化）。階級構成包括工人階級、農民階級、資產階級、資產階級右派（資產階級中較反動者）。社會主要矛盾是無產階級和資產階級之間的階級矛盾。

這一階段的繼續革命論認為，經過 1956 年的社會主義改造，社會主義制度在中國已經基本建立，但社會主義革命還沒有徹底完成，社會主義制度還沒有完全確立，還沒有取得社會主義革命的決定性勝利。生產關係方面的革命完成了，生產資料所有制的改造取得了基本勝利，但是在政治戰線和思想戰線上，革命還沒有完全取得勝利，政治制度和思想文化方面的革命還沒有完成。在思想領域和政治領域，無產階級同資產階級誰戰勝誰的問題還沒有真正解決，社會主義和資本主義誰勝誰負的問題還沒有真正解決，還要經過一個較長時期才能解決。

尤其是思想戰線上，在中國，資產階級思想、反馬克思主義的思想，還會長期存在。還存在「思想戰線上的階級鬥爭」，同資產階級的思想還要進行長期的鬥爭。經濟領域的社會主義革命是比較容易的，可以較快地完成，但政治領域和思想文化領域的社會主義革命不容易成功，需要一直進行。1957年3月毛澤東在中共全國宣傳工作會議的講話中說：「社會主義制度在我國已經基本建立。我們已經在生產資料所有制的改造方面，取得了基本勝利，但是在政治戰線和思想戰線方面，我們還沒有完全取得勝利。無產階級和資產階級之間在意識形態方面的誰勝誰負問題，還沒有真正解決。」1957年6月毛澤東修改後發表的〈關於正確處理人民內部矛盾的問題〉中說：「階級鬥爭並沒有結束。無產階級和資產階級之間的階級鬥爭，各派政治力量之間的階級鬥爭，無產階級和資產階級之間在意識形態方面的鬥爭，還是長期的，曲折的，有時甚至是很激烈的。」、「在這一方面，社會主義和資本主義之間誰勝誰負的問題還沒有真正解決。」

　　這一階段的繼續革命論認為，中國社會目前存在四個階級，其中有兩個是剝削階級，有兩個是勞動階級。兩個勞動階級中，一個是工人階級，一個是農民階級和其他個體勞動者。兩個剝削階級中，一個是資產階級右派和地主階級，一個是民族資產階級和它的知識分子。資產階級右派和地主階級實質上是帝國主義、封建主義、官僚資本主義的殘餘。右派有很多人。毛澤東作了一個大概的估算：中國500萬知識分子中有1%到10%是右派，也就是說大約有50萬右派分子。在大學生中，有1%到3%是右派。在高級知識分子中，右派人數更多，占10%左右。在青年團中也有10%是右派。在全國六億人中有10%是不贊成社會主義或反對社會主義的，這就是說有六千萬人是資產階級右派。民族資產階級及其知識分子包括大多數的資本家、大多數知識分子、大多數民主黨派成員。民族資產階級包括右派以外的資產階級中的大多數，包括90%以上的資本家、

知識分子和 80％以上的民主黨派裡的人。許多知識分子是從舊社會過來的，是從非勞動人民家庭出身的，他們的世界觀基本上是資產階級世界觀，他們仍然是屬於資產階級的知識分子，是資產階級的一部分。還有一些知識分子雖然出身於工人或農民家庭，但是在解放以前受的是資產階級教育，世界觀也基本上是資產階級的，他們也仍然屬於資產階級的知識分子。所以，絕大多數知識分子都仍然還是資產階級的一部分。地主階級和資產階級仍然是存在的，在經濟上地主階級和資產階級消滅了，但作為政治上思想上的地主階級和資產階級卻仍然存在，經濟上消滅階級不等於完全消滅階級。1958 年中共中央的武昌會議上毛澤東說：「作為經濟剝削的階級容易消滅，現在我們可以說已經消滅了；另一種是政治思想上的階級，不易消滅，還沒有消滅。」、「在經濟上消滅階級不等於政治上和思想上消滅階級，作為政治上的思想上的地主階級跟資產階級，這個東西還存在。」

這一階段的繼續革命論認為，無產階級和資產階級的矛盾、社會主義道路和資本主義道路的矛盾，是當前的中國社會的主要矛盾。這個矛盾在某些範圍內表現為激烈的、你死我活的敵我矛盾。一直到社會主義革命徹底勝利、社會主義社會完全確立為止，社會主要矛盾都是這個矛盾。認為當前主要矛盾是先進的社會主義制度同落後的社會生產力之間的矛盾，這種觀點是錯誤的。無產階級和資產階級的矛盾和鬥爭，主要是表現在政治上和思想上，而不是經濟上生產關係上。毛澤東在 1957 年 10 月的八屆三中全會上的講話〈做革命的促進派〉中說：「無產階級和資產階級的矛盾，社會主義道路和資本主義道路的矛盾，毫無疑問，這是當前我國社會的主要矛盾。」、「工人階級與資產階級的矛盾，社會主義與資本主義的矛盾，是整個過渡時期的主要矛盾。」1958 年劉少奇在中共八大二次會議的政治報告中說：「整個過渡時期，也就是說，在社會主義社會建成以前，無產階級同資產階級的鬥爭，社會主義道路同資本主

義道路的鬥爭，始終是我國內部的主要矛盾，這個矛盾在某些範圍內表現為激烈的、你死我活的敵我矛盾。」

這一階段的繼續革命論認為，由於以上原因，在無產階級政權和社會主義制度條件下，還要繼續進行無產階級反對資產階級的無產階級社會主義革命。社會主義改造完成、社會主義社會建立以後，與資本主義道路的鬥爭、進一步確立和鞏固社會主義制度的鬥爭還要繼續。只進行經濟戰線上的社會主義革命，即對經濟制度即生產資料所有制的改造，是不夠的。為了最終確立和鞏固社會主義制度，除了堅持經濟戰線上的社會主義革命以外，還必須繼續進行政治戰線上的和思想戰線上的社會主義革命，同資產階級進行鬥爭。這種鬥爭還要經歷一個很長的時期，革命的誰勝誰負，要在一個很長的歷史時期內才能解決。如果革命進行得不好，資本主義的復辟隨時可能發生。1957 年 8 月毛澤東發表的〈一九五七年夏季的形勢〉中說：「單有一九五六年在經濟戰線上（在生產資料所有制上）的社會主義革命，是不夠的，並且是不鞏固的。匈牙利事件就是證明。必須還有一個政治戰線上的和一個思想戰線上的徹底的社會主義革命。」

這一階段的繼續革命論認為，整風運動期間一些人對中共的批評，是資產階級右派的進攻，是無產階級同資產階級之間的一場重大的戰鬥，是社會主義道路和資本主義道路之間的一場重大戰鬥。而中共領導的這次反資產階級右派的鬥爭，就是一次政治戰線和思想戰線上的社會主義革命鬥爭。毛澤東在1957 年 6 月的〈組織力量反擊右派分子的猖狂進攻〉中說：「這是一場大戰，不打勝這一仗，社會主義是建不成的，並且有出匈牙利事件的某些危險。」1957 年毛澤東在〈一九五七年夏季的形勢〉中說：「這一次批判資產階級右派的意義，不要估計小了。這是一個在政治戰線上和思想戰線上的偉大的社會主義革命。」

（二）階級鬥爭也存在於黨內

　　大躍進和人民公社運動造成經濟上的嚴重後果，為了糾正大躍進和人民公社運動中的失誤，1959 年在盧山召開中共中央政治局擴大會議。會議期間，政治局委員、國防部長彭德懷等人對中共在領導國家建設過程中的工作提出一些批評，並針對黨內民主提出一些看法，他們對大躍進運動、人民公社運動、黨的左傾指導思想、毛澤東個人崇拜等問題提出了尖銳的批評。為了闡明自己的意見，彭給毛澤東寫了一封信，信中總結了中共在經濟建設中的思想方針和政策措施的錯誤，主張總結教訓，糾正錯誤。毛澤東同意對大躍進和人民公社運動中某些過激的行動予以調整，但不能接受對大躍進和人民公社運動本身的反對意見，不能接受對大躍進和人民公社運動的否定，彭德懷的意見為毛澤東所不能接受。此事促使毛澤東等人的繼續革命論進一步發展，增加了新的思想觀點。

　　這一階段的繼續革命論認為，彭德懷等人是在反對社會主義，是在向黨、向社會主義進攻，盧山會議上的爭論，是一場無產階級與資產階級之間的階級鬥爭。彭德懷等人是資產階級民主主義者，是資產階級民主派，而不是馬克思主義者，是資產階級的代表，而不是無產階級的代表。不僅在社會上，而且在黨內也有一批資產階級的代表人物，即黨內資產階級民主派，他們在民主革命期間，是積極鬥爭的，但在社會主義階段，就要反抗社會主義，向黨向社會主義向無產階級專政進攻。在中共黨內也有資產階級，兩個階級之間的階級鬥爭也存在於黨內，階級鬥爭是普遍存在的，它存在於社會上和黨內這兩大方面。黨內存在兩派，一個是社會主義派，一個是資本主義派。黨內的階級鬥爭，是兩個階級、兩條道路間的鬥爭在黨內的反映。這種黨內的階級鬥爭還會繼續進行下去，至少還要二十年，可能要半個世紀。盧山會議的鬥爭就是一次階級鬥爭。毛澤東在盧山會議期間曾說：「盧山會議出現的這一場鬥爭，是一場

階級鬥爭。」、「盧山會議實際上也還是進行政治戰線上和思想戰線上的社會主義革命。」

這一階段的繼續革命論認為，黨內的資產階級民主派，雖然在組織上是黨員，但在思想上並不是共產主義者。他們是帶著資產階級民主主義思想來參加革命的。他們接受了黨的最低綱領即新民主主義綱領，但並沒有真正接受黨的最高綱領即社會主義共產主義綱領。他們的世界觀並不是無產階級的共產主義世界觀，而仍是資產階級的世界觀。在新民主主義革命階段，他們是積極革命的。但是當革命從新民主主義革命階段向社會主義革命階段轉變的時候，他們的思想並沒有隨著革命的轉變而轉變。雖然已經進入社會主義社會，但他們的思想仍停留在民主革命階段，用資產階級的立場和世界觀來認識和對待社會主義革命。革命轉變了，向前發展了，要求人們的思想也隨著革命的轉變而轉變，隨著革命的發展而發展，如果思想還停止在舊階段，用資產階級民主派的立場和觀點來認識和對待社會主義革命，就會堅持資產階級反動立場，代表資產階級利益，成為走資派，反對社會主義革命，反對無產階級專政，企圖復辟資本主義，從而成為社會主義革命的對象。

（三）階級鬥爭一直存在

60 年代初，中共黨內在一些重大問題上出現意見分歧。盧山會議以後，左傾路線沒有改變，反而進一步推行，造成經濟的嚴重困難。於是，中共對左傾思想、路線進行反思、糾正。在這一過程中，又出現對人民公社運動和大躍進運動的懷疑和否定意見，一些人認為經濟形勢嚴重困難，應當進行調整措施，並採取了對相關政策進行調整的行動。例如 1962 年 5 月劉少奇主持的中央工作會議上，陳雲提出調整經濟的方案，會議決定對國民經濟進行大幅度的調整。毛澤東等人認為這是把形勢看成一片黑暗，是不滿意社會主義，是在攻擊社會主義，是在

刮「黑暗風」。與此同時，一些人為克服在人民公社化運動中出現的平均主義的弊端，主張在農業中實行包產到戶、責任田等生產責任制。毛澤東等人認為這是在走向資本主義道路，是反對社會主義，是資產階級民主主義的思想，這是在刮「單幹風」。另外，在平反問題上存在不同意見。1962 年彭德懷給黨中央寫了長篇的申訴信，被認為是翻案活動。同時，小說《劉志丹》被認為是替高崗翻案。這些被認為是「翻案風」。這些事件在毛澤東等人看來，都是資產階級向社會主義進攻的表現，單幹風、黑暗風、翻案風是資本主義的，是反社會主義的，相當多的幹部變質，成為修正主義者，成為資產階級的代表。因此毛澤東等人極為擔心黨變成修正主義的黨，擔心國家的社會主義性質發生變化，認為必須重視階級鬥爭。於是，此後毛澤東等人的思想更進一步，對階級鬥爭的嚴重程度有了更高的估計，從而使繼續革命論又有所發展。

這一階段的繼續革命論認為，在直到共產主義實現之前為止的整個社會主義的歷史階段中，即在整個無產階級專政時期，資產階級都將存在，並企圖復辟，在這一階段，一直存在著資產階級和無產階級之間的階級矛盾和階級鬥爭，存在著社會主義和資本主義兩條道路的鬥爭，存在著社會主義社會性質被改變、資本主義復辟的可能。這兩個階級之間的階級鬥爭貫穿整個社會主義的歷史階段。這兩個階級的鬥爭是社會的主要矛盾。任何革命成功了的社會主義國家中都有階級存在，有階級鬥爭存在，無產階級與資產階級、社會主義道路與資本主義道路誰勝誰負的鬥爭，都要經過反復的、相當長的時間才能解決。社會主義國家仍然存在階級鬥爭的原因是，國際上有資產階級存在，國內還有資產階級殘餘，還會不斷產生新的資產階級分子，資產階級是長期存在的，而且他們是還要企圖復辟的。階級鬥爭的存在時期是很長的，存在於整個社會主義階段，這需要有幾十年，甚至幾百年的時間。毛澤東在 1962 年七千人中央工作會議的講話中說：「整個社會主義階段，存在著階級

和階級鬥爭。這種階級鬥爭是長期的、複雜的，有時甚至是很激烈的。」1962年的八屆十中全會上的講話中毛澤東說：「社會主義社會是一個相當長的歷史階段。在社會主義這個歷史階段中，還存在著階級、階級矛盾和階級鬥爭，存在著社會主義同資本主義兩條道路的鬥爭，存在著資本主義復辟的危險性。」經毛澤東修改並審定的八屆十中全會公報說：「在無產階級革命和無產階級專政的整個歷史時期，在由資本主義過渡到共產主義的整個歷史時期（這個時期需要幾十年甚至更多的時間），存在著無產階級和資產階級之間的階級鬥爭，存在著社會主義和資本主義這兩條道路的鬥爭。」、「這種階級鬥爭是錯綜複雜的、曲折的、時起時伏的，有時甚至是很激烈的。」、「這種階級鬥爭，不可避免地要反映到黨內來。」

　　這一階段的繼續革命論認為，在整個社會主義的歷史時期，必須一直繼續進行政治戰線和思想戰線上的社會主義革命，即進行無產階級對資產階級的階級鬥爭，直到無產階級徹底戰勝資產階級，社會主義道路徹底戰勝資本主義道路。在整個社會主義階段，黨的工作中心都是階級鬥爭。黨工作的重點是抓階級鬥爭而不能是其他，黨的主要任務是不斷地開展階級鬥爭和反修防修而不是其他，要以階級鬥爭作為黨的基本路線和黨的工作的指導思想。要用階級鬥爭的觀點觀察分析社會上的一切問題、一切現象。必須重視階級鬥爭，必須認識到這種鬥爭的長期性和複雜性。要對資產階級高度警惕，抵抗資產階級的進攻並戰勝他們。如果不警惕，忽視了階級鬥爭，中國就可能會復辟資本主義。毛澤東曾說，如果忽視了階級鬥爭，忽視了加強無產階級專政，那就不要很多時間，少則幾年十幾年，多則幾十年，就不可避免地要出現全國性的反革命復辟，馬列主義的黨就會變成修正主義的黨，這將是很危險的情景。毛澤東在1962年2月的中央工作會議上說：「階級鬥爭，一抓就靈。」1963年5月毛澤東在一份批示中寫道：「階級鬥爭、生產鬥爭和科學實驗，是建設社會主義強大國家的三項偉大革命運動。」

1962 年八屆十中全會上毛澤東提出：「千萬不要忘記階級鬥爭。」還提出：「階級鬥爭要年年講，月月講，天天講。」

（四）應當進行奪權鬥爭

到 1963 年左右，繼續革命論進一步發展，認為階級鬥爭的形勢已經比較嚴重，資產階級已經奪取了部分權力。一些黨員、幹部變成了資產階級分子，還有一些資產階級分子混入幹部隊伍，相當一部分權力掌握在資產階級手裡。黨內形成了兩派，一個是社會主義派，一個是資本主義派，即走資本主義道路的派別。

這一階段的繼續革命論提出了「官僚主義者階級」和「走資本主義道路的領導人」的概念。1964 年 12 月毛澤東在批示中最初提出「官僚主義者階級」和「走資本主義道路的領導人」的概念。1965 年 1 月中共中央工作會議上制定的〈農村社會主義教育運動中目前提出的一些問題〉（即二十三條）中提出「黨內走資本主義道路的當權派」的概念。認為社會主義國家的資本主義復辟，並不一定要通過反革命政變，也不一定要通過帝國主義的武裝入侵，它還可以通過社會主義國家領導集團的蛻化變質來實現。「官僚主義階級」與工人階級和貧下中農是兩個尖銳對立的階級，這些人是「走資本主義道路的領導人」，或者叫「走資本主義道路的當權派」。他們是已經或即將變成的資產階級的分子，是與工人階級和農民階級是對立的階級，是階級鬥爭的對象，是革命的對象。

這一階段的繼續革命論認為，由於階級鬥爭的形勢已經比較嚴重，資產階級已經奪取了部分權力，因而必須主動發動對他們的進攻，與他們進行奪權鬥爭，把權力奪回到無產階級手中。相當一部分工廠、機關、公社等組織的領導權掌握在資產階級手裡。應當發動群眾，發動進攻，進行農村的鬥爭、工廠

的鬥爭、文化界的鬥爭、社會主義教育運動，對這些資產階級分子進行清除，將被他們奪取的權力奪回來，確保權力掌握在無產階級手中，以鞏固社會主義。

這一階段的繼續革命論認為，除政治領域的奪權鬥爭之外，還應當進行思想文化領域的革命。思想文化領域的問題很大。應進行思想文化領域內的批判，清除資產階級思想文化，使社會主義思想文化確立。目前的文藝作品中充滿了封建主義和資本主義。各種藝術形式中，戲劇、音樂、美術、舞蹈、電影、文學等，存在許多問題，社會主義改造收效還很小。由毛澤東修改的〈林彪同志委託江青同志召開的部隊文藝座談會紀要〉中說：文藝界在建國以來，被一條反黨反社會主義的思想路線，即資產階級的文藝思想所控制，在中國的新民主主義階段和社會主義階段，文化戰線上都存在兩個階級、兩條路線的鬥爭，即無產階級和資產階級在文化戰線上爭奪領導權的鬥爭。

（五）應當進行大規模奪權鬥爭

到 1966 年左右，這一思想有了更進一步的發展。這一階段的繼續革命論認為，形勢已經十分嚴重，在全國各條戰線、各個領域、所有地區，一大批資產階級代表人物，即走資本主義道路的當權派，也即反黨反社會主義的修正主義者，已經混進黨內、政府內、軍隊裡、文化領域各界裡，一旦時機成熟，他們就要奪取政權，把無產階級專政變為資產階級專政。這些走資派人數多分布廣，已經遍布從中央到地方的各級部門和組織，全國各級黨政主要領導幹部的絕大部分已經成為走資本主義道路的當權派，相當大的一個多數的單位的領導權已經不在馬克思主義者和人民群眾手裡。黨中央已經出現修正主義，甚至有發生政變的危險。黨內的走資本主義道路的當權派在中央形成了一個資產階級司令部，它有一條修正主義的政治路線和組織路線，在各省市自治區和中央各部門都有代理人。這個司

令部率領著從上到下、從中央到地方的資產階級代表人物、修正主義者，與無產階級對抗。毛澤東曾做了一個對當時形勢的分析：全國城鄉的基層單位，有三分之一的領導權不在馬克思主義者和勞動人民手裡；知識分子隊伍基本上由資產階級知識分子組成；文藝界跌到修正主義的邊緣；教育界是資產階級知識分子一統天下；在文化部門的社會主義改造收效甚微；黨內已經出現官僚主義者階級、走資本主義道路的當權派。1966年5月中央政治局擴大會議所通過並由毛澤東親自修改的〈五‧一六通知〉說：「混進黨裡、政府裡、軍隊裡和各種文化界的資產階級代表人物，是一批反革命的修正主義分子，一旦時機成熟，他們就會要奪取政權，由無產階級專政變為資產階級專政。」

這一階段的繼續革命論認為，在這種嚴重危險的形勢下，局部的鬥爭已經不能解決問題，必須進行大規模的奪權鬥爭。在這種嚴重的形勢下，過去進行的鬥爭，包括農村的鬥爭、工廠的鬥爭、文化界的鬥爭、社會主義教育運動，都不能解決問題。要避免資本主義復辟，避免修正主義者奪取人民的權力，必須採用非常行動，只有採取非常手段，進行一場自下而上的大規模革命鬥爭，即文化大革命，才能解決如此激烈的階級鬥爭。必須發動大規模的階級鬥爭，實行文化大革命，公開地、全面地、自上而下地發動廣大群眾，向無產階級政權內部的資產階級代表人物奪權，將他們徹底打倒，徹底清除，實行全面奪權，把被他們奪去的權力重新奪回到無產階級手中。通過文化大革命，保證黨和國家永不變色，並最終解決社會主義和資本主義之間誰勝誰負的問題。毛澤東在1968年的一篇文章中說：「文化大革命對於鞏固無產階級專政，防止資本主義復辟，建設社會主義，是完全必要的，是非常及時的。」

這一階段的繼續革命論認為，這場文化大革命，實質上是一個階級推翻另一個階級的政治大革命，是在社會主義條件下

無產階級反對資產階級的革命。革命是無產階級和資產階級兩個階級的鬥爭,是社會主義和資本主義兩條道路的鬥爭。1967年《人民日報》和《紅旗》雜誌的元旦社論說:「這次無產階級文化大革命,是無產階級同資產階級和它在我們黨內的代理人的一次全面較量。」這場文化大革命的根本問題是奪權問題。1967年《人民日報》的社論〈無產階級革命派大聯合奪走資本主義道路當權派的權〉說:「革命的根本問題是政權問題。」、「無產階級文化大革命,從一開始就是一場奪權鬥爭。」1967年《紅旗》雜誌的文章〈無產階級革命派聯合起來〉中說:「革命的根本問題是政權問題。無產階級文化大革命的中心任務,歸根到底,就是無產階級從黨內一小撮走資本主義道路當權派手中奪權的鬥爭。」、「毛主席教導我們,從黨內一小撮走資本主義道路當權派手裡奪權,是無產階級專政條件下,一個階級推翻另一個階級的革命。」

這一階段的繼續革命論認為,文化大革命的目標是,要消除混進黨裡、政府裡、軍隊裡和各種文化界的資產階級代表,要徹底批判學術界、教育界、新聞界、文藝界、出版界的資產階級思想。通過文化大革命,打倒混進黨、政府、軍隊、各文化界的資產階級代表人物,鞏固無產階級專政,防止資本主義復辟。通過文化大革命,解決人們的世界觀問題,觸及人們的靈魂,實現全國人民思想的革命化。1966年8月8日的〈中共中央關於無產階級文化大革命的決定〉中號召說:「撤換那些走資本主義道路的當權派,把那裡的領導權奪回到無產階級革命派手中。」1966年8月8日的〈中共中央關於無產階級文化大革命的決定〉中說:「在當前,我們的目的是鬥垮走資本主義道路的當權派,批判資產階級的反動學術權威,批判資產階級和一切剝削階級的意識形成,改革教育,改革文藝,改革一切不適應社會主義經濟基礎的上層建築,以利於鞏固和發展社會主義制度。」

這一階段的繼續革命論認為，文化大革命的內容，包括政治戰線上的和思想戰線上的社會主義革命。政治方面的革命，要由無產階級對資產階級進行專政，從資產階級手中奪取權力，由無產階級掌權。在需要奪權的地方和單位，奪權之後建立一個新的權力機構，新的機構可以取名為「革命委員會」。革命委員會要實行「三結合」的方針，要有革命幹部的代表、軍隊的代表、革命群眾的代表。革命委員會要實行一元化領導，統一領導各項工作。要全面奪權，就必須充分發動群眾。1966年林彪在中央工作會議的講話闡述了進行文化大革命要「相信群眾、依靠群眾、發動群眾」的觀點。革命勢必造成混亂的形勢，越亂越好，亂其實那是亂了敵人，鍛煉了群眾，在混亂的局勢中打倒資產階級分子。毛澤東提出了文化大革命要先亂三年的計劃：「一年發動，一年勝利，一年掃尾。」1966年7月毛澤東在給江青的信中說：「天下大亂，達到天下大治。」思想方面的革命，要進行思想領域內的鬥爭，解決人們的思想，用馬克思列寧主義毛澤東思想，清除人們頭腦中的資產階級思想，代之以無產階級思想。1966年林彪在慶祝文化大革命的天安門廣場百萬人大會上說：「要大破一切剝削階級的舊思想，舊文化，舊風俗，舊習慣，要改革一切不適應社會主義經濟基礎的上層建築。」

這一階段的繼續革命論認為，要多次地開展「無產階級文化大革命」。多次進行革命以後，才能解決誰勝誰負的問題。現在的文化大革命，僅僅是第一次，以後還要多次進行，過七八年就要再來一次。毛澤東1967年曾說：「現在的文化大革命，僅僅是第一次，以後還要進行多次。」、「全體黨員，全國人民，不要以為有一二次、三四次文化大革命，就可以太平無事了。千萬注意，決不可喪失警惕。」由於階級鬥爭越來越尖銳，隔一段時間必須大亂一次，然後達到天下大治，而後再隔一段時間再大亂一次，再達到一次天下大治。通過亂——治——亂——治這種一亂一治的方式，從資產階級手中奪取權

力，鞏固到無產階級手中，並改造群眾的世界觀，徹底解決無產階級和資產階級誰勝誰負的問題，最終進入共產主義。

這一階段的繼續革命論主張，在奪權的同時，通過文化大革命來建設社會主義，實現一種最為理想的社會主義制度。文化大革命中，應當逐步建設共產主義性質的社會組織，按解放軍、工人、農民、學生等各行業，分別組織起來。解放軍學政治學軍事學文化，進行農副業生產，辦中小工廠，進行群眾運動，進行批判資產階級的革命鬥爭。工人以工業為主，同時學習軍事政治文化，同時搞群眾工作，進行批判資產階級的鬥爭，有條件的地方從事農副業生產。農民以農副業為主，同時學習軍事政治文化，有條件的地方同時集體興辦小工廠，同時批判資產階級。學生以學習為主，同時批判資產階級。商業、服務業、黨政機關工作人員，都這樣做。於是，就可以形成一個工農商學兵及黨政機關一體的理想的社會主義社會。同時，資產階級經濟基礎的存在，是資本主義產生的經濟根源，要對其進行批判。應當限制具有資本主義性質的生產關係，即商品的貨幣交換和按勞分配，發展社會主義性質的生產關係，即計劃經濟和供給制。

1967 年中共官方發表的〈沿著十月社會主義革命開闢的道路前進〉一文中，曾經對繼續革命論的思想體系進行了完整的闡述，其中主要包括如下幾個觀點。第一，社會主義社會是一個相當長的歷史階段，在社會主義這個歷史階段中，還存在著階級、階級矛盾和階級鬥爭，存在著社會主義和資本主義兩條道路的鬥爭，存在著資本主義復辟的危險性。第二，在生產資料所有制的社會主義改造基本完成以後，階級鬥爭並沒有結束，無產階級和資產階級之間的政治上的和思想上的階級鬥爭，還是長時期的，曲折的，有時甚至是很激烈的。為了防止資本主義復辟，防止和平演變，必須把政治戰線和思想戰線上的社會主義革命進行到底。第三，無產階級專政下的革命，本

質上依然是政權問題，就是資產階級要推翻無產階級專政，無產階級則要大力鞏固無產階級專政，無產階級必須在上層建築包括政治上和思想文化領域中對資產階級實行全面的專政。第四，社會上兩個階級、兩條路線的鬥爭，必然反映到黨內來，黨內一部分走資本主義道路的當權派，就是資產階級在中共黨內的代表人物。他們是反革命修正主義分子，一旦時機成熟，他們就要奪取政權，由無產階級專政變為資產階級專政。必須鞏固無產階級專政，這就必須充分批判他們，打倒他們，使他們不能翻天，防止他們奪取政權，並把那些被他們奪去的權力奪回到無產階級手中。第五，無產階級專政下繼續革命，最重要的，是要開展無產階級文化大革命。無產階級文化大革命，必須是充分地自下而上發動群眾，應當是群眾自己解決自己，自己教育自己，運用無產階級專政下的大民主，自下而上地放手發動群眾。同時，實行無產階級革命派的大聯合，即革命群眾、人民解放軍、革命幹部的三結合。第六，無產階級文化大革命在思想領域要觸及人們靈魂，解決人們的世界觀問題，要用無產階級思想戰勝資產階級思想，改革教育，改革文藝，消滅資產階級文化。

（六）幾點分析

　　蘇聯和東歐社會主義國家的經驗教訓，對繼續革命論的形成和傳播起到促進作用。部分東歐社會主義國家在社會主義發展和建設過程中出現了一些波折。這一情況促使中國的社會主義者總結這些國家的教訓，認為忽視了階級鬥爭是它們的重大教訓。蘇聯在史達林病故和赫魯雪夫執政時發生了方針政策的大幅變化，1956 年蘇共二十大召開，全面否定史達林，實行與以往不同的政策。這一情況促使中國的共產主義對蘇聯的歷史進行反思，認為蘇聯的社會主義已經變質，而其原因則是忽視了階級鬥爭，沒有處理好階級矛盾。繼續革命論正是在總結蘇

聯和東歐國家這些教訓的基礎上逐漸形成和不斷傳播的。

　　國內外敵對社會主義的勢力大量存在，並且持續地出現反對中國的社會主義的言論以及企圖推翻中國社會主義的行動。這一嚴峻的現實狀況促使中國的社會主義者產生警惕和擔憂，擔心經過付出巨大代價才實現的社會主義遭到破壞，擔心資本主義的復辟，擔心中國歷史的倒退。同時，國內社會主義者內部在一些建設社會主義的具體問題上存在不同意見，這使一部分社會主義者認為不同意見者也是反對社會主義的敵對勢力，從而產生警惕和擔憂。繼續革命論正是在這種情況的促進之下形成和傳播的。

　　幾十年來新民主主義革命的成功經驗，使經歷過長期戰爭的中國社會主義者比較相信鬥爭的功能。長期的新民主主義革命的經歷，也使中國的社會主義者習慣於鬥爭和保持高度警惕，習慣於用階級鬥爭的思維來觀察和分析問題，習慣於用鬥爭的方式來解決問題。這些也是繼續革命論的一種促進因素。

　　繼續革命論在政治上產生了極為重大的影響。繼續革命論一度成為黨和政府的指導思想，繼續進行革命一度成為中共的工作中心。文革初期，將繼續革命的思想寫進五一六通知，後來正式取名為「無產階級專政下繼續革命的理論」，1967 年的官方文章〈沿著十月社會主義革命開闢的道路前進〉中對這一思想進行了系統闡述，之後這一理論又寫進中共九大、十大的政治報告和黨章，寫進四屆人大通過的中華人民共和國憲法，成為黨和政府的根本指導思想和工作準則。繼續革命論決定了黨和政府的方針、政策、措施，在這一思想的指導下先後開展了大量的和大範圍的政治活動，如反右運動、反右傾運動、社教運動、文藝革命、文化大革命等，從而對政治生活和社會生活都產生了巨大影響。

　　繼續革命論是一種包含著重大缺欠的思想體系，不僅違背

馬列原意，而且邏輯上存在漏洞，並且不符合中國社會的實際。但另一方面，它的出現也有一定的合理性。當時的社會主義制度是共產主義者們付出了包括許多人的生命的巨大代價才獲得的，共產主義者十分擔心這一新建立的社會遭到破壞，如果這一制度被破壞，恢復到以前的社會制度，那將是一場嚴重的不可設想的災難，是絕對難以接受的。所以，鞏固社會主義制度，對他們來說是非常重要的。必須確保和鞏固經過重大犧牲才建立起來的社會主義制度，避免恢復舊制度，避免出現歷史的倒退，這種思想的出現是正常的，這種擔心是可以理解的。因此，繼續革命論的出現和在一定時期內的存在並受到廣泛贊同，這種現象是具有一定的合理性和必然性的。

與躍進論一樣，繼續革命論總體上來說是失當的理論，它們並不是建設社會主義的正確方案，也不是中國國家富強和社會進步的正確方案，並曾經引發並推動了後果嚴重不利的一些實際政治活動。但是，對它們並不應當簡單地一味否定。只有經歷這些思想上的摸索，才有可能達到正確的認識，產生出此後的社會主義初級階段論。同時，這些思想當中也具有一部分合理因素，並為初級階段論所吸收和借鑒。歷史道路往往是曲折的，各種嘗試和彎路雖然會造成些不利影響，但有時也是必然的和必要的。正如人類發明電燈的時候，曾經嘗試過鐵絲、銅絲、棉絲，等等，最後才認識到應當用鎢絲。使用鐵絲和棉絲固然是失當的，對鐵絲和棉絲的嘗試固然是在走彎路，但這些嘗試在一定程度上是不可避免的和必要的。人類歷史就是由許許多多的錯誤構成的，只有經歷過錯誤的道路，人們才能一一否定這些錯誤道路，逐漸尋找到正確的道路。

繼續革命論與躍進論屬於同一課題。所探討的問題都是，何為社會主義，應當怎樣建設社會主義。但繼續革命論與躍進論在內容上有很大的差別。只有在社會主義社會基本結構的問題上，兩者的觀點是一致的，都認為社會主義社會是生產資料

公有制和按勞分配的經濟制度，是無產階級專政的政治制度，是共產主義思想為指導的思想文化。但在階級構成、主要矛盾、中心任務、建設方針等問題上，兩者觀點都是不同的。躍進論認為主要階級構成包括工人、農民，繼續革命論則認為主要階級構成包括工人、農民、民族資產階級、資產階級右派。躍進論認為社會主義社會的主要矛盾是生產力不能滿足人民需要，繼續革命論認為社會主義社會的主要矛盾是無產階級和資產階級之間的階級矛盾。躍進論認為中心任務是經濟建設，繼續革命論認為中心任務是階級鬥爭。

在如何建設社會主義這一問題上，躍進論具有積極的傾向，而繼續革命論具有保守的傾向。躍進論認為中國的社會主義面臨的問題是迅速地建成發達的社會主義，甚至迅速地進入共產主義，而繼續革命論則認為中國的社會主義面臨的問題是資本主義復辟的危險，是社會主義制度能否持續和鞏固，主張保衛和鞏固社會主義制度。

躍進論與繼續革命論之間存在一種揚棄和被揚棄的關係。有相當數量的人原來是贊成躍進論的，後來則轉變為贊同繼續革命論。由於在躍進論的實施過程中，發生一系列反對或批評社會主義的言論和行為，因而他們感到社會主義制度面臨威脅，認為中國所面臨的問題還不是如何早日進入發達的社會主義和共產主義，而是如何保衛和鞏固社會主義。於是他們對原來的思想進行反思和調整，思想發生轉變，從而放棄躍進論而產生或接受繼續革命論。

第十四章　初級階段論

　　大躍進運動後期，由於大躍進運動產生了許多不利後果，人們對其進行反思，重新探索如何進行社會主義建設的問題，於是開始出現一種新的思想，即初級階段論。這一思想出現以後，在總結大躍進、人民公社運動、文化大革命等各種政治運動的教訓的基礎上，以及吸收和修正躍進論、繼續革命論的基礎上，其內容逐漸豐富和發展，到文革後期，形成初步的思想體系。文革結束後及改革開放初期在實踐中繼續完善，又有一些具體內容上的補充，約八十年代（改革開放初期）形成成熟完善思想體系。我們把這一思想體系稱之為初級階段論。

　　起初只是較少的人持有這種思想，由於這種思想具有較強的合理性，尤其是隨著時間的推移，贊同的人逐漸增多。隨著大躍進運動的不利後果日益明顯，以及文革等各種階級鬥爭運動的不利後果日益顯明，越來越多的人對躍進論和繼續革命論發生懷疑，從而放棄躍進論和繼續革命論，轉而接受初級階段論。文革結束以後，特別是 1979 年十一屆三中全會以後，初級階段論成為中共的指導性思想，中共官方大力宣傳這一思想，於是這一思想更迅速地傳播，其贊同者迅速增多。到 1980 年代中期，已經成為全國大多數人廣泛認同的思想，成為社會的普遍共識，傳播廣泛，比較深入人心。

（一）中國處於社會主義初級階段

初級階段論認為，社會主義社會應當具有以下要素。在生產力方面，具備較高水準的生產力。在經濟制度方面，實行生產資料公有制為主體的制度和社會主義市場經濟制度。在政治制度方面，實行無產階級專政的政權。在階級構成方面，以工人階級和農民階級為主體。在思想文化方面，是馬克思主義指導下的社會主義思想文化。社會主義的本質特徵是兩個，一個是生產力的高度發達，另一個是公有制占主體，在公有制的基礎上確保人們的經濟平等，從而達到共同富裕。社會主義的根本功能和根本任務是解放生產力，發展生產力，並且消除貧富分化，實現共同富裕。

初級階段論認為，中國已經處於社會主義社會。1956 年社會主義改造基本完成以後，中國建立了社會主義制度，進入了社會主義社會。在此以後，中國就開始處於社會主義社會。在經濟制度方面，確立了以生產資料公有制為基礎的社會主義經濟制度。在政治制度方面，確立了社會主義政治制度，政權是無產階級專政。在思想文化方面，確立了馬克思主義在意識形態領域中的指導地位。社會的階級構成主要包括工人階級和農民階級，其中工人階級的領導地位鞏固，農民是集體所有制下的農民，知識分子成為工人階級的一部分。1981 年十一屆六中全會通過的〈關於建國以來黨的若干歷史問題的決議〉中明確寫道：「儘管我們的社會主義制度還是處於初級的階段，但是毫無疑問，我國已經建立了社會主義制度，進入了社會主義社會，任何否認這個基本事實的觀點都是錯誤的。」

初級階段論認為，中國的社會主義社會還處於初級階段。中國的社會主義還是在幼年時期，還不成熟，不完善。在生產力方面，中國已經具有一定的經濟實力，但生產力水準仍然比較低。有一部分現代化大工業，但仍存在大量水準低的工業；一部分地區經濟比較發達，但同時存在廣大不發達地區和貧窮

地區；少部分科學技術具有世界先進水準，但科學技術水準總體不高；商品經濟不發達，自然經濟比重還相當大；人民仍然比較貧窮，生活水準較低。在經濟制度方面，以生產資料公有制為基礎的社會主義經濟制度已經確立，但社會主義經濟制度還不成熟不完善。在政治制度方面，在中國已經建立和鞏固了工人階級領導的、以工農聯盟為基礎的人民民主專政的社會主義政治制度，人民享受廣泛的民主，工人階級地位鞏固，農民是集體農民，知識分子成為工人階級的一部分。但社會主義的政治制度還不完善，社會主義民主法制還不夠健全，具體政治制度中還存在一些弊端，如官僚主義現象，權力過分集中的現象，這些弊端妨礙社會主義優越性的發揮，還需要改進。在思想文化方面，馬克思列寧主義毛澤東思想在意識形態的指導地位已經確立，人民已經具有較高的政治覺悟，社會主義精神文明取得很大進展，但封建主義和資本主義的思想在社會上還存在廣泛影響。社會主義初級階段既不同於社會主義經濟基礎尚未奠定的向社會主義過渡的時期，又不同於已經實現社會主義現代化的階段。社會主義是共產主義的初級階段，而中國目前又處於社會主義的初級階段。

1979 年建國 30 週年紀念大會上葉劍英在講話中說：「同已經有了三四百年歷史的資本主義制度相比，社會主義制度還處在幼年時期。我國封建社會的歷史特別長，我們的社會主義社會不可避免地帶有這種舊社會的許多痕跡。」1981 年十一屆六中全會通過的〈關於建國以來黨的若干歷史問題的決議〉中明確寫道：「我們的社會主義制度還是處於初級的階段。」、「由比較不完善到比較完善，必然要經歷一個長久的過程。」1982 年中共十二大報告中說：「我國的社會主義社會現在還處在初級階段。」1986 年中共中央的〈關於社會主義精神文明建設指導方針的決議〉中說：「我國還沒有走出社會主義初級階段，必須立足這一階段。」1987 年十三大前夕鄧小平在接見外賓時曾說：「中國社會主義處於一個什麼階段，就是處在初級

階段，是初級階段的社會主義。社會主義本身是共產主義的初級階段，而我們中國又處在社會主義的初級階級，就是不發達的階段。」

初級階段論認為，中國的社會主義初級階段具有特有性。社會主義經歷初級階段，是中國具有的獨特現象。社會主義初級階段不是泛指的，而是特指的。它不是泛指任何國家進入社會主義都會經歷的起始階段，而是特指中國從經濟極其落後的半殖民地半封建社會的基礎上，建設進入社會主義所必然要經歷的階段。

初級階段論認為，中國的社會主義初級階段具有必然性，是必須經歷的，是不可逾越的。中國的社會主義社會是在半殖半封建社會基礎上建立起來的，中國尚未經過資本主義的充分發展，就建立起社會主義制度。由於中國沒有經過資本主義充分發展的階段，社會主義社會建立的時候，生產力發展水準遠遠落後於發達資本主義國家，生產力水準低。工業產量較低，工業產值占生產總值的比重也較低，農業產量較低，並且基本是用手工工具進行生產，機器使用的比重很小，農業商品化程度也較低，用於交換的農產品比重很小。社會主義建立之時，生產力水準和經濟的社會化市場化遠遠落後於發達資本主義國家。這就決定了中國必須在社會主義條件下用一個較長的歷史階段，去實現發達國家在資本主義歷史條件下已經實現了的生產力的提高，已經實現了的工業化和生產的社會化市場化。所以，中國的社會主義必須經歷一個很長的初級階段，去實現發達國家在資本主義條件下用了二三百年時間才實現的工業化和生產社會化市場化。中國可以不經過資本主義充分發展的階段而進入社會主義社會，但生產力充分發展的工業化和經濟的社會化、市場化，卻是不可逾越的，故社會主義初級階段是不可逾越的。

初級階段論認為，中國的社會主義初級階段具有長期性。

建設社會主義不可能是短期的和輕而易舉的，而是必然需要經過長期艱苦努力的。從社會主義改造完成，到社會主義現代化的基本實現，這段時間都屬於社會主義初級階段。從時間上看，從 1956 年生產資料私有制的社會主義改造基本完成、進入社會主義算起，進入社會主義就進入了社會主義初級階段，到二十一世紀中葉，社會主義現代化的基本實現，至少需要上百年時間，這段時間都屬於社會主義初級階段。中國的社會主義初級階段會經歷上百年的時間。

中國目前處於社會主義初級階段，這是中國的基本國情，制定一切路線、方針、政策都應依據這一基本國情。各項工作必須適應我國處於初級階段的這一事實。第一，中國已經是社會主義社會，所以必須堅持而不能離開社會主義，必須堅持進行社會主義建設。第二，中國的社會主義還處在初級階段，所以必須從這個實際出發，而不能超越這個階段，採取企圖不經這個階段就達到高級階段的空想措施。

（二）初級階段的社會構成

初級階段論認為，社會主義初級階段的所有制結構是公有制為主體和多種所有制並存。這是社會主義初級階段的基本經濟制度。這一經濟制度是由社會主義的性質和初級階段的國情決定的。公有制包括全民所有制和集體所有制。全民所有制是生產資料通過國家所有的形式歸全體人民所有。集體所有制是生產資料歸部分群眾共同占有。公有制主體地位表現在，第一，公有資產在社會總資產中占優勢，包括量的優勢和質的優勢，第二，國有經濟控制國民經濟命脈，對經濟發展起主導作用。占優勢既要有量的優勢，更要有質的優勢。主導作用主要體現在控制力上，國家控制經濟命脈，國有經濟具有強大的控制力和競爭力，在這個前提下，國有經濟比重即使減少一些，也不會影響社會主義的社會性質。除公有制經濟外還存在個體、私

營、外資等形式的經濟。個體經濟是個人占有生產資料，個體勞動，成果歸勞動者所有。私營經濟是生產資料私有，僱傭工人勞動，取得利潤。外資經濟是外國人占有生產資料，包括中外合資企業中的外資部分和外商獨資企業。個體經濟、私營經濟、中外合資經濟、外商獨資經濟，都是公有制經濟必要的和有益的補充，是社會主義經濟的重要組成部分。

初級階段論認為，社會主義初級階段實行按勞分配為主體的分配制度。按勞分配是社會主義的個人消費品分配原則。社會主義社會實行按勞分配的原則，是由社會主義社會的客觀條件決定的。一方面，生產資料公有制實現了勞動者在生產資料占有上的平等，排除了憑藉占據生產資料而無償占有他人勞動的情況，使按勞分配成為可能。另一方面，在社會主義社會中，生產力水準仍然有限，社會產品沒有達到極大豐富的程度，消費品還不能充分滿足人們的需要，不能按需分配，只能實行按勞分配。按勞分配為主體多種分配方式並存是社會主義初級階段的分配制度。它是由多種所有制共同發展的所有制結構決定的。社會主義初級階段的公有制為主體多種所有制共同發展的基本經濟制度，決定了分配制度的按勞分配為主體多種分配方式並存的分配制度。

初級階段論認為，社會主義初級階段的經濟體制是市場經濟體制。社會主義是可以搞市場經濟的。資本主義與社會主義的區分不在於是計劃經濟還是市場經濟，計劃多一點還是市場多一點，不是社會主義與資本主義的本質區別。市場經濟並不只存在於資本主義社會，社會主義社會也有市場，計劃經濟並不只存在於社會主義社會，資本主義社會也有計劃。計畫和市場都是經濟手段，都是方法，都可以為不同的社會制度服務。為社會主義服務，就是社會主義的，為資本主義服務，就是資本主義的。作為調節經濟的兩種手段，計畫和市場各有自己的優勢。市場經濟能夠有力地促進生產力的發展。把計劃和市場

結合起來，能夠促進經濟發展。1992 年鄧小平南巡講話中說：「計劃多一點還是市場多一點，不是社會主義與資本主義的本質區別。計劃經濟不等於社會主義，資本主義也有計劃；市場經濟不等於資本主義，社會主義也有市場。計劃和市場都是經濟手段。」南巡講話中還說：「市場經濟是手段，資本主義可以使用，社會主義也可以使用。」

政治制度方面，初級階段論認為，社會主義初級階段實行工人階級（通過共產黨）領導的，以工農聯盟為基礎的，人民民主專政。人民民主專政就是無產階級專政。參加政權的人民，包括工人階級、農民階級、知識分子。

階級構成方面，初級階段論認為，工人、農民、知識分子為社會的基本階級。工人階級是領導階級。農民階級是工人階級可靠的同盟軍。知識分子是工人階級的一部分。

關於社會基本矛盾，初級階段論認為，在中國的社會主義初級階段，階級鬥爭在一定範圍內還會長期存在，在某種條件下還有可能會激化，但已經不是主要矛盾，已不存在大規模的階級鬥爭。社會的主要矛盾是人民日益增長的物質文化需要同落後的社會生產力之間的矛盾，這個矛盾貫穿於中國社會主義初級階段的整個過程。鄧小平 1979 年在〈堅持四項基本原則〉的講話中說：「我們的生產力發展水準很低，遠遠不能滿足人民和國家的需要，這就是我們目前時期的主要矛盾，解決這個主要矛盾就是我們的中心任務。」1981 年中共十一屆六中全會通過的〈關於建國以來黨的若干歷史問題的決議〉中說：「在社會主義改造基本完成以後，我國所要解決的主要矛盾，是人民日益增長的物質文化需要同落後的社會生產之間的矛盾。」中共十一屆六中全會還聲稱：「我國現階段的主要矛盾，自社會主義改造基本完成之後，就變為人民日益增長的物質文化需要同落後的社會生產之間的矛盾。」社會主義社會中有敵我矛盾和人民內部矛盾，必須區別和正確處理這兩類矛盾，解決敵

我矛盾用專政的方法，解決人民內部矛盾用民主的方法，團結——批評——團結的方法。

（三）以經濟建設為工作中心

初級階段論認為，在社會主義初級階段，黨和政府應當以經濟建設為工作中心。除非發生大規模外敵入侵，黨和政府的工作必須以經濟建設中心，各項工作都必須服從和服務於經濟建設。其他一切任務都要服從這個中心，圍繞這個中心，決不能干擾它。要把發展生產力放在首要地位。判斷各方面工作是非得失的根本標準是，是否有利於發展社會主義社會的生產力，是否有利於增強社會主義國家的綜合國力，是否有利於提高人民的生活水準。1987 年十三大報告中說：「社會主義社會的根本任務是發展生產力。」、「是否有利於發展生產力，應當成為我們考慮一切問題的出發點和檢驗一切工作的根本標準。」1984 年鄧小平說：「社會主義階段的最根本任務就是發展生產力。」之所以必須以經濟建設為中心，是出於以下幾個原因。

首先，社會主義的社會性質決定了必須以經濟建設為中心。第一，中國處於社會主義社會，社會主義社會的主要矛盾仍然是生產力與生產關係之間的矛盾，社會主義現階段的主要矛盾，是人民日益增長的物質文化生活需要同落後的社會生產力之間的矛盾，生產力水準低，不能滿足人民和國家的需要。社會主義初級階段的主要任務就是解決這個矛盾，而解決這個矛盾的根本途徑是集中力量發展生產力。第二，社會主義從本質上說是能夠解放生產力，發展生產力的。社會主義制度優越性的根本表現就是能夠解放生產力，發展生產力，使社會生產力以舊社會所沒有的速度迅速發展，使人民不斷增長的物質文化生活需要能夠逐步得到滿足。社會主義必須迅速發展生產力，否則就不是社會主義。第三，生產力提高，才能逐步創造向共

產主義理想前進的物質條件。因此，作為社會主義社會中的黨和政府，應當把發展生產力作為中心任務，要致力於發展生產力，這就要求黨和政府必須以經濟建設為工作的中心。

其次，以經濟建設為中心是鞏固社會主義經濟制度和政治制度的需要。以經濟建設為中心才能使社會力不斷迅速提高。生產力越提高，同破壞社會主義的國內外敵對勢力作鬥爭就越有力量，就能越有效地對抗敵對勢力的攻擊，社會主義制度也越能得到人民的擁護。生產力不能提高，國家的實力不能加強，人民的物質文化生活不能改善，這種鬥爭力量就不強大，社會主義制度就不易於得到人民的擁護，社會主義的政治制度和經濟制度就不能充分鞏固。1992年鄧小平南巡講話中說：「現在，周邊一些國家和地區經濟發展比我們快，如果我們不發展或發展得太慢，老百姓一比較就有問題了。」

再次，以經濟建設為中心是解決國內國際各項問題的需要。中國能否在維護世界和平、反對霸權主義、解決國際爭端等國際事務中發揮重大作用，要看中國的經濟建設成就的大小。經濟發展了，中國在國際事務中的作用就會大。現在中國在國際事務中起的作用並不小，但是如果中國的物質力量強大起來，起的作用就會更大。臺灣回歸祖國，實現中國的統一，也需要發展經濟。大陸有比臺灣優越的社會主義制度，經濟發展也一定要比臺灣有一定程度的優越。經濟發展了，實現統一的力量才能增強。

（四）必須堅持社會主義道路

初級階段論認為，在中國的社會主義時期，必須堅持社會主義道路，這也就必須堅持無產階級專政，堅持共產黨的領導，堅持馬克思主義的指導地位。

第一，必須堅持社會主義道路。只有社會主義才能救中國，

這是歷史已經證明的結論。而且，社會主義優於資本主義，社會主義比資本主義發展得更快。目前社會主義的中國在經濟技術文化等方面還不如發達的資本主義國家，這是事實，但這不是社會主義制度造成的，從根本上說是解放以前的歷史造成的，是帝國主義和封建主義造成的。社會主義革命已經使中國大大縮短了同發達資本主義國家在經濟方面的差距，建國以來的幾十年裡中國又取得了比舊中國幾百年還要大的經濟進步，已經從根本上改變了舊中國貧窮落後的面貌，這些歷史證明了社會主義制度的優越性。資本主義有一些根本性的弊病，如階級間的經濟剝削、階級間的政治壓迫、貧富分化，而社會主義則避免了這些弊病。鄧小平在 1979 年的〈堅持四項基本原則〉一文中說：「資本主義無論如何不能擺脫百萬富翁的超級利潤，不能擺脫剝削和掠奪，不能擺脫經濟危機，不能形成共同的理想和道德，不能避免各種極端嚴重的犯罪、墮落、絕望。」

第二，必須堅持無產階級專政。對人民內部的民主方面和對反動派的專政方面的結合，就是人民民主專政，實際上就是無產階級專政。無產階級專政對人民來說就是社會主義民主。以往的民主制度都是少數人的民主，而人民民主專政是歷史上最廣泛的民主。堅持無產階級專政是建設社會主義的必要保證。階級鬥爭雖然已經不是社會中的主要矛盾，但它仍然存在。在國內有反革命分子、剝削階級殘餘分子、犯罪分子，在國外有反對中國社會主義的帝國主義。只有堅持人民民主專政，才能維護社會安定，保衛國家利益，保障社會主義建設順利進行，維護社會主義建設的成果。

第三，必須堅持中國共產黨的領導。世界歷史已經證明，沒有共產黨的領導就不可能有社會主義革命，不可能有無產階級專政，不可能有社會主義建設。中國歷史也證明，中國社會主義革命和社會主義建設，都是在中國共產黨的領導下進行的，沒有中國共產黨的領導，就不可能取得社會主義革命的勝

利，就不可能取得建設社會主義的勝利。黨的領導是社會主義建設取得勝利的根本保證。

第四，必須堅持馬列主義毛澤東思想。正是馬列主義毛澤東思想指導中國人民找到正確的革命道路，並指導中國新民主主義革命取得了勝利，指導中國人民完成社會主義改造。馬列主義毛澤東思想是已經經過歷史檢驗過的真理。現在進行社會主義建設，也必然要以馬列主義毛澤東思想為指導。

（五）應當進行社會主義改革

初級階段論認為，在社會主義初級階段，應當進行社會主義改革。從理論上說，改革符合社會主義社會運動發展的基本客觀規律。社會主義社會的基本矛盾仍然是生產力和生產關係之間的矛盾，經濟基礎和上層建築之間的矛盾。生產關係必須與生產力相適應，上層建築必須與經濟基礎相適應。從本質上說，社會主義的上層建築是適應經濟基礎的，生產關係是適應生產力的，但也會有一些不適應的部分。在目前中國社會主義初級階段，生產關係和上層建築，與生產力發展有相適應的一面，也有不相適應的一面，中國社會主義的基本制度是適應生產力發展的，但具體制度中有許多不適應生產力發展的環節和方面。隨著生產力和經濟基礎的變遷，生產關係和生產力之間，上層建築和經濟基礎之間會出現不相適應的情況，這就產生了一系列社會矛盾和問題。為了解決這些問題，為了迅速提高生產力，就必然要求與發展生產力相適應的生產關係和上層建築，要求改變生產關係中不適應生產力發展的部分，改變上層建築中不適應經濟基礎的部分，從而解放和發展生產力。這就需要改革和完善社會主義的經濟制度和政治制度。要改變束縛生產力發展的經濟體制，建立有活力的社會主義經濟體制，以促進生產力的發展。改革是在堅持社會主義基本制度的前提下，自覺調整生產關係和上層建築中不適應生產力發展的各個

方面和環節，以適應生產力發展，促進生產力發展。改革是社會主義制度的自我完善。從實踐上說，幾十年的經驗教訓證明，如果不進行改革，社會主義建設就不能成功。

改革是具有進步性的。革命和改革都是歷史的進步，以往讚揚革命、否定改革的傳統思維是不正確的。革命的實質是改變上層建築和生產關係，掃除發展生產力的障礙，促進生產力的提高。改革的實質也是改變上層建築和生產關係，掃除發展生產力的障礙，促進生產力的提高。改革和革命都是為了解放和發展生產力，也都能起到解放和發展生產力的作用。中共領導的新民主主義革命的勝利，推翻了帝國主義、封建主義、官僚資本主義的統治，解放了生產力，為新中國生產力的發展開闢了廣闊的道路。中共領導的社會主義革命使中國大大縮短了同發達資本主義國家在經濟發展方面的差距，使中國取得了迅速的進步，也是解放生產力的革命。儘管我們犯過一些錯誤，但我們還是在三十年間取得了舊中國幾百年、幾千年所沒有取得過的進步。同新民主主義革命和社會主義革命一樣，社會主義改革也是解放生產力，改變同生產力不適應的生產關係和上層建築，建立適應生產力的生產關係和上層建築，改變束縛生產力發展的經濟體制、政治體制、思想觀念，建立起充滿生機和活力的經濟體制、政治體制、思想觀念。革命是解放生產力，改革也是解放生產力，從這個意義上說，革命與改革具有同樣的性質，改革也可以說是一種革命性的變革，是解放生產力，促進整個社會的進步，改革也是進步性的。

改革是一個長期的過程。為了使社會主義生產關係中不適應生產力的環節和方面加以改變，為了使社會主義上層建築中不適應經濟基礎的環節和方面加以改變，促進社會生產力的發展，必須將改革貫穿於社會發展的過程之中。鄧小平說：「改革開放要貫穿中國整個發展過程，不是三年五年、十年八年，也不是二十年，因為要做的事情太多了。」

　　初級階段論認為，改革包括經濟制度和政治制度改革。經濟體制改革的內容是，堅持和完善公有制為主體多種所有制並存的所有制結構，堅持和完善按勞分配為主體多種分配方式並存的分配制度，建立和完善社會主義市場經濟體制。

　　經濟體制改革的第一個內容是，堅持和完善公有制為主體的所有制結構。一方面，必須堅持公有制為主體。公有制的主體地位是由中國的社會主義性質及公有制在經濟中的作用決定的。公有制經濟是與社會化生產相適應的，與社會發展方向是一致的，符合社會發展的方向。公有制是社會主義的根本特徵和根本標誌，沒有公有制就沒有社會主義。確保公有制的主體地位，才能鞏固和發展社會主義性質的人民政權，保證經濟的社會主義方向。公有制經濟也有利於保證全體社會成員的共同富裕。另一方面，必須發展多種所有制經濟。生產關係要適應生產力發展的狀況。中國現階段生產力水準較低，製造業中機械化、半機械化、手工的生產手段並存，這種狀況要求有各種不同的生產資料所有制與其相適應。工業、農業、服務業等不同行業的發展不平衡，地區之間的發展不平衡，這些客觀狀況也要求有各種不同的所有制結構與其相適應。社會主義初級階段的經濟既包括作為主體的公有制經濟，也包括作為社會主義經濟重要組成部分的非公有制經濟。沒有公有制經濟或不處於主體地位，則社會主義社會失去經濟基礎，中國社會的社會主義性質不能確保，沒有非公有制經濟，則脫離社會主義初級階段的基本國情，不利於經濟的發展生產的提高。應當鞏固和發展公有制經濟，同時鼓勵、支持、引導非公有制經濟發展。兩者相互統一於社會主義經濟發展過程，發揮各自優勢，相互促進，共同發展。1997 年中共十五大上江澤民的報告〈高舉鄧小平理論偉大旗幟把建設有中國特色社會主義事業全面推向二十一世紀〉中說：「公有制為主體、多種所有制經濟共同發展，是我國社會主義初級階段的一項基本經濟制度。」

經濟體制改革的第二個內容是，堅持和完善按勞分配為主體的分配制度。一方面，堅持按勞分配為主體。按勞分配是指，凡有勞動能力的人都應盡自己的能力進行勞動，按照勞動者提供的勞動數量和品質分配個人消費品，多勞多得，少勞少得，不勞不得。另一方面，堅持多種分配形式並存，如利息、資本利潤、紅利、股息、租金、專利收入等。按勞分配是分配的主體方式，但不是唯一的分配方式，還存在其他分配方式。只有堅持按勞分配為主體地位，才能切實維護公有制經濟的主體地位。否則公有制經濟的主體地位得不到維護。同時，只有堅持按勞分配為主體，才能保證人們之間經濟上的平等，避免貧富分化，實現共同富裕。堅持公有制的主體地位與堅持按勞分配的主體地位是一致的，兩者共同構成社會主義基本經濟制度。1978 年鄧小平的一次談話中說：「我們一定要堅持按勞分配的社會主義原則。按勞分配就是按勞動的數量和品質進行分配。」

經濟體制改革的第三個內容是，建立和完善社會主義市場經濟體制。建立完善的社會主義經濟體制，可以有效地促進社會生產力的發展。應當建立全國統一開放的市場，建立政府以間接手段宏觀調控的體系，建立企業擁有經營自主權的管理制度。1984 年中共十二屆三中全會通過〈中共中央關於經濟體制改革的決定〉中說：「建立起具有中國特色的、充滿生機和活力的社會主義經濟體制，促進社會生產力的發展，這就是我們這次改革的基本任務。」1992 中共十四大明確提出建立社會主義市場經濟體制的目標：「我國經濟體制改革的目標是建立社會主義市場經濟體制。」

政治體制改革的內容是完善中國特色的社會主義政治制度。中國的社會主義政治制度中存在一些缺陷和弊端，為了逐步消除這些缺陷和弊端，需要對政治制度中某些具體方面和具體環節進行改革。經濟制度的變革必然要求上層建築的相應變革。政治體制改革能夠保障經濟體制改革的成果，保證經濟體

制改革深入開展和健康發展，從而促進生產力的發展。通過政治體制改革，可以進一步完善社會主義民主，從而有利於保證社會的安定團結。政治體制改革的具體目標有：保持黨和國家的活力；消除官僚主義，提高工作效率；發展社會主義民主，調動基層和工人、農民、知識分子的積極性。在政治體制改革中，應當完善人民代表大會制度，完善共產黨領導下的多黨合作制度，完善有中國特色的社會主義民主。完善社會主義民主是政治體制改革的重要內容之一。民主是社會主義的本質屬性，沒有民主就沒有社會主義。社會主義民主是社會主義生產關係在政治上的表現，是建立在生產資料公有制基礎上的，這一經濟基礎決定了社會主義必然實行民主制度。不僅資本主義有民主，社會主義也有民主，而且是更高層次的更加廣泛的民主。應當實行並完善民主，但中國所需要的民主是社會主義民主，而不是資本主義民主，必須實行社會主義民主，反對實行歐美那種資產階級民主。鄧小平說：「我們講民主，不能搬用資產階級的民主，不能搞三權鼎立的那一套。」社會主義是民主的，民主是與社會主義共同存在的。鄧小平說：「沒有民主就沒有社會主義，就沒有社會主義的現代化。」、「社會主義愈發展，民主也愈發展。」政治體制改革應當是有計劃、有步驟、有秩序地進行的。改革必須在共產黨的領導下進行，必須有組織有計劃地進行，必須在改革中堅持社會主義方向。

（六）建設有中國特色的社會主義

初級階段論認為，必須建設有中國特色的社會主義。在建設社會主義的過程中，應當根據中國的實際情況，把馬克思主義的普遍真理同中國的具體實際結合起來，走自己的社會主義發展道路，建設有中國特色的社會主義。我們要堅持以馬克思主義為指導，堅持社會主義道路，但這一切必須從中國實際情況出發，而不能照搬外國模式，也不能以書本為教條。

從實踐上說，根據實際歷史的經驗教訓，照抄照搬別國經驗、別國模式，從來不能得到成功，這方面中國曾有過不少教訓，這是總結長期歷史經驗得出的基本結論。從理論上說，世界上的問題不可能都用一個模式解決，每個國家都有自己的情況，各國情況都不同，各國都應當根據自己的特點去繼承和發展馬克思主義。中國有中國自己的模式，中國的事情要按照中國的情況來辦。在中國建設社會主義這樣的事，馬克思的著作裡找不出來，列寧的書裡也找不出來，只能是運用基本原理，結合中國實際情況，找出具體辦法。離開自己國家的實際情況談馬克思主義是沒有意義的，建設有本國特色的社會主義，才是真正地堅持了馬克思主義。別人的經驗可以參考，但不能照搬。

建設有中國特色的社會主義，並不是不學習和借鑑外國的經驗。建設社會主義是需要學習和借鑑外國經驗的，不僅要學習其他社會主義國家的社會主義建設的經驗，也要學習、借鑑包括資本主義國家在內各個國家的先進的科學技術、管理經驗和方法。

1979 年一次黨的會議上鄧小平最早提出了類似的思想。他說：過去搞民主革命，要適合中國的情況，走毛澤東開闢的農村包圍城市的道路，現在搞建設，也要適合中國情況，走出一條「中國式的現代化道路」。當時他提出的還是「中國式的現代化道路」的思想，還是從現代化建設而非社會主義建設的角度提出要走中國自己的路，但其中已經包含了中國特色的社會主義思想的內容。鄧小平在 1982 年中共十二大的開幕詞中明確提出建設有中國特色社會主義的思想。他說：「把馬克思主義的普遍真理同我國的具體實際結合起來，走自己的道路，建設有中國特色的社會主義，這就是我們總結長期歷史經驗得出的基本結論。」1987 年召開的中共十三大的政治報告的題目即為〈沿著有中國特色的社會主義道路前進〉。1992 年召開的中

共十四大的政治報告的題目為〈加快改革開放和現代化建設步伐，奪取有中國特色社會主義事業的更大勝利〉。

（七）幾點分析

馬克思和列寧等馬克思主義經典作家的基本觀點，成為初級階段論的理論基礎，初級階段論正是在吸收這些基本觀點的基礎上，進一步發揮而形成。例如，馬列等人主張，社會主義社會應當實行生產資料公有制，實行按勞分配，實行無產階級政權，應當具備發達的生產力，社會主義的經濟制度要適應生產力的發展，這些觀點均為初級階段論所吸收，並成為初級階段論的基本的組成部分。

社會主義躍進論和繼續革命論均成為初級階段論的參考對象。初級階段論繼承和吸收了社會主義躍進論的部分內容，在社會主義社會的基本結構、主要矛盾、工作中心等問題上，都吸收了躍進論的思想。初級階段論也繼承和吸收了繼續革命論的部分內容，儘管初級階段論對繼續革命論在諸多批判和諸多不同，但繼續革命論的一些精神內核，特別是必須堅持並鞏固社會主義社會的基本立場，初級階段論是予以繼承的。

初級階段論最重要的影響因素，是建國以來特別是 1956 年改造完成以來，中共領導進行的建設工作及其經驗教訓。初級階段論總結了這些經驗和教訓，特別是對大躍進和人民公社運動及其後果進行了反思並總結其經驗教訓，以及對文革及其後果進行了反思並總結其教訓，在此基礎上形成自身的思想體系。這些經驗教訓促進了初級階段論的形成，同時促進了中國社會對初級階段論的廣泛認同。曾忽視生產力較低的基礎而採取超越階段的躍進運動和公社化運動，造成嚴重的不利後果，正是在總結這一教訓的基礎上，人們認為應當清醒認識到中國生產力落後的現實，躍進和向共產主義過渡是社會主義發達階

段才應當進行的，之所以有這樣的失誤，原因就是忽視了初級階段這一現實，於是形成中國社會主義仍處於初級階段的思想，並得到全社會的廣泛贊同。長期以來實行階級鬥爭為中心的政策，造成很大危害，正是在總結這一教訓的基礎上，人們認為在社會主義已經建立的情況下仍以階級鬥爭和無產階級革命為中心，是不必要的，之所以產生這樣的失誤，原因就是沒有認清中國已經進入社會主義社會，不必要再以階級鬥爭為中心，也不應當以階級鬥爭為中心，這會導致嚴重的後果，於是形成經濟建設為中心的思想，並得到全社會的廣泛贊同。

蘇聯及其他社會主義國家的社會主義建設歷程及其經驗教訓，也為初級階段論所借鑑。東歐國家對蘇聯模式的過多模仿，造成一些不利後果。這種情況促進了中國特色社會主義思想的形成，認為社會主義建設應當充分考慮本國的具體情況，採取適合本國特點的社會主義建設模式。蘇聯長期以來實行的嚴格的計劃經濟體制，造成一些不利後果。這種情況促進了社會主義經濟體制改革的思想的形成，主張實行更為靈活有效，從而更有利於促進生產力發展的經濟體制。

國家和人民的現實需要也是初級階段論的影響因素之一。與世界發達國家相比，當時的中國經濟落後，人民生活貧困。同時中國也一直面臨世界上一些國家的敵視和對抗。如何提高國家的經濟水準，從而改善人民生活並增強中國的國際競爭力和國際地位，成為中國面臨的首要問題。在這種情況下，以探索如何建設國家為主題的初級階段論，充分顧及到了這些問題，從而形成相應的一些思想，特別是社會主義的根本任務是發展生產力，以及社會主義建設應當以經濟建設為中心等思想。

初級階段論中的一系列思想都成為黨和政府的指導思想。1987 年中共十三大報告對社會主義初級階段理論進行了全面系統的闡述，認為中國社會主義處於初級階段，它是不可逾越的，

是長期的，闡述了基本特徵、主要矛盾。1992 年中共十四大報告系統闡述了初級階段理論，強調社會主義初級階段是一個至少上百年的歷史階段。1992 年中共十四大通過的〈中國共產黨黨章〉中寫入初級階段的論斷。1993 年八屆人大一次會議修改的憲法將初級階段理論寫入。1997 年中共十五大進一步強調中國現在處於並將長期處於社會主義初級階段。1997 年中共十五大報告全面論述了初級階段的內容和特徵。

初級階段論在很大程度上影響甚至是決定了黨和政府的方針、政策、措施。正是在這一思想的指導下，黨和政府確定了以經濟建設為中心的基本方針。1978 年的十一屆三中全會決定，停止使用「以階級鬥爭為綱」和「無產階級專政下繼續革命」的口號，全黨工作中心轉移到經濟建設，實行改革。也正是在這一思想的指導下，黨和政府逐漸推進了經濟制度的改革。中共十二大提出計劃經濟為主、市場調節為輔的改革目標；中共十三大提出逐步建立計劃與市場內在統一的計劃商品經濟體制的改革目標；中共十四大提出中國經濟體制改革的目標是建立社會主義市場經濟體制。也正是在這一思想的指導下，中國共產黨的領導，馬克思列寧主義毛澤東思想的指導，堅持人民民主專政，堅持社會主義道路，成為必須遵循的四項基本原則，並被寫進 1982 年憲法。

這一思想指導下的各項方針、政策、措施的推行，極大地促進了中國社會經濟的迅速增長，以及科技教育文化水準的迅速提高，從而使國民的生活水準和中國的國際地位都大幅提高。自兩次鴉片戰爭以來很長的一個歷史時期裡，中國人最關注的課題是國家富強問題，中國社會的現代轉型只是被視為第二位的和在此之後的課題。國家富強問題也確實是這一時期中國所面臨的一個重要課題。而使貧弱的中國富強起來的首要關鍵，並不在於建立某種適當的社會制度，而在於有能力的政權和正確的方針政策。這個有能力的政權應當是強有力從而能夠

有效地控制全國的，並且是廉潔高效的，這個正確的方針政策應當是以經濟和科技建設為中心的。有了這兩個條件，國家才可能富強。無論是清政府、民初的中華民國政府，還是國民黨政府，都未能成為這種有能力的政權，而唯有中共建立了這種有能力的政權。但中共建國後很長時間裡一直在探索建國之路，未能立即實行正確的方針政策，直到改革開放時期，在初級階段論的指導下，中共實行改革開放的方針政策，正確的方針政策終於得以實現，從而使中國最終完成了國家富強的宏偉歷史目標。

初級階段論與躍進論、繼續革命論均屬同一課題，即什麼是社會主義社會，以及應當如何建設社會主義社會。因此三者可以看作是社會主義建設思想的三大流派。

初級階段論是對躍進論在繼承基礎上的修正，吸收了其部分內容，改動了其另一部分內容。在社會主義的結構、特徵、主要矛盾、工作中心等問題上，初級階段論吸收了躍進論的大部分思想，與躍進論的觀點是基本一致的。在另一些問題上，例如，在何時建成發達的社會主義和進入共產主義的問題上，初級階段論則否定並修改了躍進論的思想，與躍進論的觀點是不同的。躍進論主張迅速達到高水準生產力和迅速進入共產主義社會，初級階段論則主張經過很長時期以後才能達到高水準生產力，很久以後才能進入共產主義社會，認為中國目前仍處於初級階段，不能躍進。

初級階段論與躍進論之間存在一種揚棄和被揚棄的關係。有相當數量的人原來是贊成躍進論的，後來則轉變為贊同初級階段論。他們在躍進論的實施過程中認識到躍進論的不足，對原來的思想進行反思和調整，思想發生轉變，從而放棄躍進論而產生或接受初級階段論。

初級階段論總體上來說是對繼續革命論的一種反思和批

判。因此，初級階段論與繼續革命論是兩種不同的思路，其主要觀點差別很大，在社會主義的社會結構、基本矛盾、工作中心等問題上的觀點都有很大不同。例如，一個是以革命、階級鬥爭為中心，一個是以經濟建設為中心；一個極其強調革命，一個則認為中國已處於社會主義，根本不需要進行革命。

初級階段論與繼續革命論之間也存在一種揚棄和被揚棄的關係。有相當數量的人原來是贊成繼續革命論的，後來則轉變為贊同初級階段論。他們在繼續革命論的實施過程中認識到繼續革命論的不足，對原來的思想進行反思和調整，思想發生轉變，從而放棄繼續革命論而產生或接受初級階段論。其中還有相當數量的人原來是贊成躍進論的，之後轉變為贊同繼續革命論，最後又轉變為贊同初級階段論。

在如何建設社會主義這一問題上，初級階段論的傾向與躍進論和繼續革命論都不同，既不是急於建成發達的社會主義和進入共產主義，也不是局限於保衛和鞏固社會主義。躍進論的傾向是極端激進的，繼續革命論的傾向是極端保守的，分別處於兩個極端，而初級階段論則傾向於適中，在這意義上說，初級階段論是躍進論和繼續革命論的一種折衷。

相比而言，初級階段論與躍進論比較接近，而與繼續革命論差異較大。在經濟制度、政治制度、階級結構、社會主要矛盾、工作中心等問題上，觀點與躍進思想都是一致的，只是在建設的速度問題上觀點不同。而在社會階級結構、社會主要矛盾、工作中心等問題上，與繼續革命論都是不同的。

躍進論、繼續革命論、初級階段論都是在馬列等經典作家的基本觀點的基礎上，結合中國實際情況發展而來。都是繼承了馬列原意的基本觀點，也都結合中國具體情況有所發展。相比較而言，躍進論與馬列原意有所不同，繼續革命論與馬列原意相差最大，而初級階段論與馬列原意最為接近。

與躍進論和繼續革命論相比，初級階段論在理論上具有更強的合理性。例如，社會主義必須發展生產力，不應該在生產力很低的基礎上去建設社會主義，這是更為合理的觀點。又如，生產力的發展是一個逐漸的過程，是一步一步地提高的，經濟建設必須遵循經濟規律，逐步進行，初級的社會主義不可能突然變成發達的社會主義，甚至突然變成共產主義，這也是更為合理的觀點。

　　與躍進論和繼續革命論相比，初級階段論在實踐上具有更強的實用性。中國當時所面臨的主要問題是經濟落後和國民生活的貧困，躍進論或繼續革命論的各項主張的實施，必然會不利於經濟水準的提高和國民生活的改善。歷史事實也證明了這一點。初級階段論的各項主張的實施，則必然會非常有利於經濟水準的提高和國民生活條件的改善。改革以來中國經濟迅速增長的歷史事實也證明了這一點。

　　與前面我們所闡述的歷次思想體系相比，初級階段論都具有更強的合理性和實用性。初級階段論強調以經濟建設為中心，這是切中了中國社會的要害。經濟、社會、文化落後的現狀和發展經濟、社會、文化的要求，實際上是兩次鴉片戰爭以來的整個復興時代的一個核心問題，而確實能夠把握到這一核心問題的思想體系卻寥寥無幾。初級階段論能夠在一定程度上把握到這一核心問題，這是它的重大傑出之處。前述歷次思想體系中，普遍存在一種急於求成的傾向，而初級階段論則成功地避免了這一不足。初級階段論的一個極重要的特點就是強調「初級階段」這一國情，主張穩步地進行經濟建設，反對急躁，腳踏實地，按經濟規律辦事，這是它的又一重大傑出之處。正是由於具有一系列突出的優點，初級階段論成為一個高水準的思想體系，以及一個對中國歷史做出巨大貢獻的思想體系。

（八）建國以後的議會民主論

建國以後，社會主義成為中國社會中的主流思想，議會民主論的贊同者大為減少，但它也仍然一直在較小範圍內繼續存在。建國以後，一部分議會民主的主張者改變原來的想法，接受了中共的新民主主義和社會主義的思想，但另一部分議會民主的主張者仍堅持這一思想。這一時期的議會民主思想延續了民國時期的議會民主思想，但由於政治局勢已經變化，其具體內容與民國時期相比有所調整和不同。經調整以後，形成有兩個不同的流派。第一個流派認為，民主與社會主義是可以結合的，認為中國在中共領導下可以向社會主義方向發展，建立社會主義制度，而這一社會主義制度是具備民主性的，社會主義制度同時也是一種民主的制度。第二個流派認為，社會主義制度是與民主制度不同的，中國將進入一個向議會民主發展的時期，不應該向社會主義發展，應當避免中共領導下的社會主義制度的發展方向，而向議會民主制度方向發展。他們反對社會主義改造等向社會主義發展的措施。他們認為，中國應該模仿歐美的制度，實行議會制和多黨制，多黨競爭，輪流執政，並實行分權制衡的原則。這一時期，由於社會主義思想比較深入人心，加上中共黨和政府具有強大的宣傳和教育能力，並且積極進行社會主義的宣傳和教育工作，因此，社會主義思想在全國範圍廣泛傳播，相反，繼續持有議會民主思想的人數量比較少，這一思想只是在少數人當中存在。

1956 年社會主義改造完成、社會主義制度建立以後，議會民主思想也發生一些變化，仍然分為兩個流派。第一個流派認為，中國的社會主義制度缺乏民主性，社會主義制度中沒有加上議會政治，是一個很大的缺憾。應當進一步完善中國的社會主義制度，使之具備民主的內容。具體辦法是實行兩院制，把政協變成參議院，把人大變成眾議院，政協有監督權和否決權，人大有選舉權和立法權。第二個流派則對中國的社會主義制度

持反對態度。他們認為,中共領導下的社會主義中國,不是一個民主的國家,而是一個專制的國家,中國的社會主義的制度不是民主的制度,而是一種專制的制度。應當改變現有的社會主義制度,使中國的社會主義制度向議會民主制度方向演化,實行議會民主制度、各黨輪流執政。他們認為,中國要成為一個富強的國家,並不一定必須由共產黨領導,共產黨應該讓位給比共產黨更優越的另一個黨。憲法不應該規定由共產黨領導中國人民,而應當由大家選舉。不應用法律規定由誰領導,應該是誰有能力就由誰來領導。他們主張各黨派脫離共產黨的領導,共產黨和各黨派均彼此獨立,彼此平等。有人說,共產黨以前扶植各民主黨派,是「周公輔成王」。現在成王長大成人了,周公要還政。民主黨派和共產黨應該「平分秋色」,「輪流坐莊」。還有少數人甚至主張通過政變的方式,將共產黨政權推翻,建立一個新政權。他們還認為,資本主義是有價值的,資本主義還有活力,有活力的原因是因為有多黨制度,有民主制度,有眾議院和參議院,有執政黨和在野黨。有人提出:「現在許多人都說資本主義不好,事實上資本主義也還有活力。為什麼還有活力?就因為有多黨制度,有民主制度,有眾議院和參議院,有在朝黨和在野黨。」、「資本主義國家的辦法是:你不行,我來;我不行,你來。在朝的罵在野的,在野的罵在朝的,這就是活力。」、「所以說,資本主義也有好的地方,也就是說有互相抑制、互相監督的作用。」

　　文革期間,由於思想的高度統一,議會民主思想已經影響極小,但仍有少數人持有這一思想,主張實行議會民主制度。例如顧準認為,議會民主雖然不是十分完善的制度,但至今為止還沒有找到一種足以代替它的制度。民主政治的精義是建立一種機制,使行政長官不能變成為所欲為的權威。要做到這一點,只有使兩種政治勢力互相對峙,互相制約,不讓一種政治勢力把持權力。所以,實行兩黨制的議會政治,是最好的辦法。顧準主張,不許一個政治集團把持政權,而應當有別的政治集

團和它對峙。兩個都可以執政的政治集團，依靠各自的政綱，在群眾中間競爭取得選票。誰上臺，以取得選票多少為準。一個黨在臺上，是執政黨，一個黨在臺下，是在野黨。在野黨時刻都在監視執政黨的錯誤，準備取而代之。執政黨隨時警惕自己的行為，不斷修正自己的錯誤，以免被政敵推翻。這樣，國家保持活力，人民利益得到保護。顧準還認為，資本主義是有生命力的，並不是即將滅亡。資本主義還有生命力的原因是，在野黨和人民群眾對政府的政策和行為進行批評，由於這種批評，政府的錯誤的行為和不合理的政策不斷地被揭發出來，因而不斷地被改正。

文革結束後，特別是在八十年代初改革事業全面開展以後，在思想解放的環境下，更多的人產生或接受了議會民主思想。這一時期的議會民主思想對社會主義制度持反對態度，反對無產階級專政，反對中國共產黨的領導，也反對馬列主義毛澤東思想，認為只有議會制才是真正的民主。例如七十年代末，有人提出「要人權」、「要民主」等口號，有人攻擊無產階級專政是「萬惡之源」，主張「堅決徹底批判中國共產黨」。八十年代末，有人聲稱，無產階級專政沒有在中國實現民主，反而使中國陷入更大的專制。八十年代末，有人公開提出「清算毛澤東主義」、「消除毛澤東主義的影響」。他們認為，蘇聯清算史達林是正確的，現在應當在中國對毛澤東採取同樣的做法，如果不清除毛澤東主義，則社會就無法繼續前進。還有人反對實行生產資料公有制的社會主義經濟制度，認為中國強制消滅私有制和建立公有制是錯誤的，認為公有制本質上是違背人性的，不會促進經濟的發展，反而會阻礙經濟。總之，這一思想堅持認為，中國應當取消社會主義制度，模仿歐美國家，建立議會，實行三權分立和多黨輪流執政的制度。

建國以後議會民主論一直傳播範圍有限，只有少數人贊同，這有以下幾個原因。一是議會民主制尚不符合當時的中國

國情，中國的社會發展尚未產生出對議會民主制的強烈的內在需求。二是議會民主論的對手即新民主主義論和社會主義思想的強大有力，新民主主義論和社會主義思想，能夠適應中國社會的實際需要，具有極強的吸收力，因而得以廣泛傳播，取得社會上的普遍認同，從而使議會民主思想的擴散受到有力的抵制。三是以共產主義為指導思想的中共政權對議會制度持堅決的反對態度，而中共政權又強大有力且深得民心，並具有很高的宣傳教育和輿論控制能力，在這種情況下，議會民主論自然不可能獲得較多人的贊同。

從長遠的歷史發展歷程來看，兩次鴉片戰爭以來，中國社會所面臨的最主要的歷史課題，其實不是抵抗列強，也不是國家富強，而是社會進步，即中國社會由傳統的農業、專制、等級社會向現代的工商、平等、民主社會轉化，而政治民主化是其中的一項重要內容。中國人政治思想的發展歷程中，起初是主要關注於抵抗列強和國家富強問題，後來才逐漸轉向關注包括政治民主化在內的社會進步問題。從長遠前景來看，政治民主化是任何一個國家歷史發展的必然趨勢。因此，中國的議會民主論雖然發展和傳播均比較緩慢，但一直長期存在，具有不息的生命力。而放眼未來，議會民主論必將是中國政治思想演變的基本方向，它必將繼續持續發展並最終成為中國社會的主流思想，並對實際政治產生重大影響。一個國家或民族的歷史進程，必然是從專制走向民主。在世界上絕大多數國家中，議會民主思想都已經成為主流思想，而且在絕大多數國家中，在實際政治上也已經實現了議會民主制度。與大多數國家相比，中國的社會進步的歷程更曲折一些，社會轉型的實現更晚一些，但這個基本的大趨勢是確定無疑的。

結語

通觀兩次鴉片戰爭以來這一復興時代的思想歷程，具有以下幾個特點。

第一，是繁多性。在這一時代，人們關心和思考國家的重大政治問題，並產生了許多個思想體系，思想體系的種類較多，新思想頻繁地迅速地出現，即一種新思想出現後不久，就又出現另一種新思想。這一時代思想種類之多，新思想出現之頻繁迅速，在中國歷史上只有春秋戰國時期可以相比。兩次鴉片戰爭以前，中國政治思想比較穩定，變化少，變化慢，新思想出現頻率低。兩次鴉片戰爭以後的這一時代，情況正好相反，新思想出現頻繁，變化多，變化快。例如，變法圖思想出現幾年後，就出現君主立憲思想。革命思想的出現也僅在變法思想出現的幾年以後。共產主義及其他各種社會改造思想的出現，都是在民國初期的十幾年之中。新民主主義社會剛剛建立不久，就出現主張立即向社會主義過渡的社會主義改造論。1956年進入社會主義社會以後，在短短幾年中，先後出現探討如何建設社會主義問題的三種思路不同的思想體系，即社會主義躍進論、繼續革命論、初級階段論。正因為思想數量較多，所以兩種以上的思想並存的情況經常出現，互相對立衝突和互相吸收借鑑的情況也經常出現。同時，各種思想消退得也比較快，存在時間大多較短，只有少部分思想能夠長時期存在，即長時期

為人們所持有。這一時代的思想之所以具有繁多性，是出於如下幾個原因。第一，這一時代政治形勢變動很快，時局多變，政治事件繁多，人們經常需要面對各種新的政治形勢，面對各種新的具體問題，人們針對各種不同的政治形勢和具體問題進行探索，於是各種不同以往的新思想頻繁產生。第二，中國人所面臨的國家政治課題往往是難以解決的難題，例如應對列強的威脅，迅速地建立民主制度，迅速地建設一個理想社會，對於貧弱、文化落後、舊思想深固、專制傳統濃厚的中國來說，這些難題都是很難解決的，於是人們不得不想盡各種方法，千方百計尋找各種答案，多方尋求各種可能的建國途徑，於是出現多種解決方案，形成多種思想體系。第三，在這一時代，外國也處於社會變動期，外國的各種思想流派也出現很多。而且，這一時代處於全球化的國際環境之中，中國人與外國交流較多，於是有多種思想從外國傳入中國，為中國人吸收、借鑑和利用。同時，在全球化的環境下，中國人對世界各國的歷史的瞭解，對世界各國的現實狀況的瞭解，也迅速地增多和不斷地深入，可以從中吸收多種實際經驗以構建自己的思想體系。

第二，是實踐性。首先，每一種思想體系，都是在現實政治狀況的影響下，都是在某種政治事件或政治局勢的影響下產生、發展、傳播的。其次，每一種思想都極為關心現實，都是出於對某種現實政治目的的探索而形成的，都是適應中國人最迫切的需要，都企圖解決中國社會的實際政治問題。再次，每一種思想，都被其主張者們應用於實際政治，用它們作指導去從事實踐活動，沒有任何一種思想是僅僅停留在理論上的。其表現之一是，幾乎這一時代中的每種思想體系都曾被施行於實踐，在它們的指導下進行了相應的實際政治活動。其另一表現是，這一時代中的許多政治思想家同時也是政治活動家，有了一種思想後便投入實施該思想的政治活動。最後，每一種思想，在客觀上都對實際政治產生了一定程度的影響，其中有不少思想還對實際政治產生了比較重大的影響，其中又有不少思

想還對實際政治產生了極為巨大的影響。正因如此，在中國的這一歷史時代，政治思想與政治事件之間存在著密切的相互關係。一方面，各個政治事件對各種政治思想的產生和內容有重大影響，許多政治思想是在一些政治事件的促使下而發生的。另一方面，各種政治思想對各個政治事件的出現和進程也有重大影響，許多政治事件也是在一些政治思想的促使下發動的並且政治事件的進程受到政治思想的影響。許多重大政治事件源於政治思想，這是此期中國歷史的一大特徵。例如：練兵自強思想促發了自強運動並在很大程度上影響了自強運動的內容。變法思想促發了變法運動和新政運動並在很大程度上影響了其內容。君主立憲思想促發了立憲運動和復辟運動。反清革命思想促發了革命運動。新三民主義促發了護法運動和國民革命運動。共產主義，包括民國時期的三大流派和建國後的一系列思想，則促發了新民主主義革命、社會主義改造、大躍進、文革、社會主義改革等重大事件，並在很大程度上影響了這些事件的進程。平民革命論、鄉村建設論、國家主義等，也都有一些人用為指導思想去從事一些相應的政治實踐活動。其中許多思想體系還成為當時政府的指導思想，在很大程度上影響了政府的方針政策。例如練兵自強思想、變法圖強思想、君主立憲思想、新三民主義、新民主主義社會論、社會主義躍進論、繼續革命論、初級階段論。

第三，是關聯性。一種思想與相鄰思想之間，往往具有密切的相互關係。或者是繼承與發展的關係，或者是對立與鬥爭的關係。例如，變法思想與自強思想的方向是一致的，都是著眼於軍事建設和經濟建設，只不過變法思想主張從措施層面上升到制度層面來進行軍事和經濟建設，是對自強思想在廣度和深度上的超越。君主立憲思想是變法思想的進一步深入。革命思想與君主立憲思想是對立的關係，其對立集中體現在是否推翻清政府這一問題上。作為議會民主思想代表的三民主義和社會主義思想代表的中國共產主義，由於思路的差異，長期進行

對立和爭論，並因此而出現了國共兩黨之間長期的政治鬥爭。平民革命論是對三民主義與共產主義的結合，中間路線則是對三民主義與共產主義的折中。新民主主義社會論與新民主主義革命論是關係密切的一對姊妹思想，相互配合。社會主義改造論是新民主主義思想的進一步發展，所謂改造就是將新民主主義社會改變為社會主義社會。社會主義躍進論是社會主義改造思想的進一步發展，改造完成後，即進入社會主義，進行社會主義建設是其必然的結果。社會主義躍進論、繼續革命論、初級階段論是同一主題的三種思想，都是解決如何建設社會主義的這一問題，但具體答案有所不同，成為在社會主義建設問題上的三種思路互不相同的流派。這一時代思想歷程之關聯性的重要表現之一，是不同思想體系之間的激烈的矛盾鬥爭。在這一時代，經常有彼此對立的思想同時存在，互相發生衝突，甚至展開大規模的論戰，也經常發生不同思想所導致的不同政治實踐之間的對立鬥爭，思想之間的矛盾對歷次政治鬥爭包括權力爭鬥起到了重要的推動作用。在這一時代，不同政治勢力之間的鬥爭很多而且很激烈。在古代中國，多數政治鬥爭是出於權力矛盾。而在近代中國，許多的不同政派之間的爭鬥，主要不是出於權力矛盾，而是出於思想觀念的不同，出於對中國建國方略的意見分歧。如民國初期孫中山等國民黨人與袁世凱等軍閥之間的爭鬥，部分原因是出於權力矛盾，但還有一個很重要的原因就是建國方案的不同，一個主張民主共和，一個主張集權和君主立憲。如國民黨和共產黨的激烈的權力鬥爭，主要原因不是權力爭奪本身，而是對中國出路的不同意見，一個主張實行社會主義，一個主張實行三民主義。又如毛澤東與劉少奇之間的爭執，主要原因也不是權力本身，而是雙方之間在如何建設社會主義這一問題上的不同的戰略方針。

第四，是多源性。這一時代的各種思想，其內容往往具有多種資料來源。其中包括輸入中國的國外思想、外國的歷史、外國的現實經驗、中國的傳統思想、中國的歷史、當時的政治

實踐經驗等。特別是來自國外的思想，成為這一時代許多思想
體系的重要的資料來源。這一時代有多種思想體系是國外思想
與中國實際相結合的產物。例如，新村主義、工會社會主義、
無政府主義等均來自對國外思想的大幅度吸收；議會民主論所
屬各流派均借鑑了外國的民主思想；國家主義來自對國外的國
家主義的大幅度吸收；民國時期共產主義各流派，以及建國後
的共產主義系列的各種思想，均是來自對國外的共產主義的大
幅度吸收。但這些思想又不完全與外國思想相同，而是參考了
中國本國的具體情況和特點，結合本國的實際需要，有所調整，
有所發展。此外，外國的歷史和現實經驗也是各個思想體系的
重要資料來源。例如，練兵自強思想借鑑了各大強國的強國經
驗；變法圖強思想借鑑了外國的軍事、教育等制度，也借鑑了
日本、俄國等國的變法經驗；君主立憲思想的建國方案中借鑑
了外國的君主立憲制度；中間路線既借鑑了歐美的建國經驗又
借鑑了蘇聯的建國經驗，等等。來自國外的資料來源大量存在
這一現象，反映出各種思想體系都是處於一個共同背景之中，
即全球化局勢下中國事件深受國際環境影響的這一時代特徵。

　　第五，是共通性。這一時代的大部分思想體系都有一些共
同的傾向。一，是民族自信的情緒。這一時代的大部分思想都
認為，中國雖然目前貧弱和落後，但中國民族是世界上的優秀
民族，經歷一個發展過程以後，必將成為世界上最先進和最富
強的國家之一，成為世界上地位最高的國家之一。歷史上的中
國長期在世界上處於先進和強大的地位，因而在中國人當中普
遍存在一種民族自信的情緒，這種自信情緒在這一時代的各種
思想中充分地得以體現。例如，練兵自強思想、變法圖強思想、
君主立憲思想、反清革命思想雖然都承認目前中國遠遠弱於列
強，但它們都認為，通過練兵、變法、君主立憲、民主共和等
途徑，中國會很快富強，並終將超乎列強之上。反清革命思想
還主張政治革命的同時完成社會革命，超乎歐美列強之前解決
歐美列強尚未解決的社會問題。新三民主義不僅要消除列強對

中國的侵害，而且還要使中國將來領導世界各被侵略民族共同反對列強的侵害。中間路線則主張建立一個比歐美民主更完善的中國式民主。包括共產主義在內的各種社會改造思想的共同目標，是建立一個比列強更為先進的理想社會。社會主義躍進論不僅認為中國的社會主義制度已經優於英美等國，而且要在經濟上迅速趕超美國。只有初級階段論等極個別思想在這個問題上比較低調。二，是急於求成的心態。這一時代的很多思想體系都認為，只要採取了適當的措施，中國所面臨的問題可以迅速得以解決。如變法思想認為，中國只要實行變法，很快就可以富強起來。如君主立憲思想認為，只要建立國會，中國立即就可以富強起來。如新民主主義社會論認為，新民主主義的階段只需要一二十年的時間就可以完成。社會主義躍進論則急於求成的心態更為明顯，認為中國可以迅速地進入共產主義。三，是集體主義的取向。這一時代的各種思想體系普遍關心國家的、社會的、集體的利益和前途，而忽略個人的利益和前途。普遍認為國家的、社會的、集體的利益高於個人利益，整體利益高於局部利益，應當個人利益服從集體利益，局部利益服從整體利益，為了維護國家的、社會的、集體的利益，可以犧牲部分個人的利益。即使是相對而言最關心個體權利的議會民主論，也包含一定程度的集體主義色彩，有相當一部分議會民主論者認為，固然應當維護個人的權利和自由，但國家的權利自由比個人的權利自由更為重要。四，是民族主義的情結。這一時代所有的主要思想體系都受到了民族危機這一現實狀況的影響，針對解決民族危機這一課題，滲透著愛國主義情感，並不同程度地包括有抵抗外國侵略、維護國家權益、提高國際地位等內容。練兵自強思想、變法圖強思想、君主立憲思想、反清革命思想的明確地以抵抗列強為目標。包括共產主義在內的各種社會改造思想，雖然明面的目標是建立超越列強的理想社會，但是這一明面的目標下面，實際上仍暗含著一種觀點，即中國建立了比歐美強國更先進的社會以後，抵抗並戰勝歐美強

國自然就不成問題。社會主義改造論之所以急於進入社會主義社會，原因之一是，社會主義的中國將更有能力與美英等資本主義列強對抗。繼續革命論之所以主張不惜巨大代價去開展階級鬥爭，是因為擔心中國的社會主義變質，而之所以擔心社會主義變質，一個重要原因就是，人們認為，如果中國不再是社會主義，則必然降低對資本主義列強的抵抗能力。大多數思想體系都包含抵抗侵略之內涵的這一現象，從側面反映出它們是都處於一個共同背景之中，即中國面臨列強威脅的這一基本局勢和時代特徵。

國家圖書館出版品預行編目資料

中華復興時代的思想歷程 / 吳彤著 . -- 初版 . -- 臺北市：
蘭臺出版社, 2022.01
　　面；　公分 . --（中國近代史研究叢書；3）
ISBN 978-986-06430-8-4(平裝)

1. 政治思想史 2. 中國政治思想 3. 近代史

570.927　　　　　　　　　　　　　　110014519

中國近代史研究叢書 3

中華復興時代的思想歷程

作　　者：吳彤
主　　編：張加君
編　　輯：沈彥伶
美　　編：陳勁宏
校　　對：張建民、楊容容、古佳雯
封面設計：陳勁宏
出　　版：蘭臺出版社
地　　址：臺北市中正區重慶南路1段121號8樓之14
電　　話：(02)2331-1675或(02)2331-1691
傳　　真：(02)2382-6225
E—MAIL：books5w@gmail.com或books5w@yahoo.com.tw
網路書店：http://5w.com.tw/
　　　　　https://www.pcstore.com.tw/yesbooks/
　　　　　https://shopee.tw/books5w
　　　　　博客來網路書店、博客思網路書店
　　　　　三民書局、金石堂書店
經　　銷：聯合發行股份有限公司
電　　話：(02) 2917-8022　　傳真：(02) 2915-7212
劃撥戶名：蘭臺出版社　　帳號：18995335
香港代理：香港聯合零售有限公司
電　　話：(852) 2150-2100　　傳真：(852) 2356-0735
出版日期：2022年1月 初版
定　　價：新臺幣450元整（平裝）
ISBN：978-986-06430-8-4

版權所有 · 翻印必究